国家社会科学基金重大项目（23ZDA105）资助成果
国家自然科学基金项目（42371294、42301328、72203095）资助成果
南京林业大学 2024 年优势学科标志性成果项目资助成果

数字赋能林业高质量发展理论与政策研究

孔凡斌　徐彩瑶　翟　郡等　著

中国农业出版社

北　京

图书在版编目（CIP）数据

数字赋能林业高质量发展理论与政策研究 / 孔凡斌
等著. -- 北京 : 中国农业出版社，2025.4. -- ISBN
978-7-109-33239-3

Ⅰ. F326.23-39

中国国家版本馆 CIP 数据核字第 2025JE2647 号

中国农业出版社出版

地址：北京市朝阳区麦子店街 18 号楼

邮编：100125

责任编辑：闫保荣

版式设计：小荷博睿　　责任校对：吴丽婷

印刷：北京中兴印刷有限公司

版次：2025 年 4 月第 1 版

印次：2025 年 4 月北京第 1 次印刷

发行：新华书店北京发行所

开本：700mm×1000mm　1/16

印张：17.5

字数：273 千字

定价：88.00 元

前言

数字经济是继农业经济、工业经济之后的主要经济形态，是以数据资源为关键要素，以现代信息网络为主要载体，以信息通信技术融合应用、全要素数字化转型为重要推动力，促进公平与效率更加统一的新经济形态。国家"十四五"数字经济发展规划强调要深入实施数字经济战略，推动数字产业化和产业数字化。党的二十大报告提出将"加快发展数字经济，促进数字经济和实体经济深度融合"作为建设现代化产业体系及推动高质量发展的重要途径。2022年国务院印发《"十四五"数字经济发展规划》指出以数据为关键要素，以数字技术与实体经济深度融合为主线，加强数字基础设施建设，完善数字经济治理体系，协同推进数字产业化和产业数字化，赋能传统产业转型升级。以云计算、大数据技术及人工智能等数字技术为核心的数字经济为中国经济社会的长期稳定发展提供了强大的动力。2023年中国数字经济核心产业增加值占国内生产总值的9.9%，2025年这一比重预计增加至10%。

数字融合赋能现代林业产业发展既是中国生态文明建设的重要内容，是新时期中国实现林业现代化的重要途径，也是新时期中国林业高质量发展的重要条件。数字经济与林业融合发展是指通过数字手段（大数据、互联网、区块链等）赋能林业采购、生产和销售等环节，最终实现林业数字化发展的过程。

《中共中央 国务院关于实施乡村振兴战略的意见》强调推进数字农业发展和数字乡村建设。《数字乡村发展战略纲要》和《数字农业农村发展规划（2019—2025 年）》的实施推动中国构建数字林业产业体系及数字技术与林业第一二三产业的融合发展，促进林业采购、生产、加工、销售、旅游等各产业链全面数字化。加快构建数字赋能林业高质量发展的新格局，成为新时期推进林业强国战略的重要任务。林业产业是培育战略性新兴产业的重要领域，在保障林产品供给和农村经济发展以及农民生计方面发挥着极其重要的作用。数字化技术的快速发展，为林业数字化创造了条件，探究探索如何依托数字乡村建设、乡村数字化转型、数字经济与林业产业融合发展推进中国林业高质量发展，具有重要的理论和实践意义。

数字乡村建设赋能森林生态产品价值实现是林业高质量发展的新引擎，是释放数字红利推动乡村森林生态产业化发展内生动力的重要举措。数字乡村建设通过以信息化、数字化、网络化为重要载体，实现乡村林业产业数字化、治理数据化、服务信息化以及生活智慧化，推动着林业生产方式的深刻变革和林业生产效率的稳步提升。森林资源市场化配置效率及森林生态产品价值实现效率偏低，一直困扰着森林资源富集地区依托资源优势发展特色生态产业实现农民增收致富。数字乡村建设赋能森林生态产品价值实现或是有效破解森林资源"诅咒"困境进而构建人与自然和谐共生新格局的重要路径。面向新征程加快推进数字乡村建设与森林生态产品价值实现，构建现代化数字林业产业体系，系统梳理森林生态产品价值实现的现状和困境，探讨数字乡村建设驱动森林生态产品价值实现的内在机理，提出数字乡村建设促进森林生态产品价值实现和林业产业高质量发展的实践路径，推动新时期中国林业现代化建设，具有重要的理论和现实意义。

数字乡村建设作为数字经济发展以及数字中国建设的重要方面，是农业农村现代化发展以及中国构建现代产业体系的关键方向。数字乡村建设通过发挥信息技术创新的扩散效应、信息和知识的溢出效应以及数字技术释放的普惠效应而能够有效推进林业全产业链数字化发展，进而实现产业发展升级与高质量发展，数字乡村建设因此已经成为赋能林业产业发展升级和林业高质量发展的新引擎。研究探索数字乡村建设赋能林业产业发展升级以及通过何种传导机制推动林业产业发展升级的理论机制和实践路径，提出数字赋能林业产业高质量发展的政策建议，具有重要的现实意义。

数字经济发展赋能森林生态产品转化效率提升是实现林业产业高质量发展的重要引擎。数字经济发展影响生态产品价值转化路径和转化效率的关键在于数字经济发展作为重要的影响因素渗透于生态产品价值转化的整个过程，即利用数字经济发展的强渗透性和融合性特征，打破产业组织边界，缓解信息不对称，重塑要素配置和产业分工方式，促进生态产品的产业链节点突破、向价值链两端攀升，不断拓宽和提升生态产品价值的转化路径和转化效率，进而能够实现生态产品的保护、利用和增值。推动数字经济发展与森林生态产品价值实现的深度融合是建设人与自然和谐共生的中国式现代化的战略选择。研究数字经济发展与森林生态产品价值实现之间的内在关系及其作用机制，据此提出发展数字经济促进森林生态产品价值实现的政策建议，对于助力林业高质量发展具有重要的理论和实践价值。

数字经济与林业产业融合发展是新时期数字赋能林业高质量发展的重要路径。数字经济为林业产业发展提供必要的数字技术和数据要素，助力林业产业生产经营各环节（采购、生产、销售等）数字化改造，最终实现林业产业数字化和现代化发展的过程。借鉴数字经济与农业产业融合发展研究的先进经验，考虑林业不同于农业的复杂时空变化的异质性特征，探明数字经济与林业产业融合及数字林业经济发展的理论机制、评价体系及验证方法，据此探明数林融合发展的时空变化规律，为国家因地制宜制定和完善中国数字林业发展战略规划提供科学依据，对于推动新时期林业高质量发展，具有重要的理论和实践意义。

数字经济发展赋能提升林业经济韧性是林业高质量发展的新动力。经济韧性强的林业强国建设是林业高质量发展的重要体现，提升林业经济韧性，增强林业抵御不确定性因素的能力，推动形成可持续的林业经济发展新格局，是新时期中国林业现代化建设必须破解的重要难题。源于自然和社会的不确定性风险冲击势必加剧林业经济发展和农村居民增收的脆弱性，由于林业生产严重受制于劳动力和土地资源供给约束，单纯通过扩大生产规模提升抗风险能力的效果还十分有限。林业经济快速增长还要受到生态环境规制与生态安全需求的刚性约束，这就使得提升林业经济韧性变得十分复杂。研究探索如何通过数字经济发展提升林业经济韧性，增强林业抵御不确定性因素的能力，推动形成可持续的林业经济发展新格局，已经成为新时期中国林业高质量发展必须破解的重要难题。

作为数字经济发展在农村重要表现形式的农村电子商务发展是推动林区和林农公平和可持续发展的重要举措。中国林区多处于区位条件和资源禀赋较差的山区，经济发展较为落后，曾经是贫困人口的集中区，现在也是低收入人口集中分布区之一。数字赋能缩小林农内部收入不平等，让林区的低收入农户群体共享林业经济增长成果，是实现林业高质量发展的应有之义。农村电子商务发展有助于形成公开透明的信息分享平台和产品销售平台，缩小农村高收入和低收入人群在信息能力、产品销售、就业机会获取等方面的差距，进而缓解农村内部收入不平等。农村电子商务的应用存在"技术门槛效应"，可能对数字知识和技能较低的低收入农户群体产生"数字排斥"和"精英俘获"效应。研究探明农村电子商务发展对林区村庄内部收入不平等以及林农内部收入不平等的影响及其路径机制，为数字赋能林业高质量发展的政策完善提供微观证据，具有重要的理论和应用价值。

因地制宜发展新质生产力促进林业高质量发展是新时期中国林业现代化建设的新时代命题。新质生产力是生产力在数字时代系统性变革的结果，以数字技术创新为引擎的数字新质生产力能够为各行各业的高质量发展提供新动能。绿色发展是高质量发展的底色，新质生产力本身就是绿色生产力。林业既是发展数字新质生产力的理想载体，又是发展数字新质生产力的重要支撑。数字新质生产力作为一种符合新发展理念的先进生产力质态，是实现高质量发展的新型生产力。数字新质生产力发展为林业产业发展提供了必要的数字技术和数据要素，助力林业产业生产经营各环节数字化转型，必将成为驱动林业高质量发展的新动力。研究数字新质生产力发展与林业产业高质量发展的内在联系，对中国在新形势下谋划林业高质量发展的改革创新路径具有重要意义。

加快培育和发展林业新质生产力是推动林业高质量发展的必由之路。传统林业生产主要通过劳动力数量及有效工作时间的增加以提高林业产出，林业劳动者的知识、素质和技能不高，创新能力不足，人均劳动生产率相对偏低，中国林业产业总产值增速明显放缓。与此同时，源于自然和社会的不确定性风险冲击势必加剧林业产业发展的脆弱性，林业产业发展不仅严重受制于传统劳动者、劳动对象、劳动资料以及土地资源供给约束，还要受到生态环境规制与生态安全需求的刚性约束，这就使得全面推动林业高质量发展的实践探索变得十分复杂艰巨。加快培育和发展林业新质生产力，或是推动林业高质量发展、建设林业现代化产业体系的必由之路。研究探索数字新质生产力赋能林业产业高质量发展的理论机制和作用路径，对于推动林业新质生产力发展理论体系完善和林业高质量发展实践均具有重要意义。

乡村数字化助力林业新质生产力发展是形成数字赋能林业高质量发展新动能的重要途径。林业新质生产力是林业生产方式、生产关系和生产要素的重新整合和优化，是由林业技术创新突破、林业生产要素创新性配置、林业产业深度转型升级催生的，以新型林业劳动者、新型林业劳动资料、新型林业劳动对象及其优化组合的质变为基本内涵，以林业效率提高、林业效能提升、林业效益提增为核心标志的现代林业先进生产力，是推动林业高质量发展的关键动力。阐释乡村数字化影响林业新质生产力发展的理论逻辑，实证检验乡村数字化影响林业新质生产力发展的作用机制及空间溢出效应和传导路径，从不同区位条件、不同林业新质生产力发展水平以及基于乡村数字化水平和林业新质生产力发展水平的结构维度等视角开展乡村数字化影响林业新质生产力发展水平的异质性特征分析，可为数字赋能中国林业新质生产力发展推动林业高质量发展提供支撑，具有重要的理论和现实意义。

鉴于此，在国家社会科学基金重大项目（23ZDA105）、国家自然科学基金项目（42371294、42301328、72203095）和南京林业大学2024年优势学科标志性成果项目资助下，本著作综合运用农林经济管理学、数字经济学、生态经济学和地理学等学科基本原理和技术方法，基于海量的数据，运用规范的经济计量模型和空间统计技术方法，从多个角度系统量化研究数字乡村建设、数字经济发展、乡村数字化、数字新质生产力、林业新质生产力与森林生态产品价值实现、林业产业发展、林区公平发展之间的关系及其影响机制，明确关键影响因素及其作用路径，据此提出具体的政策建议，这是国内首部开启数字赋能林业高质量发展理论和政策研究的学术著作，目的是为新时代新征程助力实现中国林业现代化实践创新提供学理支撑。经过历时近3年时间的艰苦努力，课题组顺利完成了预定的研究任务。其间，阶段性成果先后在《中国农村经济》《中国人口·资源与环境》《自然资源学报》《林业科学》等国内外重要学术期刊上发表和录用学术论文10余篇。

本著作成果是在有机整合和提升上述公开发表的学术论文和部分研究报告成果内容的基础上，结合新时代新征程中国数字生态文明建设、数字乡村建设、产业韧性强的农业强国建设和林业现代化建设目标和行动的战略需要，将著作成果定名为《数字赋能林业高质量发展

理论与政策研究》。本著作成果分为 8 章,具体内容为:

第 1 章是数字乡村建设赋能森林生态产品价值实现的理论逻辑与实践路径。系统分析中国森林生态产品价值实现的基本现状,探明森林生态资源资产化、森林生态资产资本化、森林生态资本资金化以及数字乡村建设推动森林生态产品价值实现过程中存在的现实困境,从数据要素赋能、技术要素赋能、治理要素赋能三方面解析数字乡村建设赋能森林生态产品价值实现的理论逻辑,提出数字乡村建设赋能森林生态产品价值实现的实践路径。

第 2 章是数字乡村建设赋能林业产业升级的理论机制与政策启示。基于县级面板数据,构建县域数字乡村建设水平评价指标体系测度数字乡村建设水平,采用双向固定效应模型、中介效应模型、门槛效应模型和空间杜宾模型等方法量化分析数字乡村建设对林业产业发展升级的影响及其作用机制,提出路径优化对策。

第 3 章是数字经济发展赋能森林生态产品价值转化效率提升的理论机制与政策启示。基于县级面板数据,采用面板向量自回归模型、面板门槛效应模型和空间误差模型等方法,分析数字经济发展水平与森林生态产品价值转化效率之间的因果关系及其作用机制,提出政策优化路径。

第 4 章是数字经济与林业产业融合发展水平、影响因素与政策启示。从数字基础设置、数字业务规模、数字技术创新三个维度构建数字经济发展水平评价指标体系,从规模、结构、效率三个维度构建林业产业发展水平指标体系,采用地级市的面板数据,使用熵值法、耦合协调度模型、莫兰指数空间分析等研究方法,对数字经济与林业产业融合的发展水平、时间演变、区域差异和空间分布进行测度,构建面板数据模型探究影响浙江省数字经济与林业产业融合发展水平的主要因素,明确数字经济与林业产业融合发展的路径机制。

第 5 章是数字经济发展赋能林业经济韧性提升的理论机制与政策

启示。基于省级面板数据，构建多维度指标体系评估农村数字化发展水平和林业经济韧性水平，采用固定效应模型、机制检验模型、面板门槛模型和空间杜宾模型等方法检验农村数字化发展水平和林业经济韧性水平之间的因果关系和作用机制，明确关键实现路径，提出具体对策建议。

第6章是农村电子商务赋能林区林农收入公平的理论机制与政策启示。基于中国家庭追踪调查（CFPS）的面板数据，采用双重机器学习法分析农村电子商务发展对宏观层面的林区村庄内部收入不平等以及微观层面的林农内部收入不平等的影响及其作用机制，为验证农村电子商务在农村的公平与效率平衡效应提供新的经验证据，提出数字经济发展浪潮下农村电子商务如何有效缩小农村内部收入差距及公平发展的政策完善路径。

第7章是乡村数字化赋能林业新质生产力发展的理论逻辑与政策启示。构建理论模型，基于省级面板数据，构建乡村数字化水平和林业新质生产力发展水平的综合评价指标体系，采用双向固定效应模型、中介效应模型和空间杜宾模型等方法实证分析乡村数字化对林业新质生产力发展的影响及其作用机制，提出加快中国林业新质生产力发展的对策建议。

第8章是数字新质生产力赋能林业产业高质量发展的理论机制与政策启示。阐明数字新质生产力助力中国式现代化产业体系建设的时代意义，厘清数字新质生产力促进山区林业产业高质量发展的理论机制和作用路径，提出对策建议，丰富和发展林业新质生产力理论和政策研究内涵，为完善林业高质量发展政策体系提供支撑。

本著作成果的主要创新点在于：研究视角独特、思路清晰，研究框架系统全面且布局合理，数据来源可靠，搜集和整理了大量可靠的统计数据和资料，运用先进科学的定量分析方法，进行理论机制和政策设计的原创性研究，实现了两个国内首次，使得本研究成果整体处于国内领先水平。具体而言：第一，在国内首次构建数字赋能林业高质量发展研究的理论框架和方法体系，用于理论阐释和实证分析多形态数字赋能林业高质量发展的作用机制和作用路径，获得重要的政策启示。第二，在国内首次运用计量经济学和空间地统计分析模型方法，从数字乡村建设、乡村数字化转型、数字经济发展、数字新质生产力与林业产业融合发展多维度实证分析数字赋能林业高质量发展的理论机制和作用路径，明确了效应机理和关键影响因素，取得的重要理论成果发表在国内权威学术期刊上，该著作是中国数字林业经济研究领域的开创性成果。

本著作成果的学术价值和应用价值在于：研究基于国家战略需求和地方实践探索，坚持问题导向与理论分析相结合的研究线路，将理论演绎分析与数字乡村建设、数字经济发展、乡村数字化、数字新质生产力、林业新质生产力对林业产业高质量发展的赋能机制和提升路径的精准化分析结合在一起，所获得的政策启示和所设计的实践创新路径更具有可行性，从而可以为各级政府建立健全数字林业经济发展规划和工作计划提供参考和借鉴，具有重要的应用价值。

本著作成果凝聚了研究团队全体成员的辛勤劳动，除署名作者全程参与著作所有章节的研究、写作或统稿与校核等工作之外，为本成果做出重要学术贡献的还有南京林业大学经济管理学院院长杨红强教授，中国人民大学农村发展学院柯水发教授，江西财经大学经济学院潘丹教授及其研究生罗璐薏（具体承担第 6 章的研究和写作），江西师范大学政法学院季凯文教授（具体承担第 6 章的部分研究和写作），南京林业大学经济管理学院穆亚丽博士和北京理工大学在读博士研究生张浩同学（具体承担第 4 章内容的研究和写作），浙江农林大学经济管理学院在读博士研究生陆雨（具体承担第 8 章内容的研究和写作），浙江农林大学经济管理学院在读硕士研究生任燕和钱一莹同学（具体承担第 2 章和第 7 章的研究和写作），山东大学在读博士研究生程文杰同学（具体承担第 3 章的研究和写作）。此外，还要特别感谢《林业科学》《中国农村经济》《中国人口·资源与环境》等期刊编辑部老师为本著作成果阶段性论文发表提供的支持和帮助，在此一并表示衷心的感谢！

本著作成果适合农林经济管理学、数字经济学、产业经济学、生态经济学、区域经济学等学科专业的研究生阅读，也适合从事自然资源、农业、林业和农村管理工作的党政机关工作人员阅读和参考。

由于作者学识所限，书中难免有错误疏漏之处，真诚希望各位专家学者及使用本书的同行批评指正，相关意见建议可随时发至作者邮箱：kongfanbin@aliyun.com，以便我们进一步完善。

孔凡斌　徐彩瑶　翟郡

2025 年 1 月 16 日于江苏南京

目录

第 8 章　数字新质生产力赋能林业产业高质量发展的理论机制与

数字乡村建设赋能森林
生态产品价值实现的理论
逻辑与实践路径

　　内容提要： 数字乡村建设既是数字中国建设和乡村振兴战略深入实施的重要方向，也是释放数字红利激活乡村生态产业化发展内生动力的关键举措。提升森林生态产品价值实现效率及生态产业化发展水平对缓解区域发展差距、城乡发展差距和城乡收入差距具有重要作用。数字赋能森林生态产品价值实现是有效破解森林资源富集地区资源"诅咒"困境，构建人与自然和谐共生新格局的重要途径。该研究系统分析中国森林生态产品价值实现的基本现状，探明森林生态资源资产化、森林生态资产资本化、森林生态资本资金化以及数字乡村建设推动森林生态产品价值实现过程中存在的现实困境，从数据要素赋能、技术要素赋能、治理要素赋能三方面解析数字乡村建设赋能森林生态产品价值实现的理论逻辑，提出数字乡村建设赋能森林生态产品价值实现的实践路径：①通过数据、技术和治理赋能森林资源的保护修复及森林资源资产化的权属界定进而推动森林生态资源资产化；②通过数据、技术和治理赋能森林生态产品信息调查、森林生态产品价值核算、培育生态产品市场及创新生态林业绿色金融工具进而推进森林生态资产资本化；③通过数据、技术和治理赋能森林生态产品认证、森林生态产品品牌建设、协调森林生态产品定价、构建"数字＋"森林生态产业体系、完善森林生态产品保护补偿机制、森林生态产品权益交易机制及健全多元主体参与机制进而促进森林生态资本资金化；④依托数据、技术和治理赋能建立健全生态财富共享体系，包括构建生态财富的共享信任机制、利益联结机制、益贫瞄准机制、返贫预警机制、协同监督机制以及搭建数字生态共富服务平台，进而激发林农参与森林生态产品价值实现的内生动力。

数字化与生态产业化深度融合发展是协同促进人与自然和谐共生与全体人民共同富裕的战略选择。党的二十大报告将建设人与自然和谐共生和全体人民共同富裕的中国式现代化确立为新时代新征程国家的历史使命，将"加快发展数字经济，促进数字经济与实体经济深度融合"以及"建立生态产品价值实现机制"作为新征程构建现代化生态产业体系、生态文明建设和实现共同富裕的重要任务。2023年2月，中共中央、国务院发布《数字中国建设整体布局规划》并明确指出要加快数字化绿色化协同转型，建设绿色智慧的数字生态文明。生态产品作为生态系统服务的结晶，是链接自然生态系统和社会经济系统的桥梁和纽带，以生态产业化为目标的生态产品价值实现是生态资源促进山区农村经济增长和增进人类福祉、构建人与自然和谐共生新格局的关键路径（孔凡斌和徐彩瑶，2023）。2021年国家发布《关于建立健全生态产品价值实现机制的意见》强调要推进生态产业化，加快完善生态产品价值实现路径，推动生态优势转化为经济发展优势，打造人与自然和谐共生新方案。数字乡村建设是建设数字中国和乡村振兴战略深入实施的重要方向，也是释放数字红利推动乡村生态产业化发展内生动力的重要举措。2018年中央1号文件以及《乡村振兴战略规划（2018—2022年）》明确"实施数字乡村战略"，国家《数字乡村发展战略纲要》将数字乡村建设作为乡村振兴的战略方向和数字中国的重要内容。2020—2024年中央1号文件先后提出"开展国家数字乡村试点""实施数字乡村建设发展工程""大力推进数字乡村建设""深入实施数字乡村发展行动"和"持续实施数字乡村发展行动"，中国数字乡村建设进入快车道。《中国数字乡村发展报告（2022年）》显示，截至2022年6月，农村互联网普及率达到58.8%，2021年农业生产信息化率为25.4%，中国数字乡村建设进入快车道（朱红根和陈晖，2023）。数字乡村建设通过以信息化、数字化、网络化为重要载体，实现乡村产业数字化、治理数据化、服务信息化以及生活智慧化，正推动农村农林业生产方式的深刻变革以及农林业生产效率的稳步提升（殷浩栋等，2020；孔凡斌等，2023a）。2023年12月，国家发布《数字经济促进共同富裕实施方案》强调要大力推进数字乡村建设，加快推动乡村产业数字化转型。2024年7月，中共二十届三中全会审议通过的《中共中央关于进一步全面深化改革、推进中国式现代化的决定》进一步明确要"健全促进实体经济和数字经济深度融合制度""健全生态产品价值实现机制"。由此可见，数字乡村建设赋能数字化与生态产业化深度融合发展必将成为推动生态产品价值实现的新引擎。

森林生态系统作为"绿水青山"的重要组成部分，是陆域分布最广、存量最为丰富的自然生态资产，为区域经济发展持续提供供给、调节和文化服务等关联人类福祉、具有重要使用价值的产品和服务。森林生态产品价值实现效率的高低能够显著影响生态产业化发展成效，对区域发展、城乡发展和城乡收入差距均有显著影响（孔凡斌等，2023c；孔凡斌等，2023d；徐彩瑶等，2023b）。然而，森林资源市场化配置效率及森林生态产品价值实现效率偏低一直是困扰森林资源富集地区依托资源优势发展特色生态产业实现农民增收致富的问题（孔凡斌等，2023b）。数字技术等数字要素已经成为重组生产要素资源、重塑经济结构、推动森林生态产品价值实现以及协调人与自然关系的关键力量（孔凡斌等，2023a；王晓丽等，2024）。数字乡村建设赋能森林生态产品价值实现或是有效破解森林资源"诅咒"困境进而构建人与自然和谐共生新格局的重要路径。然而，伴随着乡村数字化转型过程中数字要素向山区和农村农林业领域的迅速扩散，以数字乡村建设为依托的数字新动能赋能并推动森林生态产品价值实现的理论逻辑及实践路径却不甚明晰。因此，面向新征程加快推进数字乡村建设与生态产品价值实现、构建现代化数字生态产业体系以及打造人与自然和谐共生新方案的重要任务，系统梳理森林生态产品价值实现的现状和困境，探讨数字乡村建设驱动森林生态产品价值实现的内在机理，提出数字乡村建设促进森林生态产品价值实现的实践路径，对于推动建设人与自然和谐共生的中国式现代化，具有重要的理论和现实意义。

1.1 森林资源"诅咒"与森林生态产品价值实现困境

森林资源蕴含着巨大的生态产品产出潜能。国家林业和草原局、国家统计局联合发布第三期中国森林资源核算研究成果表明，截至 2018 年，中国森林生态系统每年提供生态产品价值达 15.88 万亿元[①]。中国近 90％的森林资源分布在基础设施落后、交通不发达以及自然灾害频发的山区和农村（张寒等，2022），致使丰富的森林资源和巨大的生态产品价值供给并没有带来农村的持续经济繁荣和农民生计的根本改善，森林资源富集地区曾长期处于落后状态，一度面临严峻的贫困问题（李周等，2000），并成为中国贫困人口主要分布地和低收入人口主要聚集地之一（孔凡斌等，2022b）。相对于森林资源贫瘠地区，森林资源富集地区尤其是农村地区的经济增长更为缓慢，存在明显的森林资源"诅咒"现象（谢煜和王雨露，2020），富集的森林资源对一些山区和农村地区的经济增长并不构成充分的有利条件，反而成为一种限制（Sachs 和 Warner，2001；胡援成和肖德勇，2007；谢晨等，2007）。森林生态产品价值实现是森林资源嵌入地域空间环境，并与经济、社会、文化、环境等多要素融合并产出现实经济价值的过程，是森林生态系统服务产品产值向农林经济产值转化的过程（徐彩瑶等，2023b）。森林生态产品价值实现是区域森林生态资源比较优势向社会经济发展竞争优势转化的先决条件，森林生态产品价值实现机制是重要保障。但是，在现实之中，森林生态产品富集地区尤其是农村地区由于"绿水青山"向"金山银山"转化的通道和机制不健全，致使生态优势转化为经济优势的能力不足，易陷入生态资本"富足的矛盾"（孔凡斌和徐彩瑶，2023），森林资源禀赋及生态产品供给与社会经济发展和农民收入增长之间出现"脱钩"现象（谢晨等，2007；刘宗飞等，2015）。理论上，生态资源通过开发、投资、运营等一系列市场行为，其所提供的有形产品和无

[①] 数据来源：我国林地林木资产总价值达 25.05 万亿元，https://www.gov.cn/xinwen/2021-03/13/content_5592714.htm。

形服务经历"生态资源—生态资产—生态资本"的转化过程（袁广达和王琪，2021；孔凡斌和徐彩瑶，2023），即，通过生态资源资产化、生态资产资本化、生态资本资金化（李致远和谢花林，2024），最终实现生态产品价值。同理，森林资源富集地区可以通过推动森林生态资源资产化、森林生态资产资本化和森林生态资本资金化，并借助数字要素赋能提供的强劲动力（陈倩茹等，2023；王晓丽等，2024；许周迎等，2024），打破生产、分配、交换（流通）、消费和服务管理等各环节的壁垒和限制（陈倩茹等，2023），能够有力破解森林资源"诅咒"困境，这不仅有助于实现森林资源高水平保护，还可以促进森林生态产品价值的高质量转化进而有效缓解生态外部性矛盾（王晓丽等，2024），推动森林生态产品价值的市场化和货币化，进而实现森林生态产品价值。然而，在推进森林生态资源资产化、森林生态资产资本化和森林生态资本资金化的渠道和机制以及数字乡村建设推动森林生态产品价值实现等理论机理和实践探索方面存在诸多困境。

1.1.1 森林生态资源资产化的困境

生态资源资产化是实现以实物形态的生态资源向价值形态的生态资产转化的过程，也就是说，当产权明晰的生态资源能够给投资者带来收益时，投资者能够对生态资源享有法律规定的权利，生态资源成为生态资产（张文明和张孝德，2019）。稀缺性、明晰的产权和能够产生效益是生态产品资产化的重要前提（严立冬等，2009），生态资源与生态资产最主要的区别是稀缺性和归属性（高吉喜等，2016）。随着中国社会主要矛盾的转变，人们对美好生活的需要特别是对优质生态产品的需求日益增长，以森林游憩、度假、疗养、保健、养老为内容的森林康养已成为森林生态产业化发展的新业态。然而，受限于陆地面积和森林资源总量及其分布空间的非均衡性，优质森林资源的稀缺性依然存在，区域和城乡之间森林生态资源禀赋及生态产品供给能力差异巨大的现实问题客观存在，通过公共财政投资实施自然生态系统保护修复工程形成的优质森林生态产品产权界定遇到现实困难。中国森林生态资源产权归属主要为国家所有和集体所有（即公有），使得森林生态资源所提供的产品和价值具有强烈的"公共产品"属性。公共产品消费的非竞争性、非排他性以及效益的外溢性致使人们"搭便车"心理加剧，不愿支付消费森林生态产品所产生的费用，最终导致森林资源的过度开发与破坏（高吉喜等，2016）。可见，现有的森林资源管理制度并没有将森林生态产品作为资产，并按照资产运营的规定进行经营与管理，森林生态产品资产化仍存在产权归属不明确等问题。此外，尽管集体林权制度改革以及林权证的颁发使得林地林木等有形产品的资产化已基本实现，为森林生态产品资产化奠定了基础，但是森林生态系统所提供的涵盖固碳释氧、水源涵养、水土保持和气候调节等森林调节类服务产品占比较大（孔凡斌等，2023b），由于其具有流动性、无固定且清晰边界以及公共产品属性的特点，使得其产权归属及资产化难以有实质性推进。因此，以调节服务为主的森林生态产品调查监测的准确性、时效性和空间可视化以及产权界定的科学性成为推进森林生态产品资产化实践的重要制约和困境。

1.1.2 森林生态资产资本化的困境

生态资本是有一定产权归属并能够实现价值增值的生态资产（高吉喜等，2016）。生态资产与生态资本的实体对象一致，生态资产资本化是在生态资产产权清晰的前提下，政府、企业、个人通过资本化运营实现生态资本价值及其增值的过程。生态资产资本化是实现生态资产增值的重要途径，只有将生态资产盘活，作为生产资料进入生产过程并实现增值，才能成为生态资本。增值性是生态资本和生态资产的主要区别（高吉喜等，2016）。森林生态产品的资本化是通过认识、开发、投资、运营森林生态产品，最终在生态市场中实现森林生态产品价值增值与保值的过程（袁广达和王琪，2021）。理论上，森林生态资产可以借助创新生态技术实现形态和价值的转换，成为经济产品进而实现价值增值（严立冬等，2009；孔凡斌等，2023b）。然而，在实践中，森林生态资产资本化过程面临资金、技术和管理要素的投入不足，生态产品要素价值难以确定，传统的林业经济运营理念和管理方式难以保障森林生态资产资本化。资产资本化的基本保障是建立健全生态市场（袁广达和王琪，2021）。目前，森林生态产品交易市场依然不健全、不完善，生态金融工具如森林生态银行、生态基金、生态股票和生态期货等应用不足，阻碍着森林生态产品价值的资本化，交换价值难以体现。与此同时，利用森林生态资本获取的经济利润投入森林生态保护和建设并进一步涵养更加优质的森林生态资源的激励约束机制不健全，多元生态融资渠道偏少，保障森林生态产品可持续循环利用的制度机制不完善。扩大生态市场推动森林生态资产资本化需要政府与社会组织的深度参与和协同并进，森林生态资产资本化的多元主体参与不够，政府政策体系不健全，现有政策引导市场走向力度不够，监督措施缺失，社会资本进入市场的激励机制不健全，推动扩大森林生态资产资本化市场规模的成效十分有限。根据《中国林业和草原年鉴 2022》，全国林业第一产业产值和第二产业产值的占比高于 75%，而林业第三产业产值占比仅为 23%[①]，这从某种程度上表明，依托森林生态系统调节类生态服务及产品发展起来的森林康养和森林生态旅游等现代森林生态产业发展明显不足，森林生态资产资本化水平偏低，转化效率不高，森林生态资产增值能力有限。因此，森林生态产品市场建设和生态林业金融工具创新应用以及多元主体参与机制的缺失，成为加快推动森林生态资产增值实践的困境。

1.1.3 森林生态资本资金化的困境

生态资本资金化是生态产品进入市场通过交易转化为资金的过程。实现森林生态资本的资金化就是完成森林生态产品在生态市场中的交易，是森林生态资本资金化过程中最为关键的一步。森林生态资产资本化只是对森林生态产品的利用和投资，而最后实现经济效益在于生态产品的货币化及资金化。根据有无排他性和消费的竞争性，森林生态产品可分为私人产品、纯公共产品以及准公共产品（公共资源和俱乐部产品）等（袁广达和王琪，2021；王晓丽等，2024）。不同类型的森林生态产品在实现资金化过程中呈现不同的形式。具体而言，林木产品等物质供给类森林生态产品

---

① 数据来源：《中国林业和草原统计年鉴 2022》，https://data.cnki.net/yearBook/single?id=N2023080120。

属于私人产品，其资金化需要通过建立区域公用品牌或产品认证体系，利用品牌效应或林产品自带的稀缺性实现溢价，且能够直接进入市场进行交易。水源涵养、固定二氧化碳等调节服务类森林生态产品属于公共资源，需要通过产权交易或产权流转实现资金化。释放氧气、防风固沙、净化空气等调节服务类森林生态产品属于纯公共产品，由于其产权难以界定致使不能直接进入市场进行交易，而以政府为主导的生态补偿是其实现价值的主要方式。文化旅游、森林康养等文化服务类森林生态产品属于俱乐部产品，可通过资本运营和品牌效应产生生态溢价间接实现价值。但是，目前中国森林生态资产资本化水平明显偏低。从整体情况来看，2018 年中国全国林地林木资产总价值 25.05 万亿元[①]，林业产业年总产值达 7.33 万亿元[②]，林地林木存量资本产业年转换比例为 29.26％（孔凡斌和徐彩瑶，2023）。第三期中国森林资源核算结果显示，森林生态产品存量价值及生态资本达 15.88 万亿元[③]，存量生态资本产业年度转化比例为 46.16％，林地林木和生态资本存量两项生态资产产业年转化比例仅为 17.91％（孔凡斌和徐彩瑶，2023）。究其原因，森林生态产品公用品牌建设和产品认证系统缺失，森林生态产权交易市场不健全，森林生态产品存在"评估难、担保难、处置难、流转难"等现实问题，森林碳生态补偿机制不完善，森林文化旅游产品定价以及生态产品交易机制不完备等构成推进森林生态资本资金化实践的困境。

1.1.4 数字乡村建设推动森林生态产品价值实现的困境

数字乡村是伴随网络化、信息化和数字化在农业农村经济社会发展中的应用，以及农民现代信息技能的提高而内生的农业农村现代化发展和转型进程。《数字乡村建设指南 1.0》明确数字乡村建设的总体参考架构包括信息基础设施、公共支撑平台、数字应用场景、建设运营管理和保障体系建设等内容。因此，数字乡村建设的强劲动力主要源自于数字基础设施

---

①③　数据来源：我国林地林木资产总价值达 25.05 万亿元，https：//www.gov.cn/xinwen/2021－03/13/content_5592714.htm。

②　数据来源：2018 年全国林业产业总产值达 7.33 万亿元，https：//www.gov.cn/xinwen/2019－05/23/content_5394190.htm。

的建设与普及、数字技术的创新与应用、数字平台的开发与运营。理论上，数字乡村建设能够通过不同类型的数字要素赋能并作用于乡村数字基础设施、林业生产要素、互联网平台、产业结构转型和数字林场应用场景等路径影响森林生态产品价值实现程度和实现方式（孔凡斌等，2023a）。然而，数字基础设施、技术和平台在森林生态产品价值实现上的运用尚未得到标准化、系统化、规范化发展，反而可能存在工作重心落在硬件设备上、数字形式主义滋生蔓延、公共资源分配不合理、过度依赖运营服务商等实践误区（李丽莉等，2023）。实践之中，森林生态产品价值实现仍处于初期探索阶段，面临森林生态产品调查监测难、价值核算难、经营开发难和交易变现难等挑战，进而导致数字乡村建设赋能森林生态产品价值实现在不同实践环节存在困境。

第一，森林生态系统的数字化监测与数据采集系统构建的技术及相应平台建设已趋于成熟和完善，提高了森林生态产品调查监测质量，但各监测点之间仍存在信息共享难点。"点"到"面"的一体化、系统化监测难以得到有效推进成为数字乡村建设赋能森林生态产品调查监测的困境。

第二，数字乡村建设赋能森林生态产品价值核算已逐步得到应用。依托遥感技术、大数据技术等的应用，较大空间尺度的森林生态产品价值核算问题得到了有效解决。由于空间异质性的存在，较小空间尺度的森林生态产品价值核算取决于涉及森林供给服务、调节服务、文化服务类生态产品价值核算指标更为精细的监测数据保障。然而，森林生态产品价值尚未纳入国民经济统计核算体系，对于林区资源禀赋、环境条件、产品类型的统计缺乏一定深度，尤其是森林调节服务类生态产品价值核算的支撑数据十分匮乏。同时，囿于前述数字赋能森林生态产品调查监测存在的问题，数字乡村建设赋能森林生态产品价值核算在较小空间尺度上仍存在待突破的瓶颈。

第三，多元主体利益联结机制不健全、森林生态资源权益交易不充分、生态产品供需对接不精准、交易平台和市场不完善以及山区基础设施不完善导致的交通运输成本高等问题，是森林生态产品经营开发难和交易变现难的重要原因。在实践中，林业"大脑"等数字化服务平台能够赋能林业管理、林业生产和林业保护，是智慧林业建设的重要内容，有助于林业管理提质增效，进而促进森林生态产品价值实现效率的提升。然而，林业数字化服务平台主要用于林业管理，并未实质性服务森林生态产品的经营开发，同时，由于存在平台用户黏性不足、价值转化渠道不畅通等问题，阻碍着森林生态产品的交易变现。

总体而言，数字要素尚未完全融入森林生态产品价值实现的各个环节，难以有效发挥数字要素连接、聚合和分析的能力，以致在森林生态产品价值实现方面颠覆性的创新应用难以产生，成为数字乡村建设赋能森林生态产品价值实现的实践困境。

1.2 数字乡村建设赋能森林生态产品价值实现的理论逻辑

数字乡村是伴随网络化、信息化和数字化在农业农村经济社会发展中的应用，以及农民现代信息技能的提高而内生的农业农村现代化发展和转型进程，既是乡村振兴的战略方向，又是建设数字中国的重要内容。《数字乡村建设指南1.0》明确提出了数字乡村建设的总体参考架构，具体包括信息基础设施、公共支撑平台、数字应用场景、建设运营管理和保障体系建设等内容。森林资源及其构成的森林生态资本因其自带的稀缺性，已成为社会经济增长的重要生产要素之一（孔凡斌等，2023b）。数字乡村建设赋能森林生态产品价值实现是数字化与生态产业化深度融合发展的具体体现，通过数据、技术、治理等要素赋能森林生态产品资源资产化、资产资本化和资本资金化，全面渗透森林生态产品的生产、分配、交换（流通）、消费和服务管理等各个环节（陈倩茹等，2023），助力林业技术创新、产业提质、治理增效，助推森林生态产业化的迭代升级，进而有效提高森林生态产品价值实现效率（孔凡斌等，2023a）。

1.2.1 数据赋能森林生态产品价值实现的理论逻辑

作为新型生产要素的数据是信息传输的载体，具有虚拟性、非竞争性、部分排他性、边际成本递减、规模报酬递增、正外部性等特征（蔡继明等，2022），是数字经济具有战略性地位和创新引擎作用的微观基础，成为推动山区和农村农林业发展并实现弯道超车的重要基石。2023年12月，国家数据局等 17 部门联合印发《"数据要素×"三年行动计划（2024—2026 年）》旨在充分发挥数据要素乘数效应，赋能经济社会发展。中国林业产业发展主要得益于劳动力、资本与自然资源等传统要素投入驱动，属于典型的"硬要素驱动型"模式。然而，单纯依靠要素高投入的传统林业发展模式，使得森林生态产品价值实现效率偏低且提升困难，难以满足林业高质量发展促进共同富裕的需求和使命。作为"软要素"的数据赋能森林生态产品价值实现主要是利用其承载的有价值信息，打破要素配置结构失衡、效率低下、流动不畅的障碍，提高劳动力、资本等其他传统要素之间的协同性，引领要素以市场化方式形成集聚（谢康等，2022）。数字乡村建设推动数据这一关键生产要素嵌入森林生态产品价值实现全链条，发挥倍增作用，与土地、劳动力、资本、技术、管理等林业其他生产要素聚合形成先进生产力（图 1-1），提高林业资源配置效率，推动森林生态产品价值实现。数据赋能森林生态产品价值实现的理论基础包括数据化理论、信息可视化理论、信息不对称理论、信息黏性理论、金融创新理论、数据驱动决策理论等。

基于数据化理论，数据化是将信息从物理格式转换为数字版本的过程，能够更精准地感知物理世界（森林、林地和林木等构成的森林资源），并将这种感知的结果在不同的主体之间无缝、无成本、无时差传输，能够减少因信息不对称或者信息差所带来的额外成本。具体而言，数据与林地要素融合，不仅能够实现对森林资源的实时监测并根据不同类型森林的监测需求进行个性化监测，还能够针对森林资源的病虫害、火灾等进行分析研判和预测预警。

信息可视化理论认为，通过图形和图像等符合人类认知习惯和需求的方式来表达和传递数据信息，能够更有效地帮助人们理解和处理大量的数据信息，提高信息处理和传递的效率与准确性。具体而言，数据与林业劳动力要素使得林业从业人员能够通过信息共享等方式更新知识储备以及促进相互之间合作，从而提升技能水平，尤其是能够推动受教育水平较低的林农以更易接受的形式和更低的成本学习并运用林产品生产、加工和林业管理等方面的新技术和新方法。

信息黏性是将特定信息传播给信息搜寻者所必需的增量支出（Von Hippel，1994），主要包括获取信息的成本、吸收信息的成本和处理信息的成本（Mankiw 和 Reis，2010）；由于存在信息黏性，并不是所有主体都基

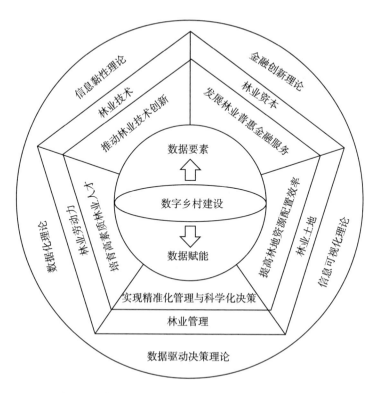

图 1-1　数据赋能森林生态产品价值实现的理论逻辑

于最全、最新的信息做出决策。因此，以数据形式存储的信息和产品可以零成本传输到山区和林区，数据和信息的积累能够推动林业人力资本升级和林业技术创新，有助于森林生态产品价值实现。

金融创新理论认为，金融创新是一种需求诱发、利润驱动的金融现象，不仅推动新的金融产品或服务的发明与创造，还能给人们带来丰厚的利润。数据赋能发挥成本节约效应和创新激励效应，与林业资本要素融合，不仅能够嵌入林业金融资源和融资服务，降低金融服务边际成本和信贷资金配给程度，还能够依托网络平台强大的信息流整合能力、计算机云数据处理优势，提高金融资源的配置效率，提供覆盖林业全产业链、全生命周期的金融产品和服务，发展林业普惠金融服务，让小型涉林企业或农民享受优质金融服务。

数据赋能林业管理要素有助于降本增效。数据驱动决策理论认为，在决策过程中充分利用数据来制定战略、规划资源、评估风险等，具有更高的准确性和预测性，能够更好地应对市场的变化和竞争的挑战。数据与林业管理要素融合，通过整合现有各类林业数据到大数据平台，将不同来源、不同业务、不同格式的数据进行统一标准、科学配置、集中存储、规范管理，实现各级林业数据资源的统一整合、访问与共享，让不同层级的林业政府决策管理部门得到一致信息和精准信息，不仅有助于降低林业资源管理的成本，还能提高林业管理决策的准确性和科学性。

数据要素能够赋能林业产品生产制作工序和服务的各个环节，重塑现代林业产业体系，实现要素资源的跨边界配置与优化。数据赋能发挥长尾效应（武宵旭和任保平，2022），能够分析并挖掘传统林业产业发展模式下难以发现的潜在需求，将闲置和零散的林业主体或要素汇聚起来，并依托大数据平台通过供需的精准对接，减少产品和服务供需中间环节由于信息甄别不当导致的资源错配问题。例如，数据要素能够聚合并高效匹配林地流转供需信息资源，提高林地资源配置效率。由此可见，数据能够成为指挥林业实体经济运行的"大脑"和"中枢"，并作为"黏合剂"，全面融入林业传统生产要素，促进要素间的连接和流通，打造各类生产要素一体化的林业要素体系，充分发挥数字要素主导现代林业产业运行的决定性作用。

值得注意的是，数据要素赋能森林生态产品价值实现可能存在数据要素"陷阱"问题（徐翔等，2023），面临数字鸿沟加剧的风险。基于"梅特卡夫法则"，用户数量以及用户所提供的数据要素规模越大，对数据要素的使用越充分，越有利于增加自身迭代式创新的能力，从而扩大市场份额、压倒对手（徐翔等，2023）。然而，这将使得资源较少、能力较弱的小企业和农民等主体难以充分享有数字红利。此外，数据要素利用受到消费者隐私厌恶的制约（刘征驰等，2023）。

1.2.2 技术赋能森林生态产品价值实现的理论逻辑

内生增长理论认为，技术进步是推动经济增长的核心动力。数字技术已成为推动森林生态产品价值实现的重要驱动力（王晓丽等，2024）。随着物联网、大数据、云计算、人工智能、区块链、数字孪生、元宇宙等数字技术的迅猛发展（李丽莉等，2023），数字乡村建设将推动数字技术与林业产业发展深度融合（表1-1），形成以数字技术为依托的新型林业发展模式（孙久文和张翱，2023）。偏向型技术进步理论认为，技术进步不是中性的，它偏向于某一生产要素而演进，从而有利于经济中某些生产要素和个体。数字乡村建设将有助于推动森林生态产品价值实现相关的技术进步，赋能森林生态资源资产化、森林生态资产资本化和森林生态资本资金化，如依托大数据精准勾勒客户画像、人工智能解决人为判断偏差、云计算智慧化生产体系、区块链构建强信任关系以及数字孪生、元宇宙的虚实融合等功能，有效破解制约森林生态产品价值实现的"度量难、交易难、抵押难、变现难"以及"评估难、担保难、处置难、流转难"等突出难题（王晓丽等，2024），着力推动森林生态产品价值实现的模式和机制发生巨大变革。

表1-1　数字技术的特征及其赋能森林生态产品价值实现的理论基础

数字技术	特征	技术赋能的理论基础	政策背景
物联网	物联网是通过信息传感设备，按约定的协议，将任何物体与网络相连接，物体通过信息传播媒介进行信息交换和通信，以实现智能化识别、定位、跟踪、监管等功能	物联网技术赋能森林生态产品价值实现在于能够有效链接林业物质世界和信息网络世界，实现对林木生长环境、林业资源、林木生长状态等信息的实时监测、分析和处理，进而能够有效缓解信息不对称和降低交易成本，还可以通过改变林业信息沟通方式和管理模式，提高林业资源的利用效率和管理与保护水平，进而推动森林生态产品价值实现效率的提升	2016年国家林业局发布的《关于推进中国林业物联网发展的指导意见》[①]明确指出要推动林业核心业务物联网应用，实现物联网技术与林业高度融合
大数据	大数据技术是指通过采集、存储、处理、分析等手段，从海量的数据中提取有价值的信息和知识，帮助人们更好地了解世界、预测未来、优化决策的一种技术	大数据技术赋能森林生态产品价值实现，主要体现在能够低成本、高效率、全方位地掌握并管理森林资源现状与发展趋势信息，森林生态产品的生产与供需信息以及林业多主体决策与管理信息，推动森林资源和生态产品管理信息化、现代化、智能化	2013年国家林业局发布《中国智慧林业发展指导意见》明确指出要充分利用云计算、物联网、大数据、移动互联网等新一代信息技术，通过感知化、物联化、智能化的手段，形成林业立体感知、管理协同高效、生态价值凸显、服务内外一体的林业发展新模式

---

① 资料来源：《国家林业局印发〈关于推进中国林业物联网发展的指导意见〉》，https：//www.gov.cn/xinwen/2016-06/17/content_5083070.htm。

（续）

数字技术	特征	技术赋能的理论基础	政策背景
云计算	云计算是指通过计算机网络形成的计算能力极强的系统，能够快速、高效地处理海量数据，可存储、集合相关资源并可按需配置，向用户提供个性化服务；具有服务规模可动态伸缩（弹性）、按需分配服务、虚拟化、高可靠性、泛在接入等特点	云计算技术赋能森林生态产品价值实现主要体现在能够有效整合多层级、多主体、多环节、分散式的林业资源数据和决策管理信息，形成安全、稳定、高效、共享的综合一体化信息服务体系，挖掘与分析海量林业数据资源，实现对林业资源的智慧服务，进而提高森林资源数据利用效率，提升林业决策水平，推动林业管理降本增效	2017 年国家林业局发布的《关于促进中国林业云发展的指导意见》[②] 明确指出要发展中国林业云，有利于降低建设运维成本，提高资源使用效率，提升林业信息安全保障水平，加强数据共享利用，提升林业信息化服务能力
人工智能	人工智能是研究、开发用于模拟、延伸和扩展人的智能的理论、方法、技术及应用系统的一门新的技术科学，能够拟人类智能，实现自主学习、自我优化、自适应和自主决策等功能，从而实现自动化、智能化	人工智能赋能森林生态产品价值实现在于能够实现林业跨界资源低成本、高效率地再配置，由过去以人工为主导转向自动化智能化方式，推动创新森林资源在生态保护、生态修复、生态灾害防治、生态产业、生态管理等方面的配置方式，提升决策水平与管理效能	2019 年国家林业和草原局发布《关于促进林业和草原人工智能发展的指导意见》[①] 指出，要以林业现代化需求为导向，以新一代人工智能与林业融合创新为动力，实现人工智能技术在林业重点建设领域中示范应用
区块链	区块链是一种新兴的分布式信息技术，能够直接改变以往以货币为介质的市场经济中信息不对称等问题，构建在没有中介辅助下多个参与方之间的资产交易、价值传递的网络	区块链技术能够搭建信任机制重塑森林资源管理方式与权益交易模式，广泛应用于森林经营管理、森林生态产品追溯和森林火灾监测等领域，有力推动森林生态产品价值实现。此外，区块链技术能够有效解决林权抵押授信的问题，将中心化的林权抵押贷款系统重构为一个去中心化的系统，通过搭建一种可信的跨机构数据交换及业务执行平台来实现跨机构的信任业务处理模式	

---

① 资料来源：《国家林业局关于促进中国林业云发展的指导意见》，http：//www. gov. cn/xinwen/2017－11/06/content＿5237485. htm。

② 资料来源：《国家林业和草原局关于促进林业和草原人工智能发展的指导意见》，http：//www. gov. cn/xinwen/2019－11/21/content＿5454166. html。

（续）

数字技术	特征	技术赋能的理论基础	政策背景
数字孪生	数字孪生是充分利用物理模型、传感器更新、运行历史等数据，集成多学科、多物理量、多尺度、多概率的仿真过程，在虚拟空间中完成映射，从而反映相对应的实体装备的全生命周期过程，具有实时同步、忠实映射、高保真度特性	林业数字孪生应用是智慧林业的具体实现手段，将突破虚拟与现实之间的融合、实时更新、智能反馈技术难点，服务于智慧林业的业务需求，从而实现实体—数字模型交互的平行管理与分析决策。数字孪生已在森林动植物智能观测、生态多样性监测、森林质量和健康诊断、森林经营与管理决策、灾害应急响应等方面开展应用，解决了林业全生命周期的信息同步、智能反馈、自然交互和真实体验等难点，驱动向林业数字化、可视化与智能化方向发展	
元宇宙	元宇宙是由包括区块链、人工智能、交互传感技术等集成类技术赋能的一个实时在线网络，是数字和物理世界相互作用下形成的有机生态体系，具备沉浸式体验、开放性、虚拟身份、不断演化、虚实互动、新的确权方式等特点	元宇宙技术能够复刻现实世界的森林生态系统，推动林业的数字化衍生、智能化栽培种植与管理展现，通过打造"天空地"一体化生态感知体系，实现林业智慧感知、智慧管理、智慧服务，推动林业信息决策管理定量化和精细化，为政府监管部门提供智能化分析、助力科学决策	

在森林生态资源资产化环节，数字技术能够赋能森林资源的保护和修复以及森林资源资产化的权属界定，推动森林生态资源资产化。具体来说，物联网监测、卫星遥感监测、智能视频监控、无人机巡护和热成像智能识别等数字技术的综合运用不仅能够跟踪森林生态系统实时状况，及时发现森林消长变化以及森林有害生物、火灾等生态灾害，提高森林资源保护和培育的效率，还能够赋能林地林木的权属落界与管理，使林地面积计算更精准、林权界址更清晰、管理服务更便捷。基于交易成本理论，交易成本是双方获取信息、交谈、协商、谈判直至签约等交易过程中所耗费的成本或费用。产权理论认为，产权的存在，主要是为了解决存在交易成本时，如何通过初始权利配置提高资源利用效率的问题；清晰的产权能解决外部不经济问题，并在制度上保障资源配置的有效性。因此，数字技术能够有效解决森林生态资源资产化过程中的重要制约和核心困境，即明确生态产品权责归属。

在森林生态资产资本化环节，数字技术可以赋能森林生态产品信息普查、生态产品价值核算以及品牌价值打造等方面，助力森林生态资本实现价值增殖。具体来说，森林生态产品基础信息调查可以全面借助网格化监测、高分辨率卫星影像和地形图等数字技术和数据产品，有助于摸清各类生态产品数量、质量等底数以及森林生态产品目录清单的形成。依靠卫星遥感影像等数字技术可以实现生态产品价值长时序、精准计算，并做到生态产品实物量和价值量在空间上的表达，尤其能准确量化森林生态系统比重较大的调节服务产品的价值（孔凡斌等，2022a），为森林生态资产资本化奠定价值量化基础。品牌资产理论认为，通过建立和维护包括品牌认知、忠诚度和联想等方面的品牌资产，实现品牌价值创造、维护和增值，以提升企业品牌价值和市场竞争力，从而实现长期可持续发展。数字技术可直接助力区域公用品牌培育、品牌知识产权保护、品牌传播推广等工作[①]，通过打造特色鲜明的生态产品区域公用品牌、提升生态产品溢价，推进森林生态产品价值实现增值。

　　在森林生态资本资金化环节，数字技术不仅能够在培育生态产品市场、协调生态产品定价和畅通生态产品交易等森林生态产品经营开发方面发挥重要作用，还可以推动森林生态产品保护补偿的数字化发展。具体而言，首先，针对森林生态产品经营开发，培育、构建并发展全国统一的数字化森林生态产品市场是森林生态资本资金化的前提。考虑到森林生态产品在不同区域存在差异的客观实际，在制定并实行森林生态产品行业标准、监管机制、治理体系的基础上，数字技术赋能推动森林生态产品在不同区域和消费主体间有效配置和自由流动。其次，推进森林生态产品定价制度建设是森林生态资本资金化的基础。数字技术的运用能够消除信息不对称性、提高价值评估公平性并规范定价行为，有助于减少交易双方之间的信息模糊，提高交易双方的信誉和交易数据的透明度，降低交易成本。森林物质供给产品和文化服务产品的定价已通过市场机制或政府调控得以确定，森林调节服务产品的定价制度至今仍是亟待解决的瓶颈。人们对森林旅游康养的认知和需求逐渐加强，使得解决这一瓶颈有了突破口。再次，在畅通生态产品交易方面，依托

---

① 袁康培. 数字化赋能区域公用品牌运营，http：//www. brand. zju. edu. cn/2020/1113/c57354a2295889/page. html。

数字技术建立整体联动、开放共享的生态产品库，通过搭建大数据平台，吸引并汇集客户的需求，并根据客户的需求定制服务和产品，实现森林生态产品供需精准对接。此外，依靠数字技术完善绿色金融系统，有助于建立信任机制和透明交易体系，实现生态产品的点对点交易，降低中间环节的成本和风险，有力拓宽生态产品权益交易途径。其中，区块链技术能够构建一种让关键利益相关者（买家、卖家、托管人、监管者）保持共享及不可删除记录的数据库（赵金旭和孟天广，2019），可以有效解决林权抵押授信的问题，通过将中心化的林权抵押贷款系统重构为一个去中心化的系统，提供跨机构的信任业务模式，降低业务执行成本。

然而，农业技术扩散理论和农业技术创新理论认为，农业新技术的传播和采纳具有一定的门槛，在初始采纳阶段存在"淘汰效应"（李大胜和李琴，2007）；新技术成果为农业生产带来的新增效益在各农业主体之间的分配是不均匀的，获益最大的是首先采用新技术成果的农业主体（裴孟荣、袁飞，1996）。因此，技术赋能森林生态产品价值实现面临技术的反向选择问题，甚至可能扩大收入差距。

1.2.3 治理赋能森林生态产品价值实现的理论逻辑

森林资源是典型的公共池塘资源。公共池塘资源理论认为，公共池塘资源是兼具非排他性和竞争性的准公共物品，如果没有相应的制度以明确资源使用者和管理者的权力和义务，那么资源退化将成为必然（Ostrom 等，1999）。基于集体行动理论，经济活动中个人理性并不必然导致集体理性。那么，公共池塘资源治理中"公共地悲剧""囚徒困境""集体行动困境"是难以避免的。如果将人类公共事务（如森林治理）视作一群相互依赖的委托人能够进行自我治理，进而能在所有人都面对"搭便车"、规避责任或其他机会主义行为诱惑的情况下，取得持久共同收益的公共事务领域（Ostrom 等，1999）。公共池塘资源自主治理理论认为，"新制度的供给问题""可信承诺问题"及"相互监督问题"是公共池塘资源治理必须解决的三大问题，需要政府、社会组织、企业和个人共同参与。因此，数字乡村建设推动治理要素赋能森林生态产品价值实现着眼于解决上述三大问题。

数字治理是数字技术与治理理论融合渗透的现代综合治理创新形态。基于数字治理理论，数字技术赋能增强政府的效率和公民参与度，实现平等参与，共同协作拟定政策以解决公共问题，并将政策形态化为企业及公民可理解的标准实施，能够实现政府内部运行以及政府、企业、公民、社会等主体之间经济社会互动的精准化治理、智能化应对与科学化决策（徐晓林和周立新，2004）。因此，数字治理的维度包括政府内部运行、政府与政府以及政府与公民社会、政府与企业之间的互动（徐晓林和周立新，2004）。数字治理能够兼顾"赋能"政府组织内部以及"赋权"外部市民社会，使得任何一位具备数字化素养的主体都能成为信息的生产者、传播者，甚至参与到政府决策过程中来，进而促进政府管理决策走向"以公民为中心"的治理转型之路，推动不同治理主体之间的互动，实现"共商共治共享"的治理模式（沈费伟和叶温馨，2020），进而实现治理提质增效（图1-2）。

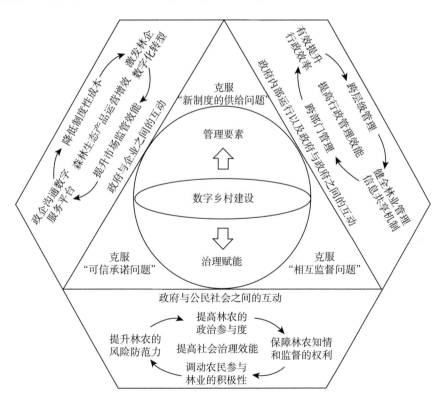

图1-2 治理赋能森林生态产品价值实现的理论逻辑

政府内部运行以及政府与政府之间的互动，分别是指政府组织的横向和纵向关系。其中，政府组织的横向关系是指不同部门的同级关系，如地方政府间的横向关系以及政府组织内部内设机构之间的互动，政府组织的纵向关系是指直接上下级关系，如县级政府、乡级政府、乡政府各职能部门之间的互动。无论是政府内部运行还是政府与政府之间的互动，部门机构的划分使本来完整统一的政府职能被切割，各部门之间缺乏横向信息反馈与自动协调平衡机制，导致部门运转机制效率不高。林业部门聚焦森林资源和林业产业发展的保护修复、监督与管理，推进森林资源优化配置并提高林业产业发展效率是其主要任务之一。数字赋能推动政府组织人、财、物、信息等资源的全面整合，尤其是森林资源各类数据信息的整合，推动健全林业管理信息共享机制，不仅可以提高林业相关政府组织跨部门、跨层级管理的适应性和灵活性以及行政管理效率，还能够依托数据和技术平台进行科学预测，提高决策的客观性、准确性和科学性，并及时更新和完善已有制度体系，有力解决"新制度的供给问题"。

政府和企业作为经济社会中的两大运行组织，二者之间的互动关系存在着多种交换模式（金太军和袁建军，2011）。协作共赢是政府和企业之间互动的最终目标。然而，政府和企业之间的互动因缺乏协商与决策的能力、缺少尊重与信任等导致合作绩效低下，主体定位不清晰导致职责和权限混乱，公共问责和监督机制的缺失使得"双赢"目标难以实现。因此，有效市场与有为政府的协同并进和高效发力对于资源主导型地方避免陷入"资源诅咒"至关重要。森林资源诅咒现象至今仍普遍存在（谢煜和王雨露，2020；徐彩瑶等，2023b）。数字赋能政府和企业之间的互动或将是破解森林资源"诅咒"的有效途径之一。一方面，治理赋能有助于降低制度性成本，通过推动"互联网＋企业服务"模式，建立政企沟通数字服务平台以解决政企"可信承诺问题"，缩短企业的业务办理流程，提供优质便利的涉企服务，优化营商环境。数字治理赋能有力地推动了政府发挥"扶持之手"帮助林业企业发展，进而为以市场机制实现森林生态产品价值提供条件。另一方面，治理赋能有效激发林业企业数字化转型内生动力，通过发挥资源配置优化效应、生产成本降低效应和创新发展驱动效应，助力林业产业转型升级，推动林业一二三产深度融合，培育林业新业态新模式，推动森林生态产品产业链实现智能化、平台化、品牌化发展，促进森林生态产品运营效率。此外，治理赋能构建政企协同智慧化监管新格局，运用数字技术建立新型监管机制以解决政企"相互监督问题"，实现"事前—事中—事后"全链条全领域监管，实现信息数据共享、技术资源共用、监管执法互助，提升市场监管效能，维护公平竞争的市场秩序。

政府与公民社会之间的互动主要聚焦于"政府—社会组织—公民"，三者之间的合作与协调，宏观层面有利于实现社会和谐共建，建设和美乡村，微观层面有助于让村民共享发展成果，调动村民参与林业生产、管理和经营的积极性，助力森林生态产品价值实现。然而，公民参与机制不健全、价值体系不均衡、利益诉求多元化等问题是构建政府与公民社会协调关系所面临的挑战（徐顽强，2020）。治理赋能政府与公民社会之间互动的核心在于解决政府与公民社会之间的"可信承诺问题"，不仅可以通过拓宽治理边界，推动公民社会政治参与，通过重塑治理流程，提升公民社会治理效能，还可以通过优化治理工具，提升公民社会风险防范力（黄新华和陈宝玲，2022）。森林生态产品价值实现以及林业发展关系到林农的切实利益，而森林生态产品价值实现以及林业发展归根结底要靠农民。治理赋能政府与农民之间的互动，坚持以农民为中心，一方面，数字赋能提高农民的政治参与度，构建多方参与、多元共治和多点联动的数字机制（黄新华和陈宝玲，2022），以克服政府与公民社会之间的"相互监督问题"，通过丰富农民表达、交流和互动的途径，保障农民知情、参与和监督的权利，有利于制定符合农民利益和需求的政策和制度。另一方面，数字赋能创建不见面审批、一站式办理、最多跑一次、集成套餐移动政务等治理模式（黄新华和陈宝玲，2022），降低交易成本，能够从根本上搭建政府与公民社会的有效联结，提高公共服务效率。此外，数字赋能还能提升农民对风险的防范力和应对力。

1.3　数字乡村建设赋能森林生态产品价值实现的实践路径

生态产品是释放生态红利、促进经济高质量发展的载体。森林生态产品具有稀缺性、公共物品、弱可替代性等特征属性，其价值实现需要良好的生态本底、社会需求、完善的市场机制等在内的前提条件。数字乡村建设主要通过数据赋能、技术赋能和治理赋能，创新解决森林生态资源资产化环节的森林生态产品调查监测难、森林生态资产资本化环节的价值核算难以及森林生态资本资金化环节的经营开发难和交易变现难等问题，为森林生态产品价值实现提供强劲动能，同时通过数字乡村建设赋能生态财富共享机制为可持续推进森林生态产品价值实现提供保障（图1-3）。

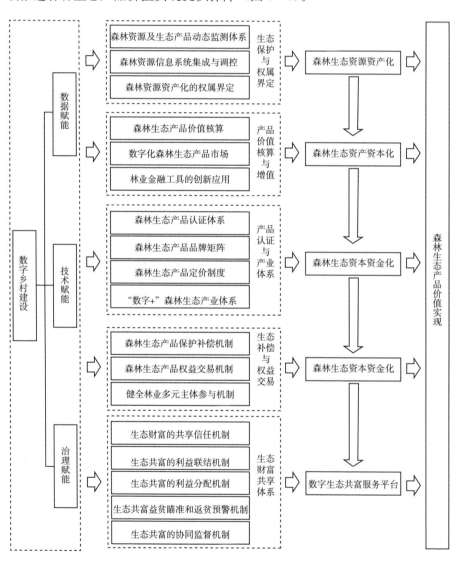

图1-3　数字乡村建设赋能森林生态产品价值实现的实践路径

1.3.1　数字乡村建设赋能生态保护与权属界定促进森林生态资源资产化

数字乡村建设通过数据、技术和治理赋能森林资源的保护和修复以及森林资源资产化的权属界定，克服森林生态产品调查监测难的问题，有力推动森林生态资源资产化。

第一，依托数据赋能和技术赋能完善森林资源及生态产品动态监测体系，实现森林资源动态实时监测与立体感知，提升森林资源保护水平，持续扩大优质森林生态产品供给。同时，应优化监测体系的级联效应，健全国家-省-市县各级以及各部门之间数据传输网络和共享机制，构建村、乡、县、市、省、国家"六级联动"的数字化监测平台，为全面保护、有效管理和可持续利用森林资源提供支撑。实践中，上海市开发智慧林业一体化平台"Smart Forestry AI"将林业场景中出现的林地空秃、林下套种、违章建筑等快速识别并通过数字化呈现，实时展示整个区域的违规场景，让林业监管与稽查变得"智慧"起来[①]。浙江省开化县在全国率先打造林业数字孪生智治系统[②]，综合森林生态资源数据，不仅为发展林下经济提供精准指导，还让松材线虫病防控变得更加科学有效，发挥良好示范引领作用。

第二，依托技术赋能和治理赋能实现森林资源信息系统集成与调控，逐步提升森林灾害防控与治理能力。通过综合运用智能视频监控、物联网监测、卫星监测、无人机巡护和热成像智能识别等数字技术，推动森林有害生物、火灾等生态灾害的防治防控能力显著提升。实践中，浙江省推动数字化管理和松材线虫病疫情防控工作深度融合，创建"天、空、地"一体化实时监测体系和林区灾害智能防控平台，整合护林巡护系统和"数字森防"智控综合管理平台等资源，实现"人防＋物防＋智防"全链条闭环管理，一体化

---

① 资料来源："互联网＋林业"在浦东照进现实！人工智能赋能林业管护，还有望融入元宇宙，https：//baijiahao.baidu.com/s？id＝1738156620853722719&wfr＝spider&for＝pc。

② 资料来源：开化在全国率先打造林业数字孪生智治系统，https：//mp.weixin.qq.com/s？_biz＝MzAxODgwMDkyNQ＝＝&mid＝2649699807&idx＝3&sn＝dfc53022cb923467a299cd8b603b7137&chksm＝83cb5dadb4bcd4bbdbb25ce78945f6d22717e74949ef9c83f31903671d257ab5f46f162f159b&scene＝27。

推进森林资源保护[①]，成效显著。

第三，依托数据、技术和治理赋能林权数字化改革，推动森林资源资产化的权属界定。通过运用卫星遥感、无人机等技术助力林地林木的权属落界与管理，实现林地面积准确到户、落界上图，为森林资源管理与林农权益服务效能的提升奠定基础。与此同时，进一步依托林地权属落界成果，在明确林地权属范围、面积和资源情况的基础上，有效核定林地流转的价值，为经营权流转、抵押贷款、碳汇交易等森林生态产品价值实现提供基础。实践中，福建省武平县通过引入区块链技术，实现林权数据和林农档案上链与共享，有效破解林业数据壁垒坚固、信息不对称、林权抵押贷款程序冗长等难题[②]，在提高森林生态产品价值实现效率和促进林农增收方面成效显著。

1.3.2 数字乡村建设赋能产品价值核算与增值促进森林生态资产资本化

数字乡村建设通过数据、技术和治理赋能森林生态产品信息调查、森林生态产品价值核算、培育生态产品市场以及创新生态林业绿色金融工具，助力森林生态资本实现价值增值，推进森林生态资产资本化。

第一，依托数据赋能和技术赋能森林生态产品基础信息调查，高效推进生态产品目录清单编制工作。通过全面运用网格化监测、高分辨率卫星影像和地形图等数字技术和数据产品进行森林生态产品基础信息调查，精确掌握不同类型生态产品数量、质量等基础信息，进而形成森林生态产品目录清单。

第二，依托数据、技术和治理赋能森林生态产品价值核算，实现跨部门跨层级的森林生态产品管理。通过运用卫星遥感影像、云计算等数字技术可以实现森林生态产品价值长时序、精准核算，并实现森林生态产品实物量和价值量的空间可视化表达，尤其能准确量化森林生态系统比重较大的调节服务类生态产品的价值核算与表达（孔凡斌等，2022a），为森林生态资产资本化

---

① 资料来源：龙泉市数字化权属落界助力林权不动产确权登记，http：//lyj.zj.gov.cn/art/2022/11/16/art_1277826_59040821.html。

② 资料来源：区块链技术打通林业金融"快车道"，https：//rmh.pdnews.cn/Pc/ArtInfoApi/article？id=30231313。

奠定价值量化基础。实践中，作为全国首个生态产品价值实现机制试点市的浙江省丽水市，依托卫星遥感、物联网等技术手段，建起立体化、实时化、数字化全域生态环境监测网络和"空、天、地"一体化的生态产品信息数据资源库，实现了对全市生态底数及变量的实时获取和分析管控；针对生态系统生产价值"难度量、难抵押、难交易、难变现"的问题，数字化平台还能实现 GEP（生态系统生产总值）精准核算，并自动生成核算报告、发布交易需求[①]。

第三，通过数据、技术和治理赋能构建并发展全国统一的数字化森林生态产品市场，为森林生态资产资本化提供重要保障。考虑到森林生态产品在不同区域存在差异的客观实际，加快数据、技术和治理赋能推动森林生态产品认证体系、行业标准、监管机制、治理体系的制定和完善，推动森林生态产品在不同区域和消费主体间有效配置和自由流动，形成全国统一的数字化森林生态产品市场。

第四，加快数据、技术和治理赋能林业金融工具的创新应用，为森林生态资产资本化拓展融资渠道，丰富衍生林业相关产业和交易形式，拓展森林生态产品价值实现路径。要加快绿色债券、绿色信贷、绿色保险等绿色金融工具在森林生态产品价值实现实践中的应用，为森林生态产业化发展壮大提供持续的资金支持。实践中，多地积极探索设立"两山银行""森林银行"等金融服务平台（崔莉等，2019），开发生态债券、生态保险等金融产品，更好地发挥从"绿水青山"到"金山银山"的桥梁作用，推动森林生态资产资本化。与此同时，创新开展林业碳汇、林下经济、古树名木等的保险，推动森林生态产品价值实现。此外，利用数字技术赋能林业绿色信息监测与分析模型，量化环境效益和转型风险，提升绿色金融风险防控能力和市场效率，助推林业绿色金融发展，为森林生态资产资本化提供持续动力。例如，江西省吉安市安福县就"林业碳汇遥感指数保险"达成协议并签署保险合同[②]，把森林受到保险合同中约定的自然灾害和意外事故对林木的损失指数

---

① 资料来源：积极探索机制　共享生态福祉（两会后探落实·以高水平保护支撑高质量发展），https：//www.sohu.com/a/765657703_114731。

② 资料来源：创新"两山转化"模式　助推绿色金融发展——安福县首单"林业碳汇遥感指数保险"落地，https：//www.afx.gov.cn/art/2024/1/11/art_79538_4757688.html。

化为碳汇损失，通过卫星遥感技术进行碳汇监测和理赔服务，为森林碳汇的经济价值提供保障。

1.3.3 数字乡村建设赋能产品认证与产业体系促进森林生态资本资金化

数字乡村建设通过数据、技术和治理赋能森林生态产品认证、森林生态产品品牌建设、协调森林生态产品定价、构建"数字＋"森林生态产业体系，推动森林生态产品可交易化，为森林生态产品经营开发提供动力，进而促进森林生态资本资金化。

第一，加快构建全国统一的森林生态产品认证体系，创造森林生态资本资金化的前提条件。要在明确森林生态产品内涵与分类的基础上，建立统一的森林生态产品标准、认证、标识体系，这是推动森林可持续经营、培育森林生态产品市场的必然要求，也是加强森林生态产品供给侧结构性改革、提升森林生态产品供给质量和效率的重要举措。因此，需要加快数字赋能构建森林生态产品认证体系，推动森林生态产品规范管理，促进森林生态产品价值实现。实践中，实施国家森林生态标志产品建设工程是党的十八大以来林业产业发展的重点工程之一[①]，依托该工程建立起产品标准体系、生产基地体系、追溯体系、检测体系和便捷的保险赔付机制等。因此，森林生态产品认证体系构建可以融合森林生态标志产品建设所建立起的体系和机制。

第二，着力打造特色鲜明的森林生态产品品牌矩阵，推动森林生态资本资金化重要内容落地生效。数字技术可直接助力包括区域公用品牌、企业品牌、产品品牌等在内的品牌矩阵培育、品牌知识产权保护、品牌传播推广等工作[②]。例如，由湖南、江西两省共同打造的以湘赣两省革命老区红色文化内涵、地域特性以及产业发展特色为基础的农业区域公用品牌"湘赣红"，通过打造品牌数字地图，将每个产品的源产地进行数字化上图，实现产品源

---

① 2017 年，国家林业局发布《关于实施森林生态标志产品建设工程的通知》指出实施森林生态标志产品建设工程。2017 年、2018 年中央 1 号文件明确提出实施森林生态标志产品建设工程，目的是增加绿色、生态、安全林产品的有效供给，引导绿色生产和绿色消费，促进林业产业绿色健康发展。

② 资料来源：数字化赋能区域公用品牌运营，http://www.brand.zju.edu.cn/2020/1113/c57354a2295889/page.htm。

头可追溯。同时，利用时空技术记录农事生产活动的全过程，从而实现生产过程数字化，消费者可通过照片或视频查看农事活动场景，且依托数字技术保证农事活动信息不可篡改，大大增强了消费者对品牌的信任度[①]。

第三，探索推进森林生态产品定价制度建设，夯实森林生态资本资金化的基础。森林物质供给类生态产品和文化服务类生态产品的定价绝大部分已通过市场机制或政府调控得以确定，森林调节服务类生态产品的定价制度至今仍有待解决。理论上，生态产品价格充分考虑生态产品生产资料属性及其外部性，以满足"提供优质生态产品"为目标的市场化路径进行定价（张英等，2016）。实践中，森林调节服务类生态产品的市场价格远低于其社会价值。人们对森林康养的认知和需求逐渐加强，使得森林调节服务类生态产品价值实现有了突破口。党的十八大以来，我国森林康养蓬勃发展，全国各类型森林康养基地 4 000 余家，成为新时期林草行业发展的新业态，森林旅游康养产业发展成效明显[②]。虽然数字技术在森林康养旅游产业的运用已经开展，但目前所提的"互联网＋森林康养"仅体现在互联网销售和宣传两个环节（刘易莎，2021）。为此，要加快运用数字技术赋能和治理赋能推动森林生态产品在森林康养产业各类项目中的占比，结合各类项目的市场需求，精确指导包括调节服务类生态产品在内的森林生态产品定价，形成数字森林生态产品定价机制，推动森林生态产品价值的溢价增效。

第四，加快构建"数字＋"森林生态产业体系，突破森林生态资本资金化的重要环节。数字技术和数字治理赋能森林生态产业体系，畅通生态产品生产、加工、储运、销售和消费等环节，破解森林生态资本资金化环节的经营开发难和交易变现难的问题。具体而言，要依托数字技术建立整体联动、开放共享的森林生态产品数字化交易中心，推动森林生态产品全产业链实现信息共享，拓宽销售渠道，把优质特色森林生态产品推向社会大众；要根据客户需求定制服务和产品，实现森林生态产品供需精准对接；要通过建立森

---

① 资料来源：数字技术赋能农产品 国源科技助力"湘赣红"区域品牌价值提升，https：//baijiahao.baidu.com/s？id＝1718763670388889351&wfr＝spider&for＝pc。

② 资料来源：森林康养，让人民尽享森林——党的十八大以来我国森林康养产业发展综述，https：//forestry.gov.cn/main/586/20221018/091713524260555.html。

林生态产品信息集中发布和预测预警系统，维护森林生态产品生产者、经营者、消费者权益；要建立森林生态产品质量追溯机制，健全森林生态产品全过程监督体系，实现森林生态产品信息可查询、质量可追溯、责任可追查；还要建立森林生态产品创新服务平台，着力突破森林生态产品价值实现的瓶颈制约。实践中，南京市公共资源交易中心以数据资源共建、共享、共用为突破口，创新打造"全景展示、数据汇集、分析研判、监测预警、评价评测"的"阳光四季"公共资源交易一体化智慧云平台①，将服务、监管、监控、预测、预警、评价等功能高度贯通，实现交易全程"一屏统管"。

1.3.4 数字乡村建设赋能生态补偿与权益交易促进森林生态资本资金化

数字乡村建设通过数据、技术和治理赋能完善森林生态产品保护补偿机制、森林生态产品权益交易机制以及健全多元主体参与机制，是数字赋能促进森林生态资本资金化与农村共同富裕的重要路径和保障条件。

第一，探索数据、技术和治理赋能完善森林生态产品保护补偿机制的实践路径。着力解决森林生态补偿的精准性不够高、生态补偿整体效率偏低等突出问题，实现生态补偿对象的信息整合、精准服务到每一位补偿个体。具体来说，要通过融合地理信息系统（GIS）、遥感技术（RS）和全球定位系统技术（GPS）的 3S 技术，实现高效率、低成本地实时探测、精准定位，为森林生态补偿数字化发展提供重要基础。运用 Web 服务共享技术推动实现不同补偿主体之间的链接，从而实现资源的交互与共享，以合理指导各主体进行活动。通过汇集多媒体技术、仿真技术与网络 Web 技术的虚拟化技术，推动实现将虚拟化场景与数据处理与分析相结合，用于指导森林生态补偿可应用的仿真与预测。

第二，依托数据、技术和治理赋能森林生态产品权益交易，拓展森林生态产品权益交易的实践路径，有效促进森林调节服务产品价值实现。固碳服务是森林生态系统调节服务的重要组成部分，对于碳中和目标的实现具有重

---

① 资料来源：江苏：南京市打造"阳光四季"一体化智慧云平台　开启公共资源交易数字治理新征程，https://www.ndrc.gov.cn/xwdt/ztzl/ztbhggzyjy/dfdt/202202/t20220218_1315917.html.

要意义（徐彩瑶等，2023a）。要广泛推广碳汇贷这一森林生态系统固碳服务产品典型价值实现模式，依托数字技术打造林业碳汇数字化交易平台，开发"林业碳汇贷""森林碳汇保险"等产品，以有效推动林业碳汇生态产品价值实现。此外，要加快区块链技术能够赋能林权抵押贷款的技术应用，加快构建一种让关键利益相关者（买家、卖家、托管人、监管者）保持共享及不可删除记录的数据库（赵金旭和孟天广，2019），以有效解决林权抵押授信的问题。还要通过将中心化的林权抵押贷款系统重构为一个去中心化的系统，提供跨机构的信任业务模式，以有效降低业务执行成本。实践中，福建省武平县在全国率先推出用林权证直接抵押贷款的普惠金融产品"惠林卡""兴林贷"的经验，上线林业金融区块链融资平台，可以较好地解决林农贷款"评估难、担保难、处置难、流转难"等问题①。

第三，加快构建数据、技术和治理赋能健全林业多元主体参与机制，全面推动政府、企业、公民组织形成利益共同体，切实保障森林资源高质量保护和可持续经营，促进农村集体经济发展和农民收入增加。要充分调动农民参与，积极吸引多方支持，打造"政府监督、企业管理、村民参与"的森林生态产品的可持续经营开发模式，以有效缓解政府财政压力，盘活森林生态产品存量，实现森林生态产业化发展成果共享。要重点推动建立健全数字治理赋能多元主体参与机制，协同推动森林生态产品价值实现与农村经济发展和农民收入增长，以数字治理为切入口构建森林生态产品价值实现协同治理共同体，以数据共享与协同为基础，依托大数据和区块链等数字技术，通过跨部门的数据共享、组织重构、流程再造、业务联动、窗口建设等助推多元主体间完整数据的呈现，推动森林生态产品价值实现治理效能的整体提升。

1.3.5　数字乡村建设赋能生态财富共享体系促进森林生态产品价值实现

收入分配差距作为财富分配制度性缺陷的直接体现，不仅是制约森林生态产品价值实现的现实问题，也是影响森林生态产品价值实现可持续推进的

---

① 资料来源：福建武平：授信 1.3 亿元林业金融区块链平台助林下生"金"，https：//baijiahao.baidu.com/s？id＝1739933007473552610&wfr＝spider&for＝pc。

根源所在。数字乡村建设赋能推进森林生态资源资产化、森林生态资产资本化、森林生态资本资金化等森林生态产品价值实现的各个环节，这决定了生态财富"蛋糕"的大小。生态财富共享体系的构建则决定了生态财富"蛋糕"的分配，这是保障森林生态产品价值实现持续推进和健康发展的基础。数字乡村建设依托数据、技术和治理赋能建立健全生态财富共享体系，通过构建生态财富的共享信任机制、利益联结机制、益贫瞄准机制、返贫预警机制、协同监督机制以及搭建数字生态共富服务平台，激发林农参与森林生态产品价值实现的内生动力，为持续推进森林生态产品价值实现提供重要保障。

第一，数字乡村建设赋能生态财富的共享信任机制，是生态财富共享体系的基础条件。农村是森林资源的富集区，尤其是集体所有制框架下的森林生态资产，因其产权的集体性、成员权的公平性以及收益的共享性特性，具有生态财富共享的先天优势。生态财富共享的信任机制旨在保障共享的安全性，是生态财富共享的前提，也是推动实现共同富裕的制度性基础。在生态财富共享体系中，生态资产与个人信息的共享是不可避免的。数字赋能生态财富共享的信任机制，通过区块链等数字技术，有效破除信息、数据等在林业不同部门、不同主体之间的壁垒并重塑信任保障体系，实现多元林业主体参与资产分配与财富共享，为数字乡村建设协同推进森林生态产品价值实现奠定基础。实践中，浙江省龙泉市林业局率先研发林地征占用、林权管理、林木采伐和木材运输等十几个业务应用系统[①]，构建数字服务平台——"益林共富"多跨场景应用，推动林区治理信息化向数字化转变，以数字化落界化解山林纠纷、创新林权流转促产业发展、整合数据实现智能化监管[②]，其中的"产业链动"子场景，促成9家外地竹木电商企业回归龙泉，6家电商企业跻身竹木产品类目全国销售前十；以三产引二产促一产，带动竹木产业高质高效发展，有效释放本地毛竹需求 1 800 多万株，交易额达 2.3 亿元，

---

① 资料来源：龙泉市被国家林业局确定为全国林业信息化示范县，http://lyj.zj.gov.cn/art/2013/1/11/art _ 1285514 _ 5417214. html。

② 资料来源：浙江龙泉"益林共富"蹚出山区发展新路，https://www.forestry.gov.cn/lyj/1/gggddt/20240104/540927. html。

促进林农增收。

第二，数字乡村建设赋能生态共富的利益联结机制①，是生态财富共享体系的核心内容之一。森林生态产品价值实现的各个环节涉及不同主体的参与，构建行之有效且科学合理的多元主体利益联结机制是生态共富的动力与生态财富共享体系得以运转的关键。鼓励社会投资主体与林农开展合作经营，引导林业龙头企业、国有林场、新型林业经营主体等以股份、合作等模式，与林农建立紧密的利益联结机制，让林农分享加工、销售等产业链各个环节的增值收益，是森林生态产品价值实现促进山区农村共同富裕的重要路径。数字赋能生态共富的利益联结机制，通过数据赋能实现信息互通、公开透明以破除林农信息不对称问题，依托大数据、物联网、区块链等数字技术赋能，通过建立数字风险基金等形式实现林业全产业链权责明晰、收益紧密联结以破解林农主体地位较弱且抗风险能力较差的问题，通过数字治理赋能实现林业多元主体共建共营共治的林业发展新格局，有力推动森林生态产品价值实现促进农村共同富裕。

第三，数字乡村建设赋能生态共富的利益分配机制，是生态财富共享体系的核心内容之二。利益分配机制决定了"蛋糕"的分配，是森林生态产品价值实现的动力源泉。农民林业专业合作社旨在通过互助合作的方式，维护林农权益、促进林农增收。理论上，农民林业专业合作社等林业合作组织能够有效解决千家万户的小生产与千变万化的大市场连接的交易费用大和风险成本高的问题，是推动森林生态产品价值实现促进共同富裕的重要组织形式。然而，农民林业专业合作社由于在实际运营过程中可能存在利益联结机制不健全导致利益分配不均，产生可持续性或名不副实、形同虚设等问题。利益分配不均或收益有限是林农产生较弱合作意愿的症结所在（廖文梅等，2012）。建立合理的利益分配机制是农民林业专业合作社的重要内容②。数据、技术、治理等数字要素嵌入森林生态产品收益分配，通过数据和技术赋

---

① 《国务院办公厅关于完善集体林权制度的意见》《国家林业和草原局关于进一步放活集体林经营权的意见》《关于科学利用林地资源促进木本粮油和林下经济高质量发展的意见》《乡村振兴战略规划（2018—2022年）》均指出要建立健全多种形式且完善稳定的利益联结机制。

② 参见国家林业局关于促进农民林业专业合作社发展的指导意见，http://www.forestry.gov.cn/c/www/gkgfxwj/300201.jhtml。

能全生命周期记录并建立政府、村集体、企业和林农等不同主体之间按交易量（额）返还、按股分红或双重分配形式进行初次分配的利益纽带，治理赋能协同以生态补偿等财政转移支付形式的二次分配以及以捐赠、帮扶等形式的第三次分配，推动森林生态产品价值实现促进共同富裕的利益合理、公平分配，有力保障森林生态产品价值实现。

第四，数字乡村建设赋能生态共富的益贫瞄准和返贫预警机制，是生态财富共享体系的利益保障机制，也是重要的兜底性措施。数字乡村建设赋能搭建益贫防返贫监测预警平台，构建益贫防返贫监测一张图，对帮扶基本信息、致贫原因、"两不愁三保障"、收支情况、帮扶措施、帮扶记录等信息进行可视化动态分析，对接医保、卫健、教育、民政、住建、残联等部门，利用信息共享和线上数据分析，实现因病、因学、因灾、因残等返贫致贫风险的预警，及时发现存在返贫可能性农户并通过平台提醒帮扶单位或责任人采取针对性帮扶措施，同时借助大数据等数字技术，建立益贫瞄准机制，优先安排低收入林农参与森林生态保护修复、森林质量提升工程和森林生态产业发展。

第五，数字乡村建设赋能生态共富的协同监督机制，是生态财富共享体系的重要保障。生态财富共享体系的执行与落实需要完善的法律与监管机制作为支撑。数字乡村建设赋能林业产业发展实现全面制度化监督，构建全流程、全链条、全天候的权力运行监督机制，确保权力运行可查、可控、可追溯，破解跨部门跨区域的权力监督问题，同时数字技术赋能公众参与监督，让林农及时了解林业产业发展情况，提高林业产业管理透明度。

第六，数字生态共富服务平台是生态财富共享体系的重要载体，是推动森林生态产品价值实现和农村共同富裕的集成中心。生态财富共享数字服务平台涵盖以森林资源管理、林业产业发展、生态财富共享、行政管理监督等为一级模块，以森林生态产品价值实现及其促进共同富裕的不同环节和面向的多元主体为二级模块，实现对森林资源、林业产业和生态共富的全面监测、集中管理、综合调度，为持续推进森林生态产品价值实现提供重要支撑。

参 考 文 献

蔡继明，刘媛，高宏，等，2022. 数据要素参与价值创造的途径——基于广义价值论的一般均衡分析 [J]. 管理世界，38 (7)：108 - 121.

陈倩茹，陈彬，谢花林，等，2023. 数字赋能生态产品价值实现：基本逻辑与典型路径 [J]. 中国土地科学，37 (11)：116 - 127.

崔莉，厉新建，程哲，2019. 自然资源资本化实现机制研究——以南平市"生态银行"为例 [J]. 管理世界，35 (9)：95 - 100.

高吉喜，李慧敏，田美荣，2016. 生态资产资本化概念及意义解析 [J]. 生态与农村环境学报，32 (1)：41 - 46.

胡援成，肖德勇，2007. 经济发展门槛与自然资源诅咒——基于我国省际层面的面板数据实证研究 [J]. 管理世界 (4)：15 - 23，171.

黄新华，陈宝玲，2022. 治理困境、数字赋能与制度供给——基层治理数字化转型的现实逻辑 [J]. 理论学刊 (1)：144 - 151.

金太军，袁建军，2011. 政府与企业的交换模式及其演变规律——观察腐败深层机制的微观视角 [J]. 中国社会科学 (1)：102 - 118，222.

孔凡斌，王宁，徐彩瑶，2022a. "两山"理念发源地森林生态产品价值实现效率 [J]. 林业科学，58 (7)：12 - 22.

孔凡斌，徐彩瑶，陈胜东，2022b. 中国生态扶贫共建共享机制研究 [M]. 北京：中国农业出版社.

孔凡斌，徐彩瑶，2023. 生态共富的理论逻辑与乡村实践路径 [J]. 管理学刊，36 (3)：132 - 148.

孔凡斌，程文杰，徐彩瑶，2023a. 数字经济发展能否提高森林生态产品价值转化效率——基于浙江省丽水市的实证分析 [J]. 中国农村经济 (5)：163 - 184.

孔凡斌，程文杰，徐彩瑶，等，2023b. 国家试点区森林生态资本经济转换效率及其影响因素 [J]. 林业科学，59 (1)：1 - 11.

孔凡斌，崔铭烨，徐彩瑶，等，2023c. 浙江省森林生态产品价值实现对城乡差距的影响 [J]. 林业科学，59 (1)：31 - 43.

孔凡斌，王宁，徐彩瑶，等，2023d. 浙江省山区 26 县森林生态产品价值实现对城乡收入差距的影响 [J]. 林业科学，59 (1)：44 - 58.

李大胜，李琴，2007. 农业技术进步对农户收入差距的影响机理及实证研究 [J]. 农业技术经济（3）：23-27.

李丽莉，曾亿武，郭红东，2023. 数字乡村建设：底层逻辑、实践误区与优化路径 [J].
中国农村经济（1）：77-92.

李致远，谢花林，2024. 我国森林资源生态产品价值实现的基本逻辑、核心机制与模式
[J]. 生态学报（12）：1-16.

李周，王宏伟，郑宇，2000. 森林丰富地区的贫困问题研究 [J]. 林业经济（4）：1-7.

廖文梅，吴雄平，孔凡斌，等，2012. 林业合作组织经营模式、运行机制分析——基于
江西省的实践经验 [J]. 林业经济问题，32（6）：482-487，492.

刘易莎，2021. 森林康养旅游产业数字化转型升级体系的重构 [J]. 旅游纵览（21）：
55-57.

刘征驰，陈文武，魏思超，2023. 数据要素利用、智能技术进步与内生增长 [J]. 管理
评论，35（10）：10-21.

刘宗飞，姚顺波，刘越，2015. 基于空间面板模型的森林"资源诅咒"研究 [J]. 资源
科学，37（2）：379-390.

裘孟荣，袁飞，1996. 论农业技术创新与扩散的宏观管理 [J]. 农业技术经济（1）：
21-24.

沈费伟，叶温馨，2020. 基层政府数字治理的运作逻辑、现实困境与优化策略——基于
"农事通""社区通""龙游通"数字治理平台的考察 [J]. 管理学刊，33（6）：
26-35.

孙久文，张翱，2023. 数字经济时代的数字乡村建设：意义、挑战与对策 [J]. 西北师
大学报（社会科学版），60（1）：127-134.

王晓丽，彭杨贺，杨丽霞，等，2024. 数字技术赋能森林生态产品价值实现：理论阐释
与实现路径 [J]. 生态学报（6）：1-13.

武宵旭，任保平，2022. 数字经济背景下要素资源配置机制重塑的路径与政策调整 [J].
经济体制改革（2）：5-10.

谢晨，李周，张晓辉，2007. 森林资源禀赋、改革路径选择与我国农村林业发展 [J].
林业经济（1）：45-52.

谢康，易法敏，古飞婷，2022. 大数据驱动的农业数字化转型与创新 [J]. 农业经济问
题（5）：37-48.

谢煜，王雨露，2020. "森林资源诅咒"的存在性、传导机制及破解对策：综述与展望
[J]. 世界林业研究，33（2）：9-14.

徐彩瑶，任燕，孔凡斌，2023a. 浙江省土地利用变化对生态系统固碳服务的影响及其预测 [J]. 应用生态学报，34（6）：1610-1620.

徐彩瑶，王宁，孔凡斌，等，2023b. 森林生态产品价值实现对县域发展差距的影响：以浙江省山区 26 县为例 [J]. 林业科学，59（1）：12-30.

徐顽强，2020. 社会治理共同体的系统审视与构建路径 [J]. 求索（1）：161-170.

徐翔，赵墨非，李涛，等，2023. 数据要素与企业创新：基于研发竞争的视角 [J]. 经济研究，58（2）：39-56.

徐晓林，周立新，2004. 数字治理在城市政府善治中的体系构建 [J]. 管理世界（11）：140-141.

许周迎，田昕加，鲁青艳，2024. 数字经济视角下森林生态产品价值实现的重塑：现状、机遇与挑战 [J]. 世界林业研究（2）：1-9.

严立冬，谭波，刘加林，2009. 生态资本化：生态资源的价值实现 [J]. 中南财经政法大学学报（2）：3-8，142.

殷浩栋，霍鹏，汪三贵，2020. 农业农村数字化转型：现实表征、影响机理与推进策略 [J]. 改革（12）：48-56.

袁广达，王琪，2021. "生态资源—生态资产—生态资本"的演化动因与路径 [J]. 财会月刊（17）：25-32.

张寒，周正康，杨红强，等，2022. 劳动力成本上升对农户营林投入结构的影响——基于林业社会化服务供给约束的视角 [J]. 中国农村经济（4）：106-125.

张俊，钟春平，2014. 偏向型技术进步理论：研究进展及争议 [J]. 经济评论（5）：148-160.

张文明，张孝德，2019. 生态资源资本化：一个框架性阐述 [J]. 改革（1）：122-131.

张英，成杰民，王晓凤，等，2016. 生态产品市场化实现路径及二元价格体系 [J]. 中国人口·资源与环境，26（3）：171-176.

赵金旭，孟天广，2019. 技术赋能：区块链如何重塑治理结构与模式 [J]. 当代世界与社会主义（3）：187-194.

朱红根，陈晖，2023. 中国数字乡村发展的水平测度、时空演变及推进路径 [J]. 农业经济问题（3）：21-33.

Mankiw N G，Reis R.，2010. Chapter 5 - Imperfect information and aggregate supply/ [M] //Friedman B M，Woodford M，ed. Handbook of Monetary Economics：Elsevier：183-229.

Ostrom E，Burger J，Field C B，et al.，1999. Revisiting the commons：Local lessons，global challenges [J]. Science，284（5412）：278 - 282.

Sachs J D，Warner A M.，2001. The curse of natural resources [J]. European Economic Review，45（4）：827 - 838.

von Hippel E.，1994. "Sticky Information" and the locus of problem solving：Implications for innovation [J]. Management Science，40（4）：429 - 439.

第2章 数字乡村建设赋能林业产业升级的理论机制与政策启示

内容提要： 在加快推进数实融合赋能现代产业体系的背景下，研究数字乡村建设对林业产业发展升级的影响机制，以期为森林资源富集地区制定数字赋能林业产业高质量发展的政策策略提供科学依据。基于浙江省山区26县2001—2021年的面板数据，构建县域数字乡村建设水平评价指标体系测度数字乡村建设水平，采用双向固定效应模型、中介效应模型、门槛效应模型和空间杜宾模型等方法量化分析数字乡村建设对林业产业发展升级的影响及其作用机制。结果表明：①2001—2021年浙江省山区26县数字乡村建设水平呈增长态势，其中跨越发展县的数字乡村建设水平高于生态发展县。2001—2021年浙江省山区26县林业产业发展规模不断扩大，但区域间差异明显且两极分化较为严重。2001—2021年浙江省山区26县林业产业结构合理化程度小幅上升，林业产业结构高级化程度波动上升。②数字乡村建设能够促进林业产业发展升级，即数字乡村建设对林业产业发展规模、林业产业结构合理化和林业产业高级化均产生显著的正向影响。数字乡村建设对林业产业结构合理化和林业产业结构高级化的影响存在门槛效应。③数字乡村建设能够通过技术赋能、劳动力赋能和治理赋能等路径促进林业产业发展升级。④数字乡村建设对林业产业发展升级存在正向空间溢出效应。数字乡村建设能够显著促进本地区的林业产业发展规模、林业产业结构合理化和林业产业结构高级化，同时对邻近地区的林业产业发展规模、林业产业结构合理化和林业产业结构高级化产生显著正向影响。因此，各县域单元需要加快推进数字乡村建设，从创新技术运用、大力引进人才、提升林业部门生态治理能力和林业企业经营管理水平以及培育林业龙头企业并发挥辐射带动作用等方面发力，因地制宜，分类施策，推动山区县林业产业发展升级，打造数字赋能现代林业产业高质量发展的示范样板。

数字经济与林业产业发展深度融合是新时代中国现代林业产业高质量发展的重要方向。党的二十大报告将"加快发展数字经济，促进数字经济与实体经济深度融合"作为新征程构建涵盖林业产业在内的现代产业体系和推进人与自然和谐共生与全体人民共同富裕建设的重要使命，并将"发展乡村特色产业"作为新时期"构建人与自然和谐共生的乡村发展新格局"的目标任务。林业产业作为乡村特色产业，不仅是国民经济重要的基础产业，也是规模巨大、潜力最大的绿色产业，还是"绿水青山"转化为"金山银山"的关键途径和重要载体，对推进林业现代化建设和乡村振兴具有不可替代的重要作用。2022 年，中国林业产业年产值达到 8.04 万亿元。国家林业和草原局发布《林草产业发展规划（2021—2025 年）》指出要建设现代林草产业体系，到 2025 年，中国林草产业总产值达 9 万亿元。林业产业发展升级不仅能够助力森林生态产品价值实现，满足人们对优质生态产品的需要，推动新时代林业生态文明建设，还能有效拓展农民就业渠道和就业方式，增加农民收入，推动林区乡村振兴和实现共同富裕。然而，现实中，林业产业发展和产业升级还存在许多问题。《生态林业蓝皮书：中国特色生态文明建设与林业发展报告（2022—2023）》指出当前中国林业产业现代化建设仍面临林业资源总量短缺、森林覆盖率不高、林业基础设施薄弱、林产品质量和附加值低等诸多挑战（勇强等，2023）。因此，如何有效推动林业产业发展升级成为林区扎实推动乡村产业振兴实现共同富裕的紧迫问题。数字乡村建设或将成为赋能乡村林业产业发展升级促进共同富裕的新引擎。

数字乡村建设是全面推进乡村振兴战略的具体行动，也是释放数字红利推动构建现代乡村产业体系的重要举措。2018 年中央 1 号文件首次明确提出"实施数字乡村战略"，2019 年和 2020 年中央 1 号文件要求"开展国家数字乡村试点"。2021 年，《中华人民共和国国民经济和社会发展第十四个五年规划和 2035 年远景目标纲要》提出"加快推进数字乡村建设"。2022

年1月，中央网信办、农业农村部等部门联合印发《数字乡村发展行动计划（2022—2025年）》明确数字乡村建设的行动目标和重点任务。2022年和2023年中央1号文件均明确提出大力推进数字乡村建设和深入实施数字乡村发展行动，中国数字乡村建设进入快车道。《中国数字乡村发展报告（2022年）》显示，2021年农业生产信息化率为25.4%；截至2022年6月，农村互联网普及率达到58.8%。数据、知识和信息已经成为重要的生产要素（赵涛等，2020；田鸽等，2022）。数字乡村建设以信息化、数字化、网络化为重要载体，通过实现乡村产业数字化、治理数据化、服务信息化以及生活智慧化，正推动农村农林业生产方式的深刻变革和农林业生产效率的稳步提升（殷浩栋等，2020；何维达等，2022；孔凡斌等，2023）。由此可见，数字乡村建设或将成为赋能林业产业发展升级及林业产业高质量发展的新引擎。既有研究表明，数字经济发展能够积极促进产业结构升级（陈晓东等，2021；焦帅涛等，2021；韩健等，2022），并对区域产业发展具有显著的推动作用（Zhu et al.，2022）。然而，林业作为乡村产业的重要组成部分，数字乡村建设能否推动林业产业发展升级以及通过何种传导机制推动林业产业发展升级，既有研究尚未涉及。

浙江省是"两山"理念和习近平生态文明思想重要萌发地和率先实践地，也是数字乡村建设引领区。2021年9月，国家林业和草原局印发《关于支持浙江共建林业践行绿水青山就是金山银山理念先行省　推动共同富裕示范区建设的若干措施》，明确浙江省要努力打造竹木、花卉、木本油料、林下经济、森林康养等五大千亿产业，全面构建林业高质量绿色富民产业体系，推进林业数字化改革，打造林业现代化先行省。2021年，浙江省林业产值达5 560亿元，以全国2%的林地创造了全国8%的林业产值。浙江省山区26县是森林资源富集地区，林业产值占农林牧渔经济总产值的96.29%（徐彩瑶等，2023），具备现代林业产业高质量发展的资源禀赋比较优势。鉴于此，本研究以浙江省山区26县为研究对象，借助面板固定效应模型、面板门槛效应模型、中介效应模型、空间计量模型实证检验数字乡村建设对林业产业发展升级的影响及其作用机制，以期为浙江和全国探索数字乡村建设推动林业产业高质量发展以及构建现代林业产业体系的路径提供科学依据。

2.1 理论分析

2.1.1 数字乡村建设影响林业产业发展升级的理论基础

　　数字乡村建设作为数字经济发展以及数字中国建设的重要方面，是农业农村现代化发展以及中国构建现代产业体系的关键方向（曾亿武等，2021；丁建军等，2023；李丽莉等，2023）。《数字乡村发展战略纲要》明确指出，数字乡村建设能够发挥信息技术创新的扩散效应、信息和知识的溢出效应以及数字技术释放的普惠效应，有效推进农林业全产业链数字化发展，进而实现产业发展升级与高质量发展。产业发展升级主要包括产业发展规模和产业结构升级两个方面。基于内生增长理论、人力资本理论和数字治理理论，数字乡村建设能够通过数据要素赋能、技术要素赋能、劳动力要素赋能和治理要素赋能，助力林业技术创新、人力资本提升、生态治理增效，助推林业生态产业化，不仅能够扩大林业产业发展规模，还能够促进林业产业结构升级（图 2-1）。具体而言，数字乡村建设推动数据这一关键生产要素嵌入林业经济全产业链，与土地、劳动力、资本、技术、管理等林业其他生产要素聚合形成先进生产力，提高林业资源配置效率，推动林业产业规模扩大。此外，数字乡村建设能够助推数字经济在林业产业的全面渗透，不仅能够推动林业产业的跨边界融合，实现林业产业上下游产业链贯通以及林业一二三产深度融合，还能够通过林业产业融合创新、林业产业分化发展等方式，促进林业产业新业态、新模式的培育。因此，随着数字赋能林业经济的全产业链，林业产业结构将由以林木培育和种植、木材和竹材采运等第一产业为主导，转向以林产品加工业等林业第二产业和森林康养与休闲服务、林业技术服务等林业第三产业为主导，促进林业产业结构升级。由此可见，数字乡村建设能够有效推动林业产业发展升级，并且可能由于不同地区的林业产业基础不同而存在空间异质性（韩健等，2022）。基于数字经济发展的"梅特卡夫法则"（Rohlfs，1974），数字乡村建设水平对林业产业发展升级的影响可能存在非线性效应（刘洋等，

2021)。此外，数字乡村建设水平对林业产业发展升级的影响可能存在空间溢出效应（孔凡斌等，2023）。

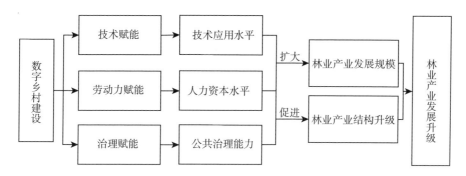

图 2-1 数字乡村建设促进林业产业发展升级的理论分析框架

2.1.2 数字乡村建设能够通过技术赋能促进林业产业发展升级

内生增长理论认为，技术进步是经济持续增长的源泉。数字乡村建设将推动物联网、大数据、区块链等数字技术与传统林业产业发展深度融合，形成以数字技术为依托的现代化林业产业发展模式，通过提高森林资源管护水平，降低林业产业生产成本、交易成本，提高林业生产效率，推动林业产业发展升级（陈晓红等，2022）。首先，遥感卫星监测、物联网和大数据等数字技术赋能完善森林资源及生态产品动态监测体系，提升森林资源管理与保护水平，持续扩大优质森林生态产品供给，为林业产业发展升级奠定扎实基础。其次，数字乡村建设推动技术赋能林业产业数字化转型，技术进步和技术替代会打破原有林业经济的均衡（干春晖等，2011），通过发挥资源配置优化效应、生产成本降低效应、创新发展驱动效应（廖信林等，2021）和供需精准匹配效应，提高林业产业生产效率。同时，由于数字经济的边际成本趋于零，理性林业生产主体倾向于扩大市场规模，发挥数字经济的规模经济效应（任保平等，2022），进而推动扩大林业产业发展规模。除此之外，数字乡村建设赋能技术进步和技术创新不仅能够推动生产要素在林业一二三产间流动，优化林业资源配置，还能够推动林业新产品的研制与产业新业态的发展，促进林业产业结构升级。

2.1.3 数字乡村建设能够通过劳动力赋能促进林业产业发展升级

人力资本理论认为，人力资本是经济增长的动力之一（杨建芳等，2006）。柯布-道格拉斯生产函数将劳动力作为核心生产要素之一，提升人力资本水平是提高生产效率和促进产业发展的关键（王小鲁等，2004；杨建芳等，2006）。数字乡村建设能够赋能劳动力要素，提升林业人力资本水平（李梦娜等，2022），推动林业产业结构升级（俞伯阳等，2021），助力林业产业规模扩大，促进林业产业发展升级。具体而言，数字乡村建设推进乡村信息基础设施的完善和升级，客观上使得学习新技术、新知识的渠道更为多样且获取信息的成本降低，推动林业新技术新知识的扩散，提升人力资本水平，促进林业产业发展。此外，数字乡村建设赋能推动就业形式多样化，为零散的劳动力提供更多从事林业生产活动的平台，让兼业林农碎片化的时间拼凑起来服务于林业生产过程，通过"干中学"提升人力资本水平（杨建芳等，2006）。基于"配第-克拉克定理"，随着社会经济的发展和人均国民收入水平的提高，劳动力由第一产业向第二产业转移，当人均国民收入水平进一步提高时，劳动力便向第三产业转移（孙晓华，2020）。由此可见，人力资本水平的提升，不仅能够推动林业产业发展规模扩大，还能够优化林业产业结构，进而推动林业产业发展升级。

2.1.4 数字乡村建设能够通过治理赋能促进林业产业发展升级

数字治理是数字技术与治理理论融合渗透的现代综合治理创新形态（冯献等，2020）。数字治理理论认为，在以数字技术为代表的新一代信息技术的驱动下，政府内部运行以及政府、企业、公民社会等主体之间的经济社会互动实现精准化治理、智能化应对与科学化决策（徐晓林等，2004）。数字乡村建设不仅能够提高林业生态治理体系和治理能力现代化水平（孔凡斌等，2022），提高林区生态治理水平，还能够有效激发林业企业数字化转型内生动力，提高林业经营管理效能，促进林业产业发展升级。具体来说，针对林业管理部门，数字赋能林火监控、森林病虫害防治以及"林长制"等，通过对森林火灾和病虫害实现预警能够有效提高森林资源保护管理成效。针对林业生产经营主体，数字赋能林业经营，推动林业生产、流通、经营、消费等主体的协同管理，实现从生产到销售的一体化、数字化管理。数字赋能林业管理，通过创新政府治理方式、完善治理体系，助推林业管理实现跨部门、跨层级的智能协作，有助于林业管理提质增效，进而促进林业产业发展升级。

2.2 研究方法与数据来源

2.2.1 研究区概况

浙江省有着"七山一水两分田"的自然资源分布格局，拥有丰富的森林资源，现有林地面积 660.20 万公顷，森林面积 607.53 万公顷，森林覆盖率为 61.15%，居全国前列（徐彩瑶等，2023）。2020 年，浙江省发布《浙江省数字贸易先行示范区建设方案》，成为全国数字贸易先行示范区，2021 年浙江省数字经济增加值达到 3.57 万亿元，占 GDP 比重达到 48.6%，居全国各省份第一。2023 年，中央网信办、农业农村部与浙江省人民政府签署共建数字乡村引领区合作备忘录，支持浙江建设数字乡村引领区。2022 年，浙江省数字农业农村发展水平达到 68.3%，连续四年位居全国首位。在数字贸易先行示范区和数字乡村引领区建设的背景下，浙江省瞄准数字发展相对落后的山区 26 县，陆续发布了《浙江省山区 26 县跨越式高质量发展实施方案（2021—2025 年)》和《关于支持山区 26 县生态工业高质量发展的若干举措》提出实施山区 26 县生态工业发展"攀登计划"，推动数字经济系统建设和强化数字新基建全覆盖的举措。与此同时，浙江省在全国率先探索山区林业数字化改革的实践路径，提出要"深化林业数字化改革"。近年来，浙江省林业顺应数字化发展趋势，坚持以林业数字化改革推动森林资源保护、林业智治、林业富民，从而促进林业高质量发展。林业数字化改革有望破解浙江省林业发展面临的优质生态产品供给有待丰富、绿水青山就是金山银山转化通道有待拓宽以及现代治理和创新能力有待提升等问题（侯方森等，2023）。浙江省山区 26 县总面积占浙江全省的 44.5%，森林覆盖率超过 80.00%，2021 年末人口总数约占浙江省的 16.42%，GDP 总量占浙江省的 10.03%。基于资源禀赋、产业基础、生态功能等因素，山区 26 县分为跨越发展类和生态发展类，其中，跨越发展类包括永嘉县、平阳县、苍南县、武义县、柯城区、衢江区、龙游县、江山市、三门县、天台县、仙居县、莲都区、青田县、缙云县和松阳县 15 个县（市、区）；生态发展类包括淳安县、文成县、泰顺县、磐安县、常山县、开化县、龙泉市、庆元县、遂昌县、云和县和景宁畲族自治县（以下简称"景宁县"）11 个县（市）。浙江省山区 26 县拥有丰富的森林资源，具有资源禀赋优势，其林业产值占农林牧渔经济总产值的 96.29%（徐彩瑶等，2023），林业产业发展升级对浙江省山区 26 县林业高质量发展和乡村振兴至关重要。鉴于此，本研究选择浙江省山区 26 县作为研究区进行数字乡村建设与林业产业发展升级关系及其机制研究，具有典型示范意义。

2.2.2 数字乡村建设的测度方法

（1）数字乡村建设水平评价指标体系。借鉴已有研究成果（张鸿等，2020；龚新蜀等，2023；张岳等，2023；李波等，2023；朱红根等，2023），参照《中国数字乡村发展报告（2022 年）》和《数字乡村建设指南 1.0》，考虑指标选取的合理性和科学性以及县域数据的可获得性，从数字乡村宏观环境、数字乡村基础设施、数字乡村信息环境、数字乡村治理环境和数字乡村社会服务 5 个维度来构建县域数字乡村建设水平的评价指标体系（表 2-1）。首先，宏观环境是数字乡村建设的前提条件，采用人均生产总值和农村居民人均可支配收入来表征。其次，数字基础设施是数字乡村建设的基石，以农村宽带接入用户数和农村移动电话用户数来表征，具体采用农村居民可支配收入在农村居民和城镇居民总收入中的比重乘以年末移动电话用户数来获得农村移动电话用户数，同理基于宽带接入用户数可得农村宽带接入用户数。再次，信息环境是数字乡村建设的重要方面，以第三产业对 GDP 贡献率和科学研究和技术服务业人员占比来表征，其中，采用第三产业从业人员占比来衡量科学研究和技术服务业人员占比。然后，治理环境是数字乡村建设的有力保障，以地方财政科学技术支出占比和地方财政交通运输支出来表征，具体采用地方财政教育事业费支出占比来衡量地方财政科学技术支出占比，采用每平方千米公路里程来衡量地方财政交通运输支出。最后，社会服务是数字乡村建设的外源动力，以农村电信业务收入和农村用电量来表征，具体采用农村居民可支配收入在农村居民和城镇居民总收入中的比重乘以电信业务收入来获得农村电信业务收入。

表 2-1　县域数字乡村建设水平的评价指标体系

一级指标	二级指标	三级指标	属性	权重
数字乡村建设	数字乡村宏观环境	人均生产总值（元）	＋	0.144 6
		农村居民人均可支配收入（元）	＋	0.102 1
	数字乡村基础设施	农村宽带接入用户数（户）	＋	0.106 2
		农村移动电话用户数（户）	＋	0.111 2
	数字乡村信息环境	第三产业对 GDP 贡献率（％）	＋	0.067 1
		科学研究和技术服务业人员占比（％）	＋	0.020 1
	数字乡村治理环境	地方财政科学技术支出占比（％）	＋	0.039 9
		地方财政交通运输支出占比（％）	＋	0.038 9
	数字乡村社会服务	农村电信业务收入（万元）	＋	0.106 3
		农村用电量（万千瓦/小时）	＋	0.263 6

（2）数字乡村建设水平的测度方法。为消除不同属性指标量纲的差异，采用式（2-1）对各指标进行标准化处理，然后通过熵权法获取各指标的权重，并采用式（2-2）计算得到县域数字乡村建设水平。

$$\begin{cases} x_{ij} = \dfrac{X_{ij} - \min(X_{ij})}{\max(X_{ij}) - \min(X_{ij})}, \text{当} X_{ij} \text{属性为正（＋）时} \\ x_{ij} = \dfrac{\max(X_{ij}) - X_{ij}}{\max(X_{ij}) - \min(X_{ij})}, \text{当} X_{ij} \text{属性为负（一）时} \end{cases} \quad (2-1)$$

$$DR = \sum_{j=1}^{n} \omega_j x_j \quad (2-2)$$

式中，X_{ij} 代表第 i 个县域单元第 j 指标的实际值；x_{ij} 为指标的标准化值；$\max(X_{ij})$ 为指标的最大值；$\min(X_{ij})$ 为指标的最小值；n 为指标数量，本研究中 n 为 10；ω_j 为第 j 指标的权重；DR 为县域数字乡村建设水平。

2.2.3 林业产业发展升级的测度方法

（1）林业产业发展升级的定义。根据《林草产业发展规划（2021—2025年）》，林业产业发展的主要目标是要巩固林业资源基础，不断提升资源利用效率，持续增强产品有效供给能力，同时要优化产业结构，构建比较完备的现代林业产业体系。据此，本研究定义林业产业发展升级是指林业产业发展的数量和质量均得到提升，具体包括林业产业发展规模扩大和林业产业结构升级。

（2）林业产业发展升级的测度。林业产业发展升级从林业产业发展规模和林业产业结构升级两个方面进行考察。林业产业发展规模运用林业产业增加值表征，采用居民消费价格指数进行平减，为防止异方差问题，在进行计量模型分析时取对数处理。参考已有研究（干春晖等，2011），林业产业结构升级选用林业产业结构合理化和林业产业结构高级化来衡量。

林业产业结构合理化是指林业一二三产之间的资源要素配置的合理化程度。参照干春晖等（2011）的做法，林业产业结构合理化程度的计算公式如下：

$$FSH_{it} = 1 - \sum_{j=1}^{3} \left[\left(\frac{Y_{j,it}}{Y_{it}} \right) \ln \left(\frac{Y_{j,it}}{Y_{it}} \Big/ \frac{L_{j,it}}{L_{it}} \right) \right], j \in \{1,2,3\} \qquad (2-3)$$

式中，FSH_{it} 表示林业产业结构合理化程度，Y 表示林业产业产值，L 表示就业人数，j 表示产业。改进后的泰尔指数进行了正向处理，其数值越大则表示林业产业结构越合理。

林业产业结构高级化是林业产业结构由第一、二产业占主导向第三产业占主导的变动过程（李博等，2022）。参考付凌晖（2010）和李博等（2022）的做法，林业产业结构高级化程度的计算公式如下：

$$FSG_{it} = \sum_{j=1}^{3} \left[\left(\frac{Y_{j,it}}{Y_{it}} \right) \times j \right], j \in \{1,2,3\} \qquad (2-4)$$

式中，FSG_{it} 表示林业产业结构高级化程度，其数值越大则表示林业产业高级化程度越高，反之则越低。

2.2.4 研究设计与模型构建

（1）基准回归模型。构建数字乡村建设水平对林业产业发展升级影响的基准模型：

$$FDS_{it} = \beta_0 + \beta_1 DR_{it} + \sum_{j=1}^{n} \alpha_j X_{jit} + \mu_i + \lambda_t + \varepsilon_{it} \quad (2-5)$$

$$FSH_{it} = \beta_0 + \beta_1 DR_{it} + \sum_{j=1}^{n} \alpha_j X_{jit} + \mu_i + \lambda_t + \varepsilon_{it} \quad (2-6)$$

$$FSG_{it} = \beta_0 + \beta_1 DR_{it} + \sum_{j=1}^{n} \alpha_j X_{jit} + \mu_i + \lambda_t + \varepsilon_{it} \quad (2-7)$$

式中，被解释变量 FDS_{it}、FSH_{it}、FSG_{it} 分别表示林业产业发展规模、林业产业结构合理化程度和林业产业结构高级化程度。核心解释变量 DR_{it} 为数字乡村建设水平。X_{jit} 为第 j 个控制变量，包括经济发展水平、城镇化水平、政府财政支出规模、基础设施和对外开放程度；n 为 5。β_1 为解释变量的系数，表示数字乡村建设水平对林业产业发展升级的影响；α_j 表示控制变量的估计系数；β_0 表示常数项；μ_i、λ_t 分别代表个体（地区）和时间效应。ε_{it} 为随机扰动项。i 和 t 分别代表样本（县域）和时间。

（2）面板门槛回归模型。为了进一步探究数字乡村建设影响林业产业发展升级存在的非线性效应，设定如下面板门槛回归模型：

$$FDS_{it} = \varphi_0 + \varphi_1 \sum X_{it} \times I(Th_{it} \leqslant \theta) + \varphi_2$$
$$\sum X_{it} I(Th_{it} > \theta) \alpha_2 C_{it} + \lambda_t + \varepsilon_{it} \quad (2-8)$$

$$FSH_{it} = \varphi_0 + \varphi_1 \sum X_{it} \times I(Th_{it} \leqslant \theta) + \varphi_2$$
$$\sum X_{it} I(Th_{it} > \theta) \alpha_2 C_{it} + \lambda_t + \varepsilon_{it} \quad (2-9)$$

$$FSG_{it} = \varphi_0 + \varphi_1 \sum X_{it} \times I(Th_{it} \leqslant \theta) + \varphi_2$$
$$\sum X_{it} I(Th_{it} > \theta) \alpha_2 C_{it} + \lambda_t + \varepsilon_{it} \quad (2-10)$$

式中，X_{it} 表示核心解释变量，Th_{it} 为门槛变量，$I(\cdot)$ 是取值为 0 或 1 的指示函数，满足括号内条件，取值即为 1，反之则为 0。式（2-8）至（2-10）是仅考虑了单一门槛的情况，可以根据具体的样本计量检验扩充为多门槛的情况。φ_0 表示常数项，φ_1、φ_2 表示系数，其他的变量与上述一致。

（3）中介效应模型。基于前文理论分析部分提出数字乡村建设主要通过技术赋能、劳动力赋能和治理赋能等机制来影响林业产业发展升级，借鉴江艇（2022）的做法，通过直接识别核心解释变量对中介变量的因果关系来检验这三个方面的作用机制，构建的模型如下：

$$Tech_{it} = \beta_0 + \beta_1 DR_{it} + \sum_{j=1}^{n} \alpha_j X_{jit} + \mu_i + \lambda_t + \varepsilon_{it} \qquad (2-11)$$

$$Human_{it} = \beta_0 + \beta_1 DR_{it} + \sum_{j=1}^{n} \alpha_j X_{jit} + \mu_i + \lambda_t + \varepsilon_{it} \qquad (2-12)$$

$$Govern_{it} = \beta_0 + \beta_1 DR_{it} + \sum_{j=1}^{n} \alpha_j X_{jit} + \mu_i + \lambda_t + \varepsilon_{it} \qquad (2-13)$$

式中，$Tech_{it}$、$Human_{it}$、$Govern_{it}$ 分别为浙江省山区 26 县林业产业的技术赋能（技术应用水平）、劳动力赋能（人力资本水平）和治理赋能（公共治理水平）。

（4）空间计量模型。为了进一步分析数字乡村建设与林业产业发展升级的空间互动机制，首先利用全局莫兰指数（Global Moran's I）测算数字乡村建设与林业产业发展升级的空间自相关程度（潘丹等，2023），公式如下：

$$Global\ Moran's\ I = \frac{n \sum_{i=1}^{n} \sum_{j=1}^{n} W_{ij}(X_i - X^*)(X_j - X^*)}{\sum_{i=1}^{n} \sum_{j=1}^{n} W_{ij}(X_i - X^*)^2}$$

$$(2-14)$$

式中，n 为 26，W 为空间权重矩阵，X_i 为地区 i 的观测值，X_j 为地区 j 的观测值，X^* 为所有县观测值的均值。本研究的观测值包括数字乡村建设水平、林业产业发展规模、林业产业升级合理化和林业产业升级高级化。全局莫兰指数取值范围为 ［－1，1］，若为正值，则表明存在空间聚集现象；若为负值，则表明空间上的分布较为分散；若为零，说明不存在空间相关性（赵德起等，2023）。

其次，通过 LM 检验和 LR 检验确定采用空间杜宾模型，模型构建如下（潘丹等，2023）：

$$Y_{it} = \alpha_0 + \delta W Y_{it} + \alpha_1 DR_{it} + \theta_1 W x_{it} + \sum_{k=1}^{5} \beta_k c_{kit} + \mu_i + \eta_t + \varepsilon_{it}$$

$$(2-15)$$

式中，Y_{it} 表示被解释变量林业产业发展升级，包括林业产业发展规模、林业产业结构合理化和林业产业结构高级化；DR_{it} 表示数字乡村建设水平；δ

为被解释变量的空间滞后项系数；W 为空间权重矩阵；c_{kit} 表示控制变量；$k=1$，$\cdots$，5；α_0 表示常数项，α_1 表示数字乡村建设对林业产业发展升级的影响估计系数；θ_1 表示数字乡村建设对林业产业发展升级空间滞后项的影响估计系数；β_k 表示控制变量的估计系数；μ_i 为空间效应；η_t 为时间效应；ε_{it} 为随机误差项。

2.2.5 变量说明与数据来源

（1）变量说明。根据研究设计与模型构建，所使用的变量如下：

①核心变量。核心被解释变量为林业产业发展升级，具体包括林业产业发展规模、林业产业结构合理化程度和林业产业结构高级化程度。数字乡村建设水平为核心解释变量。

②控制变量。除了数字乡村建设水平，林业产业发展升级还受其他因素的影响。参考相关研究，选取如下控制变量。ⓐ经济发展水平。产业发展与经济发展水平密切相关（鲍丙飞等，2022），采用人均 GDP 表征。ⓑ城镇化水平。城镇化在人口、经济和社会领域产生了新的变革，能够对产业结构产生显著影响（武春友等，2010）。采用城镇常住人口与总人口的比值表征。ⓒ政府财政支出规模。财政大量投入基础设施建设中，会提升区域整体交通条件和通信水平，特别是通过补贴的方式，对一些环境污染型企业进行搬迁和改造升级，有效促进了产业结构升级（刘在洲等，2021）。采用地方财政支出占 GDP 比重来表征。ⓓ基础设施。完善的基础设施，更加能够保证市场的相对稳定需求和要素供给，从而促进产业结构的优化调整（洪惠坤等，2023）。采用各县区每平方千米的公路里程来表征。ⓔ对外开放程度。对外开放可以促进区域间生产要素、人才和技术的流动（黄安胜等，2014），加快产业发展升级。采用进出口额与 GDP 的比值表征。

③机制变量。数字乡村建设主要通过技术赋能、劳动力赋能和治理赋能来影响林业产业发展升级。ⓐ技术赋能。技术赋能水平主要是指以数字技术为核心的技术进步、技术创新、技术应用水平。技术应用水平的提升能够提高生产效率，进而促进林业产业发展升级。借鉴已有研究（Qing et al.，2019），采用农业机械化水平来表征林业技术应用水平的变化，具体

采用农业机械总动力的对数值来表征。ⓑ劳动力赋能。劳动力赋能主要是指数字乡村建设推进信息、知识等的扩散，推动人力资本水平的提升，进而促进林业产业发展升级。参考教育人力资本的测度思路（杨建芳等，2006），采用各类学校在校学生数衡量人力资本水平，并取对数处理。ⓒ治理赋能。治理赋能主要是指数字乡村建设推进林业部门生态治理能力和林业主体经营管理水平的提升。森林生态产品价值实现效率是指森林生态系统生产总值转化为林业产业产值的效率（徐彩瑶等，2023），即森林生态产业化水平，是对依托森林资源的森林生态产品配置和利用效率等多方面能力的综合衡量与评估，并根据效率定义能够进一步分解为纯技术效率和规模效率。其中，纯技术效率是由于管理和技术等因素影响的生产效率，能够体现林业产业发展中与森林生态产品相关的技术创新。规模效率能够表征生产单元对现有技术的消化、吸收和利用程度，主要取决于林业相关体制改革、林业企业组织管理创新和规模效应等（史常亮等，2017）。因此，采用森林生态产品价值实现效率来衡量林业相关的公共治理能力水平，森林生态产品价值实现效率的测度参照徐彩瑶等（2023）的做法。

④变量描述。主要变量的描述性统计见表2-2。

表2-2 变量描述性统计

变量类型	变量名称	样本量	均值	标准差	最小值	最大值
被解释变量	林业产业发展规模	546	11 248.100 0	8 643.069 0	194.467 0	51 359.500 0
	林业产业发展规模（取对数）	546	8.999 3	0.923 4	5.270 3	10.846 6
	林业产业结构合理化	546	0.911 0	0.085 5	0.549 8	1.107 9
	林业产业结构高级化	546	1.929 8	0.190 8	1.510 0	2.590 0
核心解释变量	数字乡村建设水平	546	0.160 1	0.109 8	0.020 1	0.612 1
控制变量	经济发展水平	546	3.220 7	2.332 1	0.365 7	12.514 2
	城镇化水平	546	0.223 8	0.127 4	0.040 0	0.600 0
	政府财政支出规模	546	0.204 4	0.118 3	0.000 0	0.713 3
	基础设施	546	0.756 2	0.443 3	0.045 5	6.481 1
	对外开放程度	546	0.165 3	0.141 9	0.000 1	0.911 0

（续）

变量类型	变量名称	样本量	均值	标准差	最小值	最大值
	技术应用水平	546	11.959 1	0.692 1	10.539 3	14.004 6
	人力资本水平	546	1.484 6	0.607 9	0.361 7	3.007 2
机制变量	森林生态产品价值实现效率	546	0.776 6	1.192 2	0.044 0	21.138 7
	纯技术效率	546	1.004 3	1.605 9	0.046 5	24.292 1
	规模效率	546	0.866 7	0.173 0	0.026 3	1.000 0

（2）数据来源。研究样本涉及 2001—2021 年浙江省山区 26 县。浙江省山区 26 县的社会经济数据均来源于《浙江省统计年鉴》以及浙江省各县区统计公报和各设区市统计年鉴。浙江省山区 26 县森林生态产品价值实现效率测度所需数据主要包含遥感影像数据、数字高程数据、土地利用数据、土壤属性数据、气象数据等，数据来源详见徐彩瑶等（2023）。

2.3 结果与分析

2.3.1 浙江省山区 26 县数字乡村建设水平的变化特征

2001—2021 年浙江省山区 26 县数字乡村建设水平的均值如图 2-2 所示。浙江省山区 26 县数字乡村建设水平均值从 2001 年的 0.053 6 增长到 2021 年的 0.283 2，基本保持着增长的趋势，其中跨越发展县的数字乡村建设平均水平高于生态发展县。具体来讲，跨越发展县数字乡村建设平均水平在 2001—2013 年呈现逐步增长的态势，在 2013 年达到峰值（0.225 7）后，于 2014 年回落至 0.220 5，随后继续上升，在 2019 年和 2020 年略有下降，可能是因为新冠疫情暴发导致的疫情防控阻碍了跨越发展县的数字乡村建设，最终在 2021 年达到研究期间的峰值（0.324 1）。生态发展县的数字乡村建设平均水平除在 2010 年略有下降外，其他年份一直保持着增长的态势。进一步分析 2001—2021 年浙江省山区 26 县各县的数字乡村建设水平，结果如表 2-3 所示。结果表明，浙江省山区 26 县各县数字乡村建设水平存在明显的空间异质性。具体而言，永嘉县、莲都区、平阳县和苍南县的数字乡村建设水平在 2001 年高于 0.1，在 2001—2021 年间位列前茅。磐安县、庆元县、遂昌县、景宁县、松阳县、龙泉市、开化县、文成县、泰顺县和淳安县的数字乡村建设水平在 2001—2010 年间始终小于 0.1。从变化趋势上来看，大部分地区的数字乡村建设水平都呈现增长态势，但是仍有部分地区表现出下降趋势，如，天台县和永嘉县，其中，天台县的数字乡村建设水平波动较大，从 2017 年的 0.482 0 下降为 2021 年的 0.296 3；永嘉县数字乡村建设水平在 2019 年达到 0.605 4，2021 年则下降为 0.458 6。

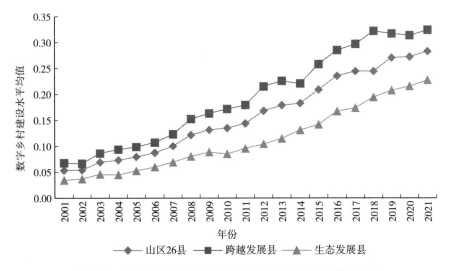

图 2-2　2001—2021 年浙江省山区 26 县数字乡村建设水平

表 2-3　2001—2021 年浙江省山区 26 县数字乡村建设水平

山区县	2001 年	2005 年	2010 年	2015 年	2021 年	类型
苍南县	0.128 9	0.162 0	0.305 8	0.410 2	0.472 4	1
常山县	0.029 8	0.074 3	0.103 7	0.146 0	0.214 9	2
淳安县	0.045 4	0.057 2	0.098 3	0.158 3	0.267 2	2
江山市	0.045 6	0.105 4	0.157 6	0.223 6	0.343 6	1
缙云县	0.035 7	0.056 0	0.102 4	0.178 8	0.278 1	1
景宁县	0.025 1	0.041 6	0.065 9	0.116 8	0.214 0	2
开化县	0.032 8	0.062 3	0.085 0	0.119 8	0.197 6	2
柯城区	0.044 9	0.089 9	0.127 3	0.187 4	0.317 9	1

（续）

山区县	2001 年	2005 年	2010 年	2015 年	2021 年	类型
莲都区	0.109 8	0.139 1	0.177 6	0.265 2	0.369 3	1
龙泉市	0.030 3	0.051 8	0.084 8	0.152 8	0.234 7	2
龙游县	0.040 2	0.094 5	0.127 3	0.173 9	0.255 0	1
磐安县	0.045 0	0.052 6	0.060 0	0.114 3	0.208 0	2
平阳县	0.111 2	0.137 9	0.239 0	0.354 9	0.472 2	1
青田县	0.030 4	0.068 9	0.111 0	0.181 9	0.276 1	1
庆元县	0.020 1	0.035 6	0.063 7	0.116 7	0.204 5	2
衢江区	0.033 9	0.073 6	0.101 4	0.154 3	0.249 6	1
三门县	0.070 9	0.085 4	0.130 6	0.190 7	0.280 9	1
松阳县	0.026 8	0.042 6	0.075 7	0.135 1	0.221 4	1
遂昌县	0.024 3	0.046 4	0.075 6	0.135 1	0.228 8	2
泰顺县	0.047 7	0.048 7	0.089 4	0.153 1	0.260 1	2
天台县	0.074 6	0.098 5	0.345 7	0.437 8	0.296 3	1
文成县	0.046 6	0.059 7	0.087 8	0.157 0	0.252 9	2
武义县	0.047 5	0.089 2	0.123 3	0.184 5	0.290 4	1
仙居县	0.109 8	0.087 8	0.212 4	0.315 9	0.279 9	1
永嘉县	0.103 0	0.151 8	0.240 5	0.480 5	0.458 6	1
云和县	0.032 3	0.048 7	0.122 1	0.190 6	0.217 8	2

注：类型中 1 表示跨越发展类，2 表示生态发展类。由于篇幅所限，本表仅报告了部分关键年份的结果。下同。

2.3.2 浙江省山区 26 县林业产业发展升级的变化特征

2001—2021 年浙江省山区 26 县林业产业发展升级的平均水平如图 2-3 所示。2001—2021 年林业产业发展规模绝对值均值从 6 589.593 7 万元上升至 13 684.573 2 万元，整体呈现上升态势，且在 2005 年最小（6 175.646 8 万元），2016 年最大（14 842.042 4 万元）。其中，与跨越发展县相比，生态发展县的林业产业发展规模均值更大。2001—2021 年生态发展县与跨越发展县之间的差距呈先增大后减小的倒 U 形变化特征。2021 年，生态发展县的林业产业发展规模绝对值均值比跨越发展县高 4 466.922 0 万元，差距仍较大。从具体各县情况来看（表 2-4），2001—2021 年柯城区林业产业发展规模增长幅度最大，由 230.540 4 万元上升至 8 796.741 9 万元，增长了 37.16 倍，其次是苍南县，增长了 7.77 倍，三门县增长幅度最小，增长了 5.66%。2021 年，三门县、泰顺县、云和县、文成县、苍南县、柯城区、武义县、天台县、平阳县和景宁县的林业产业发展规模仍小于 10 000 万元，而淳安县、开化县、龙泉市、衢江区和遂昌县在 2001 年已超过 10 000 万元。由此可见，浙江省山区 26 县林业产业发展规模呈现明显的地区差异且两极分化较为严重。

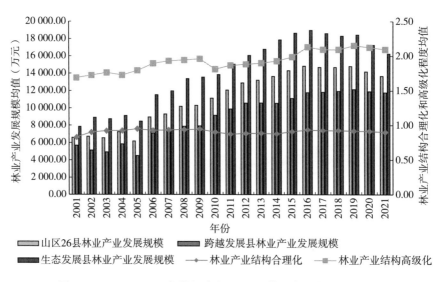

图 2-3　2001—2021 年浙江省山区 26 县林业产业发展升级水平

2001—2021 年浙江省山区 26 县林业产业结构合理化程度趋于平稳，其均值从 0.828 3 小幅增至 0.899 8，于 2005 年达到最高值 0.948 3（图 2-3），说明浙江省山区 26 县林业产业结构合理化程度与早期相比未有明显提高，当地政府应当加强林业产业资源的合理配置能力，促进林业产业结构合理化。从具体各县来看（表 2-5），2001—2021 年，淳安县、江山市、开化县、柯城区、龙游县、平阳县、青田县、文成县和永嘉县的林业产业结构合理化程度降低，其中永嘉县的下降幅度最大，由 1.107 9 下降至 0.932 1。其余各县的林业产业结构合理化程度均存在不同程度的增加，其中莲都区的林业产业结构合理化程度增加幅度最大，由 0.604 1 增加至 0.921 5，增加了 0.317 4，说明经济社会的发展并未对各县的林业产业结构合理化程度造成较大影响。2021 年，柯城区、开化县和天台县的林业产业结构合理化程度较低（<0.8），三门县、莲都区、云和县、永嘉县、景宁县、平阳县、青田县、苍南县、龙泉市、庆元县、泰顺县、武义县、遂昌县、缙云县、磐安县和松阳县的林业产业结构合理化程度较高（>0.9）。

2001—2021 年浙江省山区 26 县林业产业结构高级化程度的均值波动上升，从 2001 年的 1.686 0 增至 2021 年的 2.094 7（图 2-3）。从具体各县来看（表 2-5），2001—2021 年，山区 26 县中超过 80% 的县域林业产业结构高级化程度均存在不同程度的提高，其中泰顺县、永嘉县、苍南县、平阳县和文成县的提高幅度较大（>50%），其中文成县的增幅最大，由 1.510 0 增加至 2.550 0，增加 68.87%。磐安县、三门县、天台县和仙居县林业产业结构高级化程度下降，其中仙居县的下降幅度最大，由 1.983 0 下降至 1.822 6，下降了 0.160 4。可见，2001—2021 年浙江省山区 26 县中的大部分县的林业产业结构高级化程度均有所提高，其中文成县、平阳县、苍南县、永嘉县、泰顺县、莲都区、云和县、松阳县、龙泉市、缙云县、景宁县、遂昌县、庆元县、青田县和武义县的林业产业结构高级化程度在 2017 年就高于 2，林业产业结构高级化程度较高。此外，磐安县的林业产业结构高级化程度在 2017 年也大于 2，但在之后的 2019 和 2021 年均有所降低，分别为 1.983 0 和 1.969 6。

表 2-4 2001—2021 年浙江省山区 26 县林业产业发展规模

单位：万元

山区县	2001 年	2005 年	2010 年	2015 年	2021 年	类型
苍南县	983.498 4	1 614.779 0	5 345.965 3	6 630.007 2	8 625.346 2	1
常山县	4 179.978 7	4 249.041 1	11 948.140 8	13 534.198 6	11 566.723 3	2
淳安县	20 111.000 0	26 209.686 0	26 108.376 6	43 874.575 9	44 105.907 5	2
江山市	9 845.430 3	4 513.749 3	11 429.018 2	13 728.898 6	16 129.801 4	1
缙云县	5 975.000 0	6 332.584 0	11 533.841 0	13 660.352 5	13 445.562 3	1
景宁县	6 088.000 0	6 249.566 3	10 203.589 2	11 202.903 7	9 769.963 2	2
开化县	10 536.008 3	5 843.090 6	15 178.514 8	21 457.101 0	17 730.982 7	2

（续）

山区县	2001 年	2005 年	2010 年	2015 年	2021 年	类型
柯城区	230.540 4	194.466 7	468.075 6	4 362.153 9	8 796.741 9	1
莲都区	7 420.833 3	7 724.789 4	14 140.269 5	15 606.622 8	20 073.404 1	1
龙泉市	17 233.000 0	17 153.930 6	26 849.623 8	32 960.440 6	30 451.941 5	2
龙游县	7 531.681 2	5 958.043 6	11 568.782 0	13 578.680 6	11 364.732 0	1
磐安县	2 375.842 0	6 214.478 5	10 965.634 6	11 819.089 0	11 538.508 6	2
平阳县	3 448.499 3	2 647.510 0	4 297.736 8	5 687.134 4	9 654.539 6	1
青田县	5 878.000 0	4 473.985 5	6 930.786 9	11 891.281 1	10 744.009 8	1
庆元县	4 705.000 0	8 041.916 7	16 141.886 7	27 539.469 0	14 725.481 4	2
衢江区	14 842.210 5	9 432.606 4	18 199.243 1	20 733.721 4	18 050.962 4	1
三门县	2 426.356 9	993.185 1	14 716.795 1	2 453.073 5	2 563.685 5	1
松阳县	8 348.000 0	8 017.011 4	12 300.878 0	16 548.766 3	17 925.279 0	1
遂昌县	11 908.000 0	12 478.378 3	25 169.962 5	30 123.800 9	22 969.288 6	2
泰顺县	2 899.860 9	2 417.789 7	4 217.039 8	4 641.442 6	4 590.010 3	2
天台县	3 868.833 8	2 630.157 8	435.929 9	10 368.683 7	9 645.562 2	1
文成县	2 453.570 5	939.611 0	3 034.658 7	4 304.727 2	6 354.482 4	2
武义县	5 364.909 2	6 024.241 7	6 852.364 2	8 335.378 0	8 883.207 8	1
仙居县	6 123.858 1	4 616.527 9	12 165.273 9	14 910.224 1	10 747.216 0	1
永嘉县	2 835.525 5	2 346.381 0	6 822.636 3	8 313.031 5	10 270.773 2	1
云和县	3 716.000 0	3 249.309 6	2 665.495 3	3 923.167 5	5 074.789 2	2

表 2-5　2001—2021 年浙江省山区 26 县林业产业结构升级

山区县	林业产业结构合理化					林业产业结构高级化					类型
	2001 年	2005 年	2010 年	2015 年	2021 年	2001 年	2005 年	2010 年	2015 年	2021 年	
苍南县	0.925 9	0.979 2	0.983 6	0.993 2	0.946 5	1.531 6	1.742 0	1.839 3	2.198 5	2.440 3	1
常山县	0.822 2	0.986 7	0.663 0	0.874 8	0.833 8	1.786 3	1.883 2	1.856 5	1.886 6	1.886 8	2
淳安县	0.996 0	0.955 4	0.977 6	0.808 0	0.839 1	1.687 5	1.649 0	1.762 1	1.947 3	1.955 3	2
江山市	0.929 6	0.997 4	0.772 4	0.855 2	0.861 9	1.786 3	1.883 2	1.856 5	1.886 6	1.887 2	1
缙云县	0.957 1	0.954 6	0.980 4	0.923 3	0.973 0	1.571 9	1.726 1	1.819 0	1.999 3	2.144 9	1
景宁县	0.920 5	0.936 7	0.895 7	0.853 2	0.935 6	1.571 9	1.726 1	1.819 0	1.999 3	2.143 9	2
开化县	0.810 6	0.958 0	0.692 6	0.734 9	0.753 0	1.786 3	1.883 2	1.856 5	1.886 6	1.880 8	2

（续）

山区县	林业产业结构合理化					林业产业结构高级化					类型
	2001年	2005年	2010年	2015年	2021年	2001年	2005年	2010年	2015年	2021年	
柯城区	0.899 0	0.986 9	0.734 5	0.744 7	0.739 4	1.786 3	1.883 2	1.856 5	1.886 6	1.906 0	1
莲都区	0.604 1	0.742 1	0.918 8	0.966 0	0.921 5	1.571 9	1.726 1	1.819 0	1.999 3	2.153 0	1
龙泉市	0.851 8	0.884 4	0.974 8	0.950 8	0.954 6	1.571 9	1.726 1	1.819 0	1.999 3	2.145 9	2
龙游县	0.908 4	0.998 3	0.779 5	0.801 9	0.845 6	1.786 3	1.883 2	1.856 5	1.886 6	1.888 9	1
磐安县	0.925 2	0.962 3	0.977 5	0.952 1	0.975 4	1.995 3	1.898 3	1.616 7	1.787 3	1.969 6	2
平阳县	0.945 8	0.982 7	0.977 7	0.994 9	0.941 4	1.531 6	1.742 0	1.839 3	2.198 5	2.440 6	1
青田县	0.983 2	0.970 9	0.936 9	0.975 9	0.945 3	1.571 9	1.726 1	1.819 0	1.999 3	2.134 7	1
庆元县	0.787 8	0.870 3	0.927 8	0.920 3	0.957 5	1.571 9	1.726 1	1.819 0	1.999 3	2.139 4	2
衢江区	0.650 0	0.961 2	0.693 4	0.739 2	0.852 7	1.786 3	1.883 2	1.856 5	1.886 6	1.888 2	1
三门县	0.678 4	0.995 7	0.966 9	0.965 8	0.900 6	1.983 0	1.884 7	1.796 5	1.894 3	1.846 6	1
松阳县	0.693 7	0.897 2	0.971 9	0.988 3	0.988 8	1.571 9	1.726 1	1.819 0	1.999 3	2.150 6	1
遂昌县	0.945 4	0.948 3	0.942 0	0.954 6	0.971 5	1.571 9	1.726 1	1.819 0	1.999 3	2.140 1	1
泰顺县	0.930 3	0.941 3	0.986 4	0.984 2	0.957 7	1.531 6	1.742 0	1.839 3	2.198 5	2.437 9	2
天台县	0.600 0	0.975 3	0.900 4	0.877 5	0.776 6	1.983 0	1.884 7	1.796 5	1.894 3	1.850 6	1
文成县	0.920 3	0.971 4	0.983 2	0.956 2	0.849 1	1.510 0	1.634 9	1.777 9	2.287 2	2.550 0	1
武义县	0.940 0	0.992 5	0.938 7	0.954 1	0.959 3	1.704 1	1.910 9	1.648 7	1.822 2	2.068 4	1
仙居县	0.779 5	0.979 8	0.945 9	0.918 2	0.856 7	1.983 0	1.884 7	1.796 5	1.894 3	1.822 6	1
永嘉县	1.107 9	0.921 0	0.958 3	0.988 0	0.932 1	1.531 6	1.742 0	1.839 3	2.198 5	2.440 1	1
云和县	0.796 2	0.906 7	0.967 9	0.981 9	0.926 5	1.571 9	1.726 1	1.819 0	1.999 3	2.150 6	2

2.3.3 数字乡村建设对林业产业发展的影响机制分析

（1）初步统计观察。在实证分析浙江省山区26县数字乡村建设水平与林业产业发展升级的关系之前，通过初步刻画数字乡村建设水平与林业产业发展规模、林业产业发展合理化程度和林业产业发展高级化程度的散点图和相应的拟合曲线来了解基本关系，结果如图2-4所示。图2-4（a）中数字乡村建设与林业产业发展规模的拟合线趋于水平，无法明确判断正负向关系，图 2-4（b）中数字乡村建设与林业产业结构合理化程度呈现正向关系，图 2-4（c）中数字乡村建设与林业产业结构高级化程度呈现正向关系。由于上述的拟合关系没有考虑相关控制变量，无法准确地反映浙江省山区 26 县乡村建设水平与林业产业发展升级的关系。基于此，借助计量经济模型进一步探讨数字乡村建设对林业产业发展升级的影响。

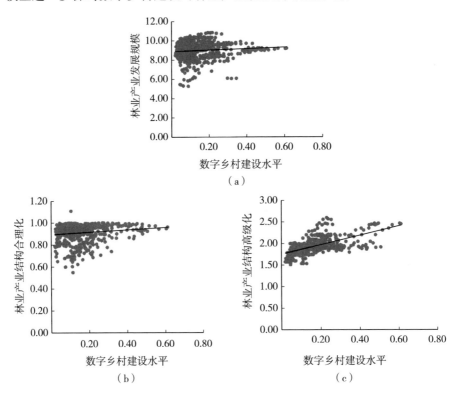

（a）

（b）

（c）

图 2-4　浙江省山区 26 县数字乡村建设水平与林业产业发展升级的拟合关系

（2）基准回归模型。通过 Hausman 检验采用双向固定效应模型，探究 2001—2021 年浙江省山区 26 县数字乡村建设水平对林业产业发展升级的影响。基准回归结果如表 2-6 所示。模型（1）是数字乡村建设水平对林业产业发展规模的影响，数字乡村建设水平在 5％ 水平上显著为正，其系数为 0.653 5，说明数字乡村建设水平每提高 1 个单位，林业产业发展规模将增加 0.653 5 单位，数字乡村建设水平对林业产业发展规模具有显著的正向影响。模型（2）是数字乡村建设水平对林业产业结构合理化程度的影响，在

5%水平上显著为正，其系数为 0.129 2，说明数字乡村建设水平每提高 1 单位，林业产业结构合理化程度将提高 0.129 2 单位，数字乡村建设水平对林业产业结构合理化程度具有显著的正向影响。模型（3）是数字乡村建设水平对林业产业结构高级化程度的影响，在 1%水平上显著为正，其系数为 0.792 8，说明数字乡村建设水平每提高 1 单位，林业产业结构高级化程度将提高 0.792 8 单位，数字乡村建设水平对林业产业结构高级化程度具有显著的正向影响。

表 2 - 6　基准回归结果

变量	（1）林业产业发展规模	（2）林业产业结构合理化	（3）林业产业结构高级化
数字乡村建设水平	0.653 5**	0.129 2**	0.792 8***
	(0.325 5)	(0.065 3)	(0.135 4)
城镇化水平	0.169 2	0.047 4	0.463 4***
	(0.204 2)	(0.041 0)	(0.084 9)
经济发展水平	−0.003 8	−0.000 3	0.002 7***
	(0.002 4)	(0.000 5)	(0.001 0)
基础设施	0.011 9	−0.000 5	−0.015 1
	(0.033 5)	(0.006 7)	(0.013 9)
政府财政支出规模	−0.336 3	0.091 2*	0.491 6***
	(0.264 3)	(0.053 0)	(0.109 9)
对外开放程度	−0.277 9*	0.028 1	−0.240 7***
	(0.152 6)	(0.030 6)	(0.063 5)
常数项	8.599 9***	0.852 2***	1.535 8***
	(0.073 1)	(0.014 7)	(0.030 4)
地区效应	控制	控制	控制
时间效应	控制	控制	控制
观测值	546	546	546
R^2	0.594 3	0.129 1	0.691 7

注：括号内数值为标准误，*、** 和 *** 分别表示在 10%、5% 和 1% 的水平上显著。下同。

（3）异质性分析。由上文分析可知，数字乡村建设对林业产业发展升级的影响可能会存在空间异质性。因此，综合考虑资源禀赋、产业基础、生态功能等因素，根据《浙江省山区 26 县跨越式高质量发展实施方案（2021—2025 年）》将山区 26 县分为跨越发展类和生态发展类两大类型进行分析，结果如表 2-7 所示。结果表明，数字乡村建设能够促进跨越发展县林业产业发展规模扩大，而会抑制生态发展县的林业产业规模扩大，原因在于生态发展县的数字乡村建设中会更加注重生态目标，致使大量的不合排污要求的林业企业被关停，直接导致了林业产业规模的急剧缩小（吴远征等，2019）。数字乡村建设水平的提升对林业产业结构合理化程度的促进作用在跨越发展县不显著，只在生态发展县的估计中得到证实，且在 5% 水平上通过了检验，系数为 0.714 6，即生态发展县的数字乡村建设水平每提高 1 单位，林业产业结构合理化程度将提高 0.714 6 单位。说明数字乡村建设能够促进生态发展县的林业产业结构合理化程度，而对跨越发展县则无明显效果，这可能是由于跨越发展县在调整林业产业结构的过程中以提高经济效益为目标，注重产业规模的扩大，忽视林业产业间要素配置的优化，从而对林业产业结构合理化关注不够（原嫄等，2021）。数字乡村建设水平的提升对林业产业结构高级化程度的促进作用在跨越发展县和生态发展县的估计中均得到证实，且都在 1% 水平上通过了检验。通过系数的比较可以发现，跨越发展县的数字乡村建设水平的系数比生态发展县小，说明这一促进作用在生态发展县发挥得更为充分。具体来讲，跨越发展县的数字乡村建设水平每提高 1 单位，林业产业结构高级化程度将提高 0.585 9 单位；生态发展县的数字乡村建设水平每提高 1 单位，林业产业结构高级化程度将提高 4.178 5 单位。

表 2-7　异质性分析回归结果

变量	跨越发展县			生态发展县		
	(1) FDS	(2) FSH	(3) FSG	(4) FDS	(5) FSH	(6) FSG
数字乡村建设水平	0.750 3[*] (0.389 9)	0.103 0 (0.070 4)	0.585 9[***] (0.151 0)	−5.438 0[***] (1.261 6)	0.714 6[**] (0.306 8)	4.178 5[***] (0.538 9)

（续）

变量	跨越发展县			生态发展县		
	(1) FDS	(2) FSH	(3) FSG	(4) FDS	(5) FSH	(6) FSG
城镇化水平	0.113 8 (0.270 4)	−0.052 5 (0.048 9)	0.608 2*** (0.104 7)	0.410 9 (0.318 9)	0.284 0*** (0.077 6)	0.048 2 (0.136 2)
经济发展水平	−0.048 7** (0.021 8)	−0.003 0 (0.003 9)	−0.035 1*** (0.008 4)	−0.004 8** (0.002 4)	−0.000 5 (0.000 6)	0.004 0*** (0.001 0)
基础设施	0.038 2 (0.052 1)	−0.004 2 (0.009 4)	−0.005 9 (0.020 2)	0.009 7 (0.040 6)	−0.003 8 (0.009 9)	−0.040 5** (0.017 3)
政府财政支出规模	−0.013 4 (0.573 9)	0.167 4 (0.103 7)	−0.284 7 (0.222 3)	−1.085 9*** (0.374 7)	0.018 3 (0.091 1)	0.789 7*** (0.160 0)
对外开放程度	−0.462 1** (0.205 4)	−0.007 8 (0.037 1)	−0.180 1** (0.079 6)	0.174 0 (0.264 4)	0.204 2*** (0.064 3)	−0.390 0*** (0.112 9)
常数项	8.520 1*** (0.114 8)	0.867 5*** (0.020 7)	1.636 6*** (0.044 5)	8.990 9*** (0.117 6)	0.800 8*** (0.028 6)	1.417 9*** (0.050 2)
观测值	315	315	315	231	231	231
R^2	0.616 7	0.174 8	0.674 3	0.653 4	0.208 4	0.808 0

注：FDS、FSH 和 FSG 分别表示林业产业发展规模、林业产业结构合理化和林业产业结构高级化。

（4）内生性讨论。为避免内生性问题造成估计结果偏差，采用核心解释变量即数字乡村建设水平的滞后一期作为工具变量进行两阶段最小二乘法（2SLS）估计，结果如表 2 - 8 所示。结果表明，模型估计结果与前文的基准回归结果方向一致，且都在 1‰水平上通过了检验。具体来讲，模型（1）表明数字乡村建设水平每提高 1 单位，林业产业发展规模将增加 1.273 4 单位，数字乡村建设有利于扩大林业产业发展规模。模型（2）表明数字乡村建设水平每提高 1 单位，林业产业结构合理化程度将提高 0.297 5 单位，说明数字乡村建设能够促进林业产业结构合理化。模型（3）表明数字乡村建设水平每提高 1 单位，林业产业结构高级化程度将提高 0.628 2 单位，说明数字乡村建设能够促进林业产业结构高级化。因此，数字乡村建设对林业产业发展升级的正向影响进一步得到了验证。

表 2-8　内生性讨论

变量	将数字乡村建设水平滞后一期处理		
	（1） 林业产业发展规模	（2） 林业产业结构合理化	（3） 林业产业结构高级化
数字乡村建设水平	1.273 4***	0.297 5***	0.628 2***
	(0.329 3)	(0.049 0)	(0.135 1)
城镇化水平	0.081 6	−0.010 0	0.394 0***
	(0.205 7)	(0.027 9)	(0.084 4)
经济发展水平	−0.002 9	0.000 1	0.002 5***
	(0.002 4)	(0.000 5)	(0.001 0)
基础设施	0.017 5	−0.003 9	−0.009 8
	(0.032 9)	(0.007 4)	(0.013 5)
政府财政支出规模	−0.199 8	0.165 6***	0.430 1***
	(0.267 9)	(0.037 8)	(0.109 9)
对外开放程度	−0.263 5	0.095 3***	−0.233 2***
	(0.162 4)	(0.021 0)	(0.066 6)
常数项	1.273 4***	0.758 5***	1.593 2***
	(0.329 3)	(0.030 2)	(0.030 4)
观测值	520	520	520
R^2	0.590 6	0.152 7	0.682 2

（5）稳健性检验。①替换被解释变量。将林业第三产业与第二产业的比值表征林业产业发展升级进行回归，结果如表 2-9（1）所示，核心解释变量数字乡村建设水平的系数为正，且在 5％水平上通过检验，表明模型的估计结果是稳健的。②排除异常值干扰。为避免存在异常值，干扰模型的回归结果，影响结果的稳健性，因此对核心解释变量数字乡村建设水平与被解释变量林业产业发展规模、林业产业结构合理化以及林业产业结构高级化均进行缩尾处理。模型（2）表明，数字乡村建设对林业产业发展规模的正向影响在 5％水平上通过了检验；模型（3）表明，数字乡村建设对林业产业结构合理化程度的正向影响在 5％水平上通过了检验；模型（4）表明，数字乡村建设对林业产业结构高级化程度的正向影响在 1％水平上通过了检验。

综上所述，基准回归的结果是稳健的。

表 2 - 9 稳健性检验结果

变量	(1) 替换被解释变量	缩尾		
		(2) 林业产业发展规模	(3) 林业产业结构合理化	(4) 林业产业结构高级化
数字乡村建设水平	1.969 5**	0.653 5**	0.129 2**	0.779 6***
	(0.856 1)	(0.325 5)	(0.065 3)	(0.131 5)
城镇化水平	0.928 4*	0.169 2	0.047 5	0.461 9***
	(0.537 0)	(0.204 2)	(0.040 9)	(0.082 5)
经济发展水平	0.009 4	−0.003 8	−0.000 3	0.002 7***
	(0.006 3)	(0.002 4)	(0.000 5)	(0.001 0)
基础设施	−0.096 9	0.011 9	−0.000 5	−0.014 2
	(0.088 2)	(0.033 5)	(0.006 7)	(0.013 5)
政府财政支出规模	1.741 9**	−0.336 3	0.091 1*	0.473 5***
	(0.695 0)	(0.264 2)	(0.053 0)	(0.106 8)
对外开放程度	−1.013 7**	−0.277 9*	0.028 3	−0.228 4***
	(0.401 2)	(0.152 6)	(0.030 6)	(0.061 7)
常数项	0.636 1***	8.599 9***	0.852 1***	1.546 1***
	(0.192 2)	(0.073 1)	(0.014 6)	(0.029 5)
观测值	546	546	546	546
R^2	0.246 5	0.594 3	0.129 1	0.698 5

（6）门槛效应分析。为进一步验证数字乡村建设对林业产业发展升级的非线性效应，将数字乡村建设水平设置为门槛变量，门槛效应检验结果如表 2 - 10 所示。结果表明，数字乡村建设在对林业产业结构合理化和林业产业结构高级化的影响中存在单一门槛效应，门槛值为 0.032 6，而对林业产业发展规模的影响不存在门槛效应。进一步分析林业产业结构合理化和林业产业结构高级化的门槛回归结果如表 2 - 11 所示，结果表明，当数字乡村建设水平小于 0.032 6 时，数字乡村建设对林业产业结构合理化与高级化具有显著的抑制作用，当数字乡村建设水平大于 0.032 6 时，数字乡村建设会显著促进林业产业结构合理化与高级化。可能的原因是：在数字乡村建设初

期，由于缺乏组织协调机构与统一指导，数字乡村建设水平低、效益差，甚至出现重复建设，造成了林业资源错配和浪费，最终导致林业产业结构合理化和高级化程度降低（沈锦浩，2022）。随着数字乡村建设制度的完善和成熟，数字乡村建设水平不断提高，资源配置更加合理高效，林业产业合理化和高级化程度也会随之提高。这一现象在数字经济发展对森林生态产品价值实现效率影响的关系中亦得到验证（孔凡斌等，2023）。

表 2-10 门槛效应检验结果

门槛变量	门槛值	(1) 林业产业发展规模		(2) 林业产业结构合理化		(3) 林业产业结构高级化	
		F 值	P 值	F 值	P 值	F 值	P 值
数字乡村建设水平	0.032 6	18.61	0.358 0	44.11	0.016 7	31.35	0.033 3

表 2-11 门槛回归结果

变量	林业产业结构合理化	林业产业结构高级化
数字乡村建设水平≤0.032 6	−2.128 8*** (0.548 7)	−1.700 5*** (0.464 4)
数字乡村建设水平＞0.032 6	0.455 7*** (0.101 7)	0.843 9*** (0.091 8)
控制变量	是	是
常数项	0.889 4*** (0.009 8)	1.652 7*** (0.018 5)
观测值	546	546
R^2	0.115 0	0.628 4

（7）作用机制分析。上述回归结果证明了数字乡村建设能够有效促进林业产业发展升级，据此，进一步对数字乡村建设促进林业产业发展升级的作用机制进行研究。基于前文的理论分析，引入技术应用水平、人力资本水平和森林生态产品价值实现效率三个机制变量，以此来分析数字乡村建设促进林业产业发展升级的作用机制，结果如表 2-12 所示。模型（1）表明，当被解释变量为技术应用水平时，数字乡村建设水平的回归系数在 1％水平上显著为正，说明数字乡村建设能够通过提高林业生产机械化程度，提升技术应用水平与生产效率，进而推动林业产业发展升级。模型（2）表明，当被解释变量为人力资本水平时，数字乡村建设水平的回归系数在 5％水平上显

著为正，说明数字乡村建设能够通过提高人力资本水平来促进林业产业发展升级。模型（3）表明，当被解释变量为森林生态产品价值实现效率（综合技术效率）时，数字乡村建设水平的回归系数在5％水平上显著为正，说明数字乡村建设能够通过提高森林生态产品价值实现效率来促进林业产业发展升级。模型（4）表明，当被解释变量为纯技术效率时，数字乡村建设水平的回归系数在5％水平上显著为正，说明数字乡村建设能够通过提高森林生态产品价值实现的纯技术效率来促进林业产业发展升级。模型（5）表明，当被解释变量为规模效率时，数字乡村建设水平的回归系数在5％水平上显著为正，说明数字乡村建设能够通过提高森林生态产品价值实现的规模效率来促进林业产业发展升级，即数字乡村建设水平能够通过森林生态产品价值实现效率来促进林业产业发展升级。

表 2 - 12　作用机制检验结果

变量	技术赋能	劳动力赋能	治理赋能		
	(1)	(2)	(3)	(4)	(5)
	技术应用水平	人力资本水平	森林生态产品价值实现效率	纯技术效率	规模效率
数字乡村建设水平	2.092 9***	0.221 3**	2.831 7**	3.453 5**	0.391 1**
	(0.338 9)	(0.111 6)	(1.226 1)	(1.601 7)	(0.170 8)
控制变量	是	是	是	是	是
常数项	11.335 6***	1.591 8***	0.606 4**	0.514 5	0.896 7***
	(0.076 1)	(0.025 1)	(0.275 3)	(0.359 6)	(0.038 3)
地区效应	控制	控制	控制	控制	控制
时间效应	控制	控制	控制	控制	控制
观测值	546	546	546	546	546
R^2	0.380 5	0.319 9	0.054 2	0.056 2	0.123 7

（8）进一步讨论：空间效应分析。①全局 $Moran's\ I$ 指数。存在空间自相关性是使用空间计量模型的前提，因此通过全局 $Moran's\ I$ 指数来检验2001—2021年数字乡村建设水平和林业产业发展升级的空间自相关性。基于0～1邻接空间权重矩阵的全局 $Moran's\ I$ 指数测算结果如图2-5所示。结果表明，2001—2021年，数字乡村建设水平、林业产业发展规模、林业产业结构合理化的 $Moran's\ I$ 均为正，除2008年外，其他年份林业产业结

构高级化的 *Moran's I* 也均为正，表明研究期间数字乡村建设、林业产业发展规模、林业产业结构合理化和林业产业高级化总体上均存在空间聚集效应。

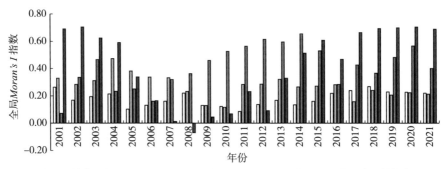

图 2-5 2001—2021 年浙江省山区 26 县数字乡村建设和林业产业发展
升级的全局 *Moran's I* 指数

②空间杜宾模型。采用空间计量模型进一步深入分析数字乡村建设对林业产业发展升级的空间溢出效应。首先通过 LM 检验值和 LR 检验确定合适的空间计量模型，检验结果如表 2-13 所示。结果表明，LM 检验和 LR 检验统计值在 1% 和 5% 的置信水平上显著，即构建的模型应同时包括空间误差效应和空间滞后效应，因此应采用结合二者的空间杜宾模型。通过进一步对空间杜宾模型的空间固定效应、时间固定效应和时空双固定效应进行估计，最终确定采用基于时空双固定效应的空间杜宾模型。表 2-14 报告的是空间杜宾模型回归结果，空间自相关系数 *rho* 系数分别为 -0.304 2、0.481 0 和 0.652 3 并且均通过了 1% 的显著性水平检验，表明林业产业发展规模、林业产业结构合理化和林业产业结构高级化存在显著的空间相关性。具体来讲，林业产业发展规模存在负向空间溢出效应，本地区林业产业发展规模扩大时，周边地区林业产业发展规模反而下降，即产生"虹吸效应"，可能的原因是本地区林业产业规模的壮大会对周边地区林业产业的生产要素形成虹吸挤占效应，从而抑制周边地区林业产业规模产业的发育成长（赵巍等，2023）。林业产业结构合理化和林业产业结构高级化存在正向空间

溢出效应，本地区林业产业结构合理化程度和林业产业结构高级化程度的提升，会造成周边地区林业产业结构合理化程度和林业产业结构高级化程度发生同方向变动。

直接效应和间接效应是空间杜宾模型关注的重点，直接效应是数字乡村建设对本地的影响，间接效应是数字乡村建设对其他地区的影响，即空间溢出效应（许可等，2021）。空间杜宾模型的空间效应分解结果如表 2-15 所示，结果表明，数字乡村建设对于本地区的林业产业发展规模、林业产业结构合理化程度和林业产业结构高级化程度均存在显著的促进作用，同时对邻近地区的林业产业发展规模、林业产业结构合理化程度和林业产业结构高级化程度也能产生显著的正向影响，即数字乡村建设对林业产业发展升级存在正向空间溢出效应。

表 2-13　空间计量模型设定检验

被解释变量	统计量	LM 检验		LR 检验	
		LM 值	P 值	LR 值	P 值
林业产业发展规模	空间误差估计	83.296 0***	0.000 0	15.71**	0.015 4
	空间滞后估计	105.792 0***	0.000 0	19.19***	0.003 9
林业产业结构合理化	空间误差估计	180.393 0***	0.000 0	45.56***	0.000 0
	空间滞后估计	200.840 0***	0.000 0	49.29***	0.000 0
林业产业结构高级化	空间误差估计	307.370 0***	0.000 0	25.57***	0.000 3
	空间滞后估计	331.895 0***	0.000 0	15.54**	0.016 5

表 2-14　空间杜宾模型回归结果

变量	林业产业发展规模	林业产业结构合理化	林业产业结构高级化
数字乡村建设水平	0.704 9**	0.084 8	0.509 3***
	(0.302 9)	(0.052 6)	(0.093 0)
城镇化水平	0.178 2	0.031 1	0.230 7***
	(0.190 7)	(0.033 2)	(0.058 6)
经济发展水平	−0.003 3	−0.000 8**	0.001 2*
	(0.002 2)	(0.000 4)	(0.000 7)
基础设施	0.010 2	−0.003 8	−0.008 7
	(0.033 3)	(0.005 8)	(0.010 2)

（续）

变量	林业产业发展规模	林业产业结构合理化	林业产业结构高级化
政府财政支出规模	−0.249 4 (0.257 9)	−0.029 0 (0.044 9)	0.308 2*** (0.078 8)
对外开放程度	−0.287 9** (0.139 2)	−0.004 6 (0.024 5)	−0.242 2*** (0.042 5)
$W \times$ 数字乡村建设水平	1.117 4*** (0.399 8)	0.103 2 (0.069 7)	0.033 3 (0.122 8)
$W \times$ 城镇化水平	0.047 1 (0.370 8)	−0.257 7*** (0.064 5)	0.242 3** (0.114 6)
$W \times$ 经济发展水平	−0.001 2 (0.005 4)	0.001 4 (0.000 9)	0.002 5 (0.001 7)
$W \times$ 基础设施	0.008 6 (0.052 8)	0.014 0 (0.009 2)	0.001 3 (0.016 1)
$W \times$ 政府财政支出规模	−1.043 3** (0.439 6)	0.391 2*** (0.076 5)	−0.009 4 (0.136 4)
$W \times$ 对外开放程度	0.516 5** (0.260 5)	0.169 5*** (0.045 5)	0.224 5*** (0.079 8)
rho	−0.304 2*** (0.056 3)	0.481 0*** (0.041 4)	0.652 3*** (0.030 6)
sigma2_e	0.054 8*** (0.003 4)	0.001 7*** (0.000 1)	0.005 1*** (0.000 3)
观测值	546	546	546
R^2	0.004 5	0.067 6	0.580 1

表 2 - 15 空间杜宾模型的空间效应分解结果

变量	林业产业发展规模			林业产业结构合理化			林业产业结构高级化		
	Direct	*Indirect*	*Total*	*Direct*	*Indirect*	*Total*	*Direct*	*Indirect*	*Total*
数字乡村 建设水平	0.639 6** (0.323 5)	0.754 0* (0.392 3)	1.393 5*** (0.308 8)	0.108 8** (0.053 2)	0.251 8** (0.117 0)	0.360 6*** (0.135 6)	0.613 7*** (0.101 6)	0.944 8*** (0.317 4)	1.558 6*** (0.370 3)
城镇化 水平	0.162 9 (0.171 5)	−0.049 5 (0.285 9)	0.113 3 (0.260 7)	−0.014 5 (0.030 1)	−0.446 5*** (0.103 7)	−0.461 0*** (0.118 3)	0.329 8*** (0.061 3)	0.957 1*** (0.255 3)	1.286 9*** (0.296 5)

（续）

变量	林业产业发展规模			林业产业结构合理化			林业产业结构高级化		
	Direct	*Indirect*	*Total*	*Direct*	*Indirect*	*Total*	*Direct*	*Indirect*	*Total*
经济发展水平	−0.003 1	−0.000 1	−0.003 2	−0.000 6	0.001 9	0.001 3	0.002 1**	0.008 5**	0.010 6**
	(0.002 5)	(0.003 9)	(0.004 0)	(0.000 5)	(0.001 4)	(0.001 7)	(0.001 0)	(0.003 7)	(0.004 4)
基础设施	0.012 7	0.001 7	0.014 3	−0.001 4	0.020 9	0.019 5	−0.009 1	−0.011 6	−0.020 7
	(0.038 8)	(0.049 9)	(0.040 0)	(0.006 4)	(0.015 3)	(0.017 6)	(0.012 1)	(0.039 6)	(0.045 9)
政府财政支出规模	−0.212 2	−0.753 6*	−0.965 8***	0.028 7	0.673 4***	0.702 2***	0.355 2***	0.517 3	0.872 5**
	(0.318 4)	(0.455 9)	(0.356 7)	(0.051 9)	(0.142 8)	(0.159 1)	(0.098 8)	(0.367 3)	(0.417 1)
对外开放程度	−0.324 3**	0.503 6**	0.179 3	0.024 5	0.293 1***	0.317 6***	−0.220 0***	0.177 3	−0.042 7
	(0.139 5)	(0.234 4)	(0.238 1)	(0.027 0)	(0.088 8)	(0.105 6)	(0.055 1)	(0.231 4)	(0.273 2)
观测值	546	546	546	546	546	546	546	546	546
R^2	0.004 5	0.004 5	0.004 5	0.067 6	0.067 6	0.067 6	0.580 1	0.580 1	0.580 1

注：*Direct*、*Indirect* 和 *Total* 分别表示空间效应分解结果的直接效应、间接效应和总效应。

2.4 结论和政策启示

2.4.1 结论

以 2001—2021 年浙江省山区 26 县的面板数据，运用基准回归模型、中介效应模型、面板门槛回归模型和空间杜宾模型等分析方法，揭示浙江省山区 26 县数字乡村建设对林业产业发展升级的影响及其作用机制，得出如下主要研究结论。

（1）2001—2021 年浙江省山区 26 县数字乡村建设水平呈现增长态势，均值从 2001 年的 0.053 6 增至 2021 年的 0.283 2，其中跨越发展县的数字乡村建设平均水平高于生态发展县。2001—2021 年浙江省山区 26 县林业产业发展规模不断扩大，均值由 6 589.593 7 万元增至 13 684.573 2 万元，但各地区呈现明显差异且两极分化较为严重。2001—2021 年浙江省山区 26 县林业产业结构合理化程度的均值从 0.828 3 小幅增至 0.899 8，于 2005 年达到最高值 0.948 3。2001—2021 年浙江省山区 26 县林业产业结构高级化程度波动上升，从 2001 年的 1.686 0 增至 2021 年的 2.094 7。

（2）数字乡村建设能够促进林业产业发展升级，即数字乡村建设对林业产业发展规模、林业产业结构合理化和林业产业高级化均呈现显著的正向影响。此外，数字乡村建设能够促进跨越发展县林业产业发展规模扩大，但会抑制生态发展县的林业产业发展规模。数字乡村建设能够促进生态发展县的林业产业结构合理化程度，而对跨越发展县的影响不显著。数字乡村建设水平的提升能够显著促进跨越发展县和生态发展县的林业产业结构高级化程度，且这一促进作用发挥的效应在生态发展县高于跨越发展县。

（3）数字乡村建设对林业产业结构合理化和林业产业结构高级化的影响存在单一门槛效应，当数字乡村建设水平小于 0.032 6 时，数字乡村建设对林业产业结构合理化与高级化具有显著的抑制作用，当数字乡村建设水平大于 0.032 6 时，数字乡村建设会显著促进林业产业结构合理化与高级化。

（4）数字乡村建设能够通过技术赋能、劳动力赋能和治理赋能等路径促进林业产业发展升级。数字乡村建设对林业产业发展升级存在正向空间溢出效应。数字乡村建设对本地区的林业产业发展规模、林业产业结构合理化和林业产业结构高级化发挥了显著的促进作用，同时对于邻近地区的林业产业发展规模、林业产业结构合理化和林业产业结构高级化也产生了显著的正向影响。

2.4.2 政策启示

根据上述结论，本研究得出以下政策启示：第一，鉴于数字乡村建设能够有效促进林业产业发展升级，要全面推进数字乡村建设，加快改善数字乡村宏观环境和信息环境，加强数字乡村基础设施建设，提高数字乡村治理与社会服务水平，以此来提高数字乡村建设水平，尤其是较低数字乡村建设水平的磐安县、庆元县、遂昌县、景宁县、松阳县、龙泉市、开化县、文成县、泰顺县和淳安县，以促进林业产业发展升级。第二，鉴于数字乡村建设能够促进林业产业发展升级存在空间异质性，应结合生态发展县和跨越发展县的实际情况，因地制宜，分类施策，通过数字乡村建设着力扩大跨越发展县的林业产业发展规模，聚力提升生态发展县的林业产业结构合理化和高级化程度。第三，鉴于技术应用水平在数字乡村建设对林业产业发展升级的影响中发挥中介作用，应积极鼓励技术创新、加大技术推广力度，提升技术应用水平。第四，鉴于人力资本水平在数字乡村建设对林业产业发展升级的影响中发挥中介作用，应制定相应的人才引进政策，吸引专业型高水平人才投身于林业产业发展，提升林业从业人员的数字素养，推动林业产业发展升级。第五，鉴于森林生态产品实现效率在数字乡村建设对林业产业发展升级的影响中发挥中介作用，应提升林业部门生态治理能力和林业企业经营管理效能，降低管理型和政府型交易成本，推动浙江省山区 26 县依托当地森林资源禀赋优势与生态产业发展潜力，大力发展绿色富民产业，实现森林生态资源优势转化为经济优势，提高森林生态产品实现效率，从而促进林业产业发展升级。第六，鉴于数字乡村建设对林业产业发展升级的影响存在正向空间溢出效应，要积极扶持林业重点龙头企业，推进林业企业数字化转型，通过发挥辐射带动效应，以林业产业发展较好的区域带动发展较为缓慢的区域。如，具备较高数字乡村建设水平的永嘉县、莲都区、平阳县和苍南县主动发挥辐射示范作用。同时，要加大不同地区的林业产业合作，搭建数字化信息共享平台，促进区域间林业生产知识和管理经验交流，从而带动相邻地区林业产业发展升级。

本研究仍存在一定的局限性。第一，在借鉴和改进已有相关研究的基础上，本研究较为全面地构建了数字乡村建设水平的评价指标体系，但是受限于数据的可获得性，本研究所构建的数字乡村建设水平评价指标体系有待进一步与林业产业发展紧密结合，以刻画数字乡村建设在林业产业发展方面的具体表现。第二，林业产业发展升级是一个综合的系统工程，是多种影响因素综合作用的结果。本研究虽已对影响林业产业发展升级的关键因素进行了控制，但可能存在因遗漏其他影响因素造成估计结果误差等问题。第三，尽管本研究采用多种研究方法较为全面地探讨了数字乡村建设对林业产业发展升级的影响及作用机制，获得了具有重要参考价值的结论，但是限于篇幅，本研究只探讨了基于 0～1 邻接空间权重矩阵下的空间溢出效应，而对于其他空间权重矩阵，如地理距离权重矩阵、经济距离权重矩阵或是多种矩阵相结合的嵌套矩阵等，有待进一步研究。因此，未来的研究可从研究方法和研究设计上进行更为深入的思考和探索。

参 考 文 献

鲍丙飞，曾子洋，肖文海，等，2022.重点生态功能区转移支付对生态产业发展的空间
　　效应——以江西省80个县为例 [J].自然资源学报，37（10）：2720-2735.

陈晓东，杨晓霞，2021.数字经济发展对产业结构升级的影响——基于灰关联熵与耗散
　　结构理论的研究 [J].改革（3）：26-39.

陈晓红，李杨扬，宋丽洁，等，2022.数字经济理论体系与研究展望 [J].管理世界，
　　38（2）：208-224，13-16.

丁建军，万航，2023.中国数字乡村发展的空间特征及其农户增收效应——基于县域数
　　字乡村指数与CHFS的实证分析 [J].自然资源学报，38（8）：2041-2058.

冯献，李瑾，崔凯，2020.乡村治理数字化：现状、需求与对策研究 [J].电子政务
　　（6）：73-85.

付凌晖，2010.我国产业结构高级化与经济增长关系的实证研究 [J].统计研究，27
　　（8）：79-81.

干春晖，郑若谷，余典范，2011.中国产业结构变迁对经济增长和波动的影响 [J].经
　　济研究，46（5）：4-16，31.

龚新蜀，李丹怡，刘越，2023.数字乡村建设影响共同富裕的实证检验 [J].统计与决
　　策，39（15）：24-29.

韩健，李江宇，2022.数字经济发展对产业结构升级的影响机制研究 [J].统计与信息
　　论坛，37（7）：13-25.

何维达，温家隆，张满银，2022.数字经济发展对中国绿色生态效率的影响研究——基
　　于双向固定效应模型 [J].经济问题（1）：1-8，30.

洪惠坤，蔡智聪，廖和平，等，2023.西南丘陵山区县域乡村居业协同空间分异机制与
　　优化对策——以重庆市37个区县为例 [J].自然资源学报，38（10）：2581-2598.

侯方森，李晓怡，肖慧等，2023.数字经济赋能中国乡村林业发展：理论机制、成效分
　　析及政策启示 [J].世界林业研究，36（2）：1-6.

黄安胜，郑逸芳，王强强，等，2014.生产要素、区域经济增长差异性和收敛性 [J].
　　经济问题（11）：112-117.

黄祖辉，傅琳琳，2022.浙江高质量发展建设共同富裕示范区的实践探索与模式解析
　　[J].改革（5）：21-33.

焦帅涛，孙秋碧，2021. 我国数字经济发展对产业结构升级的影响研究 [J]. 工业技术经济，40（5）：146-154.

孔凡斌，程文杰，徐彩瑶，2023. 数字经济发展能否提高森林生态产品价值转化效率——基于浙江省丽水市的实证分析 [J]. 中国农村经济（5）：163-184.

孔凡斌，王苓，徐彩瑶，等，2022. 中国生态环境治理体系和治理能力现代化：理论解析、实践评价与研究展望 [J]. 管理学刊，35（5）：50-64.

李波，陈豪，2023. 数字乡村建设缩小收入差距的机制与实现路径 [J]. 中南民族大学学报（人文社会科学版），43（5）：137-145，187.

李博，秦欢，孙威，2022. 产业转型升级与绿色全要素生产率提升的互动关系——基于中国 116 个地级资源型城市的实证研究 [J]. 自然资源学报，37（1）：186-199.

李丽莉，曾亿武，郭红东，2023. 数字乡村建设：底层逻辑、实践误区与优化路径 [J]. 中国农村经济（1）：77-92.

李梦娜，周云波，2022. 数字经济发展的人力资本结构效应研究 [J]. 经济与管理研究，43（1）：23-38.

廖信林，杨正源，2021. 数字经济赋能长三角地区制造业转型升级的效应测度与实现路径 [J]. 华东经济管理，35（6）：22-30.

林海，赵路犇，胡雅淇，2023. 数字乡村建设是否能够推动革命老区共同富裕 [J]. 中国农村经济（5）：81-102.

刘洋，陈晓东，2021. 中国数字经济发展对产业结构升级的影响 [J]. 经济与管理研究，42（8）：15-29.

刘在洲，汪发元，2021. 绿色科技创新、财政投入对产业结构升级的影响——基于长江经济带 2003—2019 年数据的实证分析 [J]. 科技进步与对策，38（4）：53-61.

潘丹，罗璐薏，余异，等，2023. 森林资源培育工程对革命老区县域城乡收入差距的影响 [J]. 林业科学，59（1）：74-89.

任保平，何厚聪，2022. 数字经济赋能高质量发展：理论逻辑、路径选择与政策取向 [J]. 财经科学（4）：61-75.

沈锦浩，2022. 数字乡村战略的理论框架与实践误区 [J]. 图书馆（10）：91-97.

史常亮，揭昌亮，石峰，等，2017. 中国林业技术效率与全要素生产率增长分解——基于 SFA-Malmquist 方法的估计 [J]. 林业科学，53（12）：126-135.

苏岚岚，张航宇，彭艳玲，2021. 农民数字素养驱动数字乡村发展的机理研究 [J]. 电子政务（10）：42-56.

孙晓华，2020. "配第-克拉克定理"的理论反思与实践检视——以印度产业发展和结构
  演化为例 [J]. 当代经济研究 (3)：47 - 54.

田鸽，张勋，2022. 数字经济、非农就业与社会分工 [J]. 管理世界，38 (5)：72 - 84.

王小鲁，樊纲，刘鹏，2009. 中国经济增长方式转换和增长可持续性 [J]. 经济研究，
  44 (1)：4 - 16.

武春友，梁潇，房士吉，2010. 城市化对产业结构演进的作用机理研究——基于中国省
  际面板数据的实证 [J]. 中国软科学 (S2)：389 - 395.

吴远征，张智光，2019. 林业产业生态安全效率的 SBM—Malmquist 测度与时空特征分
  析 [J]. 科技管理研究，39 (24)：259 - 267.

徐彩瑶，王宁，孔凡斌，等，2023. 森林生态产品价值实现对县域发展差距的影响：以
  浙江省山区 26 县为例 [J]. 林业科学，59 (1)：12 - 30.

徐晓林，周立新，2004. 数字治理在城市政府善治中的体系构建 [J]. 管理世界 (11)：
  140 - 141.

许可，张亚峰，2021. 绿色科技创新能带来绿水青山吗——基于绿色专利视角的研究
  [J]. 中国人口·资源与环境，31 (5)：141 - 151.

杨建芳，龚六堂，张庆华，2006. 人力资本形成及其对经济增长的影响——一个包含教
  育和健康投入的内生增长模型及其检验 [J]. 管理世界 (5)：10 - 18，34，171.

殷浩栋，霍鹏，汪三贵，2020. 农业农村数字化转型：现实表征、影响机理与推进策略
  [J]. 改革 (12)：48 - 56.

勇强，李群，2023. 生态林业蓝皮书：中国特色生态文明建设与林业发展报告（2022—
  2023）[M]. 北京：社会科学文献出版社.

俞伯阳，丛屹，2021. 数字经济、人力资本红利与产业结构高级化 [J]. 财经理论与实
  践，42 (3)：124 - 131.

原嫄，周洁，2021. 中国省域尺度下产业结构多维度特征及演化对碳排放的影响 [J].
  自然资源学报，36 (12)：3186 - 3202.

张鸿，杜凯文，靳兵艳，2020. 乡村振兴战略下数字乡村发展就绪度评价研究 [J]. 西
  安财经大学学报，33 (1)：51 - 60.

张岳，张博，周应恒，2023. 数字乡村建设对农民收入的影响——基于收入水平与收入
  结构的视角 [J]. 农林经济管理学报，22 (3)：350 - 358.

赵德起，王世哲，2023. 数字普惠金融对城乡收入差距的影响研究——基于中国省域空
  间计量模型的实证分析 [J]. 经济问题探索 (5)：13 - 29.

赵涛，张智，梁上坤，2020. 数字经济、创业活跃度与高质量发展——来自中国城市的
经验证据 ［J］. 管理世界，36（10）：65 - 76.

赵巍，徐筱雯，2023. 数字经济、空间效应与经济高质量发展——以长江经济带 110 个
城市为例 ［J］. 华东经济管理，37（8）：42 - 49.

曾亿武，宋逸香，林夏珍，等，2021. 中国数字乡村建设若干问题刍议 ［J］. 中国农村
经济（4）：21 - 35.

朱红根，陈晖，2023. 中国数字乡村发展的水平测度、时空演变及推进路径 ［J］. 农业
经济问题（3）：21 - 33.

Rohlfs J. 1974. A theory of interdependent demand for a communications service ［J］. The
Bell Journal of Economics and Management Science，5（1）：16 - 37.

Zhu X，Zhang B，Yuan H，2022. Digital economy，industrial structure upgrading and
green total factor productivity——Evidence in textile and apparel industry from China ［J］.
PLoS ONE，17（11）：e0277259.

第3章 数字经济发展赋能森林生态产品价值转化效率提升的理论机制与政策启示

内容提要： 数字经济发展与生态产品价值实现的深度融合是拓展数字经济发展新空间以及协同推进人与自然和谐共生的现代化战略选择。本研究基于 2011—2019 年县级面板数据，采用面板向量自回归模型、面板门槛效应模型和空间误差模型等方法，分析浙江省丽水市数字经济发展水平与森林生态产品价值转化效率之间的因果关系及其作用机制。研究发现：首先，丽水市各地区森林生态产品价值转化效率和数字经济发展水平整体向好，数字经济发展水平结构指标对森林生态产品价值转化效率的影响较大。其次，森林生态产品价值转化效率对数字经济发展水平的冲击反应迅速，且受影响时间较长。再次，数字经济发展水平对森林生态产品价值转化效率的影响存在双重门槛效应，数字经济发展水平大于第一个门槛值且小于第二个门槛值时，会对森林生态产品价值转化效率产生显著影响。最后，数字经济发展水平可通过空间外溢效应对邻近地区森林生态产品价值转化效率产生显著负向影响，弹性系数为—0.34。基于上述分析，提出发展数字经济促进森林生态产品价值实现的政策优化建议。

党的二十大报告将"建立生态产品价值实现机制"以及"加快发展数字经济，促进数字经济和实体经济深度融合"作为新征程构建现代产业体系和生态文明建设的重要使命任务。2021 年中共中央办公厅和国务院印发了

《关于建立健全生态产品价值实现机制的意见》①，明确了生态产品价值实现是贯彻落实生态文明建设的重要举措。生态产品是联结自然和社会的桥梁和纽带，生态产品价值实现是生态资本促进经济增长和增进人类福祉的关键路径（孔凡斌等，2022）。绿水青山是最重要的自然资源，决定绿水青山面貌的森林生态资源是中国分布最广、存量最为丰富的自然生态资产，也是生态产品价值实现的重点领域。森林生态系统为区域经济发展提供除直接林木产品之外的支撑、调节和文化等具有重要使用价值的功能和服务，其中的固碳释氧、水源涵养、减少泥沙淤积和气候调节等调节服务功能直接关联人类福祉。具体而言，固碳服务与气候变化及农业生产高度关联，水源涵养与水资源安全和粮食安全紧密相关，泥沙淤积影响土壤长期生产力和农产品产出潜能，气候调节关乎人类生产生活的各个方面（孔凡斌等，2022）。森林生态产品作为重要的生态产品，其价值实现效率的高低能够影响城乡发展差距进而影响社会公平（孔凡斌等，2023a），但森林生态产品价值实现效率的影响因素和作用机制比较复杂，厘清其中的关键因素及其作用机制可以为评价生态产品价值实现政策的实践成效和优化生态产品价值的实现路径提供科学依据（孔凡斌等，2022；Elisabeth et al.，2022；Emin，2023）。

国家《"十四五"数字经济发展规划》② 提出要拓展经济发展新空间。中国数字经济开始转向深化应用、规范发展、普惠共享的新阶段。数字经济发展正推动农业生产方式变革和生产效率提升，数字经济发展与农业生产效率关系的理论研究也随后展开，例如关于数字普惠金融与农业全要素生产率的关系（唐建军等，2022）、数字经济与绿色全要素生产率的关系（Lyu et al.，2023）、数字经济与绿色发展效率的关系（Luo et al.，2022；朱喜安和马樱格，2022；何维达等，2022）等，为深入探索数字经济发展提升农业生产效率的机制提供了理论和方法借鉴。然而，在数字经济发展对农业生产效率影响的研究之中，还缺乏数字经济发展水平对森林生态产品价值转化效

---

① 资料来源：《关于建立健全生态产品价值实现机制的意见》，http：//www.gov.cn/。
② 数据来源：《"十四五"数字经济发展规划》，http：//www.gov.cn/。

率影响的量化探索。

数字经济发展提升森林生态产品价值转化效率的机制在于数字经济作为重要的影响因素渗透森林生态产品价值转化的整个过程，即利用数字经济的强渗透性和融合性特征，打破产业组织边界，缓解信息不对称，重塑林业生产要素配置和产业分工方式，促进森林生态产品的产业链节点突破、向价值链两端攀升，不断拓宽和提升森林生态产品价值的转化路径和转化效率，进而促进森林生态产品的培育、保护、利用及生态产业化。当前，推动数字经济发展与生态产品价值实现的深度融合是拓展数字经济发展新空间以及协同推进人与自然和谐共生的中国式现代化的战略选择，研究数字经济发展水平与生态产品价值实现之间的内在关系及其作用机制，据此提出发展数字经济促进生态产品价值实现的政策建议，意义重大。

3.1 相关概念、理论分析与研究假说

3.1.1 相关概念

生态产品与生态系统服务具有同源性（Wunder，2015）。生态产品是指生态系统产生的产品和服务，包括调节类服务、供给类服务和文化服务类产品。生态产品能够以生产要素的形式直接进入社会经济生产系统，其循环过程是通过生态技术进行形态和价值的转换，从而进入生态市场通过交易成为生态商品及物质财富，进而促进经济增长和增进人类福祉。森林生态产品是以森林资源为载体，提供各类满足人类需要的产品和服务的总称（窦亚权等，2022）。具体而言，森林生态产品价值包含经济价值、生态价值和社会价值，其中的生态价值是指森林生态产品作为森林生态系统的构成要素，提供水源涵养、固碳释氧、气候调节和减少泥沙淤积等维持人类生存所必需的价值（秦国伟等，2022）。森林生态产品的生态价值是生态产品价值实现的重点对象。森林生态产品价值实现机制包括生态补偿机制和生态产品价值转化机制，其中的森林生态产品价值转化机制是市场经济条件下推动森林生态产品价值实现的关键机制，具体包含了价值实现路径和价值转化效率两个方

面。价值实现路径通常包含明晰生态产权制度、推动生态技术应用以及协同政府与市场机制等（高晓龙等，2022），价值转化效率即指将森林生态产品价值作为生态资本投入要素纳入拓展的生产函数从而得到的要素产出效率（孔凡斌等，2022），是衡量森林生态产品价值实现程度和生态资本配置效能的重要指标。

数字经济相关理论由 Don Tapscott（1996）最先提出，后经不断完善，概念逐渐成熟。2016 年，G20 杭州峰会通过的《二十国集团数字经济发展与合作倡议》将数字经济定义为"以使用数字化的知识和信息作为关键生产要素、以现代信息网络作为重要载体、以信息通信技术的有效使用作为效率提升和经济结构优化的重要推动力的一系列经济活动"。数字经济发展速度之快、辐射范围之广、影响程度之深前所未有，数字经济已经成为重组生产要素资源、重塑经济结构、协调人与自然关系的关键力量。

3.1.2 理论分析与研究假说

（1）理论分析。技术和制度确定的条件下，定量分析资源配置的经济增长效率需引入转化效率这一概念。转化效率反映了最大产出度、预期目标和最佳的运营状态，即固定投入条件下，实际产出与最大产出之间的比率。理论上，技术进步效率、规模效率和配置效率共同影响转化效率（Chavas and Cox，1999）。同时，经济学理论认为资源配置效率、资本效率和技术效率将在不同程度和方向上影响生态资本经济转化效率。在经济发展过程中，由于受到资源禀赋、物质资本、劳动、技术和政策等要素的制约，森林生态产品价值的投入会对森林生态资源富集地区的经济增长产生重要影响。

柯布-道格拉斯函数是最常用于研究投入产出效率的模型。土地、物质资本和劳动力是传统投入要素，森林生态产品价值作为现代生态经济增长理论的重要概念，也将被列入经济增长的要素体系，生产函数模型转变为（孔凡斌等，2023b）：

$$Y_{it} = A_{it}^{\mu} N_{it}^{\alpha} K_{it}^{\beta} R_{it}^{\gamma} E_{it}^{\delta} \lambda_{it} \qquad (3-1)$$

对（3-1）式两边取对数可得：

$$\ln Y_{it} = \mu \ln A_{it} + \alpha \ln N_{it} + \beta \ln K_{it} + \gamma \ln R_{it} + \delta \ln E_{it} + \ln \lambda_{it}$$

$$(3-2)$$

式中，Y_{it}、N_{it}、K_{it}、R_{it}、E_{it} 和 A_{it} 分别代表丽水市第 i 个县域单元第 t 年的林业产值、林地投入、物质资本投入、劳动力投入、森林生态产品价值和其他投入，α、β、γ、δ 和 μ 分别表示林地投入、物质资本投入、劳动力投入、森林生态产品价值和其他投入的产出弹性，λ_{it} 表示常数项。

数字经济通过作用于林业生产要素、互联网平台、产业转型和数字林场等路径影响森林生态产品价值实现程度和实现方式，进而影响森林生态产品价值转化效率。首先，数据要素作为一种投入要素，与林业劳动力、林业投资、林地资源、生态技术、森林生态产品等要素结合，形成要素配置的规模优势，推动森林生态产品要素向林业产品转化，进而影响森林生态产品价值转化效率（孔凡斌等，2023b）。其次，数字经济的发展对高污染行业特别是传统的木材加工、林产化工和木匠造纸等行业具有一定的替代作用，可以降低林业产业发展带来的环境压力（许宪春等，2021），为林业产业绿色转型带来空间，进而有利于森林生态产品价值的产业转化。再次，互联网平台是数字经济的典型商业模式，互联网平台的出现，减少了包括森林生态产品价值评估、林地产权界定、林地规模化流转、劳动力供给、生态技术采纳、资金投入、林产品销售以及森林资产管理等环节信息获取和交易的"摩擦力"，降低了林业生产要素和产业发展的市场交易成本（赵涛等，2020；朱喜安和马樱格等，2022；何维达等，2022），有利于森林生态产品存量的增殖、保护、产品产业转化以及价值增值，进而提升森林生态产品价值实现效率。同时，由于互联网成本次可加性和交叉网络外部性的存在导致行业垄断（郭家堂和骆品亮，2016），森林生态产品投入产出的技术效率会受到影响，可能会抑制森林生态产品价值转化效率。最后，数字基础设施完善及其深度嵌入森林培育、森林保护和森林生态产品产业化的过程，将会加速数字林场和林业数字化建设进程，推动数字化赋能林业机关信息网络化、林业社会服务数字化和林业管理智能化（唐代生和吴云华，2009），进而为森林生态产品价值实现提供政策、技术和管理保障，有利于提升森林生态产品价值转化效率。本研究理论机制如图 3-1 所示。

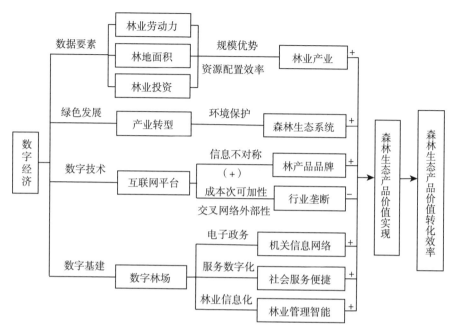

图 3-1 数字经济发展影响森林生态产品价值转化效率的理论机制

（2）研究假说。由以上理论分析可知，数字经济发展水平与森林生态产品价值转化效率之间存在内在联系，据此本研究提出研究假说 H1。

H1：数字经济发展水平对森林生态产品价值转化效率具有冲击作用。

数字经济的发展提供了更为优质的网络产品服务，使得社会运行效率得到提升（赵涛等，2020）。在此背景下，林业各部门借助数字经济不断优化内部结构，提高自身运行效率，进而促进森林生态产品价值转化。随着互联网规模的不断扩大，网络效应日益凸显，数字经济发展难以避免地受到"梅特卡夫法则"的限制，将会面临临界规模（Rohlfs，1974），这也意味着数字经济发展对森林生态产品价值转化效率的作用是非线性的，两者之间存在门槛效应（郭家堂和骆品亮，2016）。基于上述分析，本研究提出研究假说 H2。

H2：数字经济发展对森林生态产品价值转化效率的影响具有门槛效应。

新经济地理理论明确提出信息技术的扩散、溢出会导致经济体之间的空间依赖性增强。信息化具有空间溢出效应（Yilmaz et al.，2002）在以往的研究中也已经得到证实（赵涛等，2020）。从数字经济与森林生态产品价值实现的关系来看，一方面数据要素突破了地理条件、信息传递和时间成本等传统因素的制约（安同良和杨晨，2020），打破了林业生产活动的时空壁垒，有利于生态产品价值转化效率的提高，另一方面，随着数字技术的不断应用，各林业部门更易相互学习、借鉴，有利于形成开放的发展环境，从而辐射周边地区林业生态经济发展，加深各地区的关联度，为森林生态产品价值实现提供新途径。中国数字经济正处于快速发展阶段，根据累计因果理论，这一阶段数字经济发展的回流效应普遍大于扩散效应，正向促进邻近地区生态产品价值转化的空间溢出效应十分有限，这会在一定程度上阻碍区域间森林生态产品价值的协同转化。基于上述分析，本研究提出研究假说 H3。

H3：数字经济发展通过空间溢出效应对邻近地区森林生态产品价值转化效率产生负向影响。

3.2 研究设计

3.2.1 研究区域概况

丽水市介于北纬 27°25′～28°57′和东经 118°41′～120°26′之间，总面积 1.73 万平方公里[①]。2021 年实现地区生产总值 1 710.03 亿元，比 2020 年增长 8.3%。全市户籍人口 269.97 万人，其中，城镇人口 89.92 万人，乡村人口 180.05 万人[②]。城镇居民人均可支配收入为 4.20 万元，农村人均可支配收入为 2.64 万元。森林面积为 141.15 万公顷，森林覆盖率 81.70%，活立木蓄积量 8 597.03 万立方米，均居全省首位[③]。2019 年丽水市林业总产值达 702 亿元，林业第一、二、三产业的产值比例由 2011 年的 28∶45∶27 调整为 2019 年的 16∶25∶59，林业产业结构得到进一步优化[④]。2019 年 1

---

①③ 数据来源：丽水史志网，http：//lssz. lishui. gov. cn/。

② 数据来源：《2022 丽水统计年鉴》，http：//tjj. lishui. gov. cn/。

④ 数据来源：实地调研获取数据，调研对象为丽水市林业局。

月12日，国家发布《关于支持浙江丽水开展生态产品价值实现机制试点的意见》[①] 确定浙江省丽水市为首个全国生态产品价值实现试点示范区，以重点探索建立生态产品价值核算评估应用机制、生态产品市场交易体系和创新生态价值实现路径，致力于打造生态产品价值实现全国样板。丽水市处于数字经济发达的浙江省，2018 年丽水市发布《丽水市数字经济发展水平五年行动计划》[②] 推动实施数字经济"一号工程"，以"数字产业化、产业数字化"为主线，加速数字生态经济发展，使数字生态经济发展成为生态产品价值转换的重要通道，将丽水市打造成数字生态经济先行区、示范区和数字大花园，计划到 2035 年，丽水市的数字经济总量达到 3 000 亿元。因此，研究丽水市数字经济发展和森林生态产品价值转化效率的关系，对于全国探索森林资源富集区域加快数字经济与森林生态产业深度融合发展的理论机制和实践路径，具有典型示范意义。

3.2.2 数据来源

参考孔凡斌等（2023a，2023b）、张亚立等（2023）的森林生态产品价值核算方法以及使用的基础数据精度，进行森林生态产品价值测算，具体如表 3-1 所示。

表 3-1 森林生态产品价值核算方法及数据来源

核算项目	功能量核算方法概述	价值量核算方法概述	数据来源
固碳释氧	根据净初级生产力数据以及 NEP/NPP 转换系数计算森林生态系统固碳量，进而根据净初级生产力计算释氧量	基于碳市场交易价格和医疗制氧价格计算固碳释氧价值	方法中涉及数据来源于中国科学院资源环境科学与数据中心（www. resdc. cn）。土地利用数据空间分辨率 1 千米×1 千米，数字高程数据来源于地理空间数据云（www. gscloud. cn）中 SRTM 90 米空间分辨率高程数据

---

① 资料来源：《关于支持浙江丽水开展生态产品价值实现机制试点的意见》，http：//cjjjd. ndrc. gov. cn。

② 资料来源：《丽水市数字经济发展水平五年行动计划》，http：//www. lishui. gov. cn/。

（续）

核算项目	功能量核算方法概述	价值量核算方法概述	数据来源
水源涵养	本地森林生态系统降雨量减去径流量，再减去蒸散发量	基于水库和蓄水池工程造价成本和管理费用计算	方法中涉及数据来源于国家气象科学数据中心（data.cma.cn）、国家青藏高原数据中心（data.tpdc.ac.cn）。土地利用数据空间分辨率1千米×1千米，数字高程数据来源于地理空间数据云（www.gscloud.cn）中 SRTM 90米空间分辨率高程数据
减少泥沙淤积	由通用土壤流失方程计算森林生态系统的土壤保持量，再乘以泥沙形成系数	基于土方清运成本计算	方法中涉及数据来源于中国科学院资源环境科学与数据中心（www.resdc.cn）。土地利用数据空间分辨率1千米×1千米，数字高程数据来源于地理空间数据云（www.gscloud.cn）中 SRTM 90米空间分辨率高程数据
气候调节	在高于适宜温度时期，森林生态系统单位面积蒸散发消耗热量乘以面积	基于普通居民用电成本计算	方法中涉及数据来源于国家青藏高原数据中心（data.tpdc.ac.cn）。土地利用数据空间分辨率1千米×1千米，数字高程数据来源于地理空间数据云（www.gscloud.cn）中 SRTM 90米空间分辨率高程数据

由于统计口径原因，仅能得到2010—2019年的林业三次产业产值统计数据，考虑到在进行森林生态产品价值转化效率计算时会产生基期问题，因此效率值的年限范围确定为2011—2019年。同时，为保持数据的一致性，将来源于历年《丽水统计年鉴》的数字经济发展水平和投入指标体系数据的时间范围也确定为2011—2019年。

3.2.3 变量说明

（1）被解释变量为森林生态产品价值转化效率。基于投入和产出两个方面构建如表3-2所示的指标体系，以衡量森林生态产品价值转化效率。

投入指标：①森林生态产品价值。用固碳释氧价值、水源涵养价值、减少泥沙淤积价值和气候调节价值表示。使用 InVEST 模型和中国科学院开发的 IUEMS 测算固碳释氧、水源涵养、减少泥沙淤积和气候调节的功能量，并结合影子价值法进行价值量核算。②物质资本投入。用林业固定资产投资表示（孔凡斌等，2023b），林业固定资产投资水平会影响林业基础设施建设水平，从而对森林生态产品价值实现产生影响。③劳动力投入。用林业有效劳动力表示，林业有效劳动力资源配置会对资源培育、林农就业收入以及林业技术效率和技术进步产生影响，进而影响森林生态产品价值实现，具体由林业劳动力乘以人均受教育水平得到（张兵等，2013）。④林地投入。用林地面积表示，林地面积作为反映森林资源和森林经营状况的重要影响指标，能够影响森林生态系统的结构和质量，进而影响森林生态系统服务功能及其产品价值实现，是林业生态研究常用指标（孔凡斌等，2023b）。林业产值可以直观反映地方森林生态产品价值实现形态和实现程度，因此产出指标用林业产值表示，包括林业第一、二、三产业的产值。林业第一产业包括木质和非木质林产品，林业第二产业包括木质和非木质林产品加工业，林业第三产业包括森林休憩与旅游、林业生产服务等。

表 3-2　森林生态产品价值转化效率的投入产出指标体系

	一级指标	二级指标
投入指标	森林生态产品价值	固碳释氧价值（亿元）
		水源涵养价值（亿元）
		减少泥沙淤积价值（亿元）
		气候调节价值（亿元）
	物质资本投入	林业固定资产投资（亿元）
	劳动力投入	林业有效劳动力（万人）
	林地投入	林地面积（公顷）
产出指标	林业产值	林业第一产业产值（亿元）
		林业第二产业产值（亿元）
		林业第三产业产值（亿元）

（2）核心解释变量为数字经济发展水平。鉴于数字经济发展水平的测量尚处于探索阶段，借鉴已有研究成果（赵涛等，2020；何维达等，2022），结合"宽带中国"和"数字中国"政策要求，将数字经济发展水平的衡量分为数字基础设施、数字业务规模和数字技术创新三个维度，构建如表3-3所示的数字经济发展水平指标体系。数字基础设施不仅可以促进传统行业智能升级，还能改善经济发展结构，是数字经济发展的基础；数字业务规模表现了数字经济的市场规模和发展格局；数字技术创新是促进技术进步、改善产业结构、推动经济绿色发展的重要着力点。因此，从数字基础设施、数字业务规模和数字技术创新三个方面出发，能够较为准确地衡量数字经济发展水平。由于数据单位不一，采用极差法对数据进行标准化处理，运用熵值法确定指标权重。

表3-3 数字经济发展水平指标体系

一级指标	二级指标	三级指标	属性	权重
数字经济发展水平	数字基础设施	每万人互联网宽带接入用户数（户）	＋	0.087 3
		每万人移动电话用户数（户）	＋	0.076 0
	数字业务规模	邮电业务总量（万元）	＋	0.229 1
		信息传输、软件和技术服务业人员占比（％）	＋	0.223 2
	数字技术创新	地方财政科学技术支出占比（％）	＋	0.199 9
		科学研究和技术服务业人员占比（％）	＋	0.184 5

（3）控制变量。模型的控制变量包括：①经济发展水平。经济发展水平会影响区域投资、生态理念等方面，对森林生态资本转化效率具有一定约束作用，本研究以人均地区生产总值表示经济发展水平。②产业结构。生态环境保护、资源配置方式和技术发展水平等均受到产业结构调整的影响，本研究以第三产业产值占地区生产总值的比重表示产业结构。③林业产业发展水平。林业产业发展会促使森林生态产品价值提升，进而提高价值转化效率，以林业产值占地区生产总值的比重表示林业产业发展水平。④环境污染。环境污染对区域生态环境和营商环境具有较大的影响，进而约束森林生态产品价值转化效率的提高。本研究选用工业废水排放量、工业废气排放量、工业二氧化硫排放量、工业粉尘排放量和工业固体废弃物

排放量作为基础指标（陈慧霖等，2022），运用熵值法确定指标权重，最后确定环境污染程度。⑤地区开放度。开放度高的地区对人才和科技都有着更高的吸引力，这有利于生态经济发展，本研究以贸易进出口总额与地区生产总值的比值表示地区开放度。变量定义与描述性统计结果如表 3 - 4 所示。

表 3 - 4　变量定义与描述性统计结果

变量类型	变量名称	变量说明	均值	标准差	样本量
被解释变量	森林生态产品价值转化效率	由超效率 SBM－Malmquist 指数模型计算得到	1.561	1.752	81
核心解释变量	数字经济发展水平	熵值法计算得到	0.281	0.215	81
控制变量	经济发展水平	人均地区生产总值（元）	49 550.840	12 201.560	81
	产业结构	第三产业产值占地区生产总值的比重（%）	0.097	0.042	81
	林业产业发展水平	林业产值占地区生产总值的比重（%）	1.165	0.720	81
	环境污染	熵值法计算得到	1 467.019	1 239.739	81
	地区开放度	贸易进出口总额与地区生产总值的比值（%）	0.151	0.061	81

3.2.4 模型设定

（1）面板向量自回归模型。面板向量自回归模型能够揭示数字经济发展水平与森林生态产品价值转化效率之间的因果作用关系，同时该模型能够有效避免内生性问题，模型设定如下：

$$Y_{it} = \theta_0 + \sum_{j=1}^{n} \theta_j y_{it-j} + \alpha_i + \beta_{ct} + \varepsilon_{it} \qquad (3-3)$$

式中，Y_{it} 表示数字经济发展水平与森林生态产品价值转化效率的列向量，θ_0、θ_j 表示待估系数向量，α_i 表示不可观测的个体固定效应，β_{ct} 表示时间固定效应变量，ε_{it} 表示随机扰动项。

（2）面板门槛效应模型。参考 Hansen（1999）的做法，以数字经济发展水平为门槛变量，运用面板门槛效应模型进行实证分析，模型设定如下：

$$TE_{it} = \theta_0 + \alpha_1 DE_{it} \times I(DE_{it} \leqslant \gamma_1) + \alpha_2 DE_{it} \times I(\gamma_1 < DE_{it} \leqslant \gamma_2) +$$
$$\alpha_3 DE_{it} \times I(\gamma_2 < DE_{it}) + \beta_1 C_{1it} + \beta_2 C_{2it} + \cdots + \beta_5 C_{5it} + \varepsilon_{it}$$

$$(3-4)$$

为表述方便，TE 和 DE 分别表示森林生态产品价值转化效率和数字经济发展水平（下同）。

式中，i 和 t 分别表示地区和时间，TE_{it} 和 DE_{it} 分别表示被解释变量和核心解释变量，同时，DE_{it} 也是门槛变量，γ_1 和 γ_2 分别为门槛值，$I(\cdot)$ 为指示函数，括号中表达式为假设取 0，反之取 1，α 为变量系数，c_m（m=1，2，3，4，5）为控制变量，θ_0 为常数项，ε_{it} 为随机扰动项。

（3）空间自相关模型。进行空间误差模型分析之前，需要进行空间自相关检验。空间自相关模型设置如下：

$$Moran'I = \frac{n}{\sum_{i=1}^{n}\sum_{j=1}^{n} w_{ij}} \cdot \frac{\sum_{i=1}^{n}\sum_{j=1}^{n} w_{ij}(x_i - x')(x_j - x')}{\sum_{i=1}^{n} w_{ij}(x_i - x')^2}$$

$$(3-5)$$

$$I_i = \frac{(n-1) \times (x_i - x')\sum_{j=1, j \neq i}^{n} w_{ij}(x_j - x')}{\sum_{j=1, j \neq i}^{n} w_{ij}(x_i - x')^2} \quad (3-6)$$

式（3-5）表示全局空间自相关，x_i 表示第 i 个县域单元和第 j 个县域单元供给类生态产品发展水平得分，x' 表示平均得分，w_{ij} 为空间权重矩阵。式（3-6）表示局部空间自相关，n 为参与分析的空间单元个数。

（4）空间误差模型。为考查数字经济发展水平与森林生态产品价值转化效率之间的空间关系，将空间权重矩阵与相关变量相结合，构建空间计量模型，具体设定如下：

$$\begin{cases} TE = \alpha l_N + X\beta + \mu \\ \mu = \lambda W\mu + \varepsilon \end{cases} \quad (3-7)$$

式中，TE 为 $n \times 1$ 阶向量，表示本地区森林生态产品价值转化效率；l_N 表示与要估计的常数项参数 α 相关联的 $N \times 1$ 阶向量，X 为自变量组成的 $n \times k$ 阶向量，W 为 $n \times n$ 维空间权重矩阵，β 表示 $k \times 1$ 阶回归系数向量，λ 为空间自相关系数，μ 和 ε 表示随机误差项向量。

3.3 回归结果与分析

3.3.1 丽水市数字经济发展水平与森林生态产品价值转化效率变化特征

运用超效率 SBM－Malmquist 指数模型（徐伟，2021）计算得到的丽水市森林生态产品价值转化效率，以及使用熵值法计算得到的数字经济发展水平如表 3－5 所示。

表 3－5 丽水市森林生态产品价值转化效率分解与数字经济发展水平

指数		年份								
		2011	2012	2013	2014	2015	2016	2017	2018	2019
莲都区	TE	0.480	0.626	0.788	0.524	0.606	0.506	0.726	0.387	0.953
	$Pech$	1.023	1.424	1.038	0.471	0.967	0.920	1.035	0.703	1.128
	$Sech$	0.989	0.620	1.002	2.514	1.008	1.005	1.063	1.701	1.064
	$Tech$	0.474	0.709	0.758	0.442	0.622	0.547	0.66	0.324	0.794
	DE	0.788	0.714	0.814	0.877	0.549	0.908	0.916	0.945	0.921
青田县	TE	1.543	0.959	1.057	0.712	1.548	0.827	0.615	0.446	0.738
	$Pech$	1.013	0.62	0.985	0.718	1.084	0.829	0.887	0.552	0.978
	$Sech$	1.002	1.69	0.991	1.115	0.984	0.965	0.538	1.163	0.853
	$Tech$	1.520	0.914	1.082	0.889	1.451	1.034	1.286	0.695	0.884
	DE	0.352	0.32	0.367	0.321	0.51	0.318	0.369	0.409	0.401
缙云县	TE	0.943	0.894	0.977	1.009	0.917	1.008	1.387	2.878	0.813
	$Pech$	1.137	0.899	0.994	1.160	0.971	1.014	1.068	3.125	1.022
	$Sech$	0.963	0.993	1.002	0.935	1.004	1.052	1.830	0.970	0.680
	$Tech$	0.862	1.002	0.981	0.931	0.941	0.945	0.710	0.949	1.169
	DE	0.248	0.232	0.281	0.261	0.419	0.285	0.296	0.272	0.34

（续）

| 指数 | | 年份 | | | | | | | | |
---	---	2011	2012	2013	2014	2015	2016	2017	2018	2019
遂昌县	TE	1.123	3.507	2.137	1.681	1.322	5.787	2.577	1.523	2.708
	Pech	0.559	0.758	1.002	0.953	0.943	1.703	1.131	0.293	0.916
	Sech	0.919	1.105	1.044	0.614	1.010	1.072	0.978	0.699	1.576
	Tech	2.183	4.188	2.043	2.875	1.389	3.169	2.330	7.437	1.877
	DE	0.188	0.161	0.219	0.189	0.363	0.222	0.219	0.215	0.217
松阳县	TE	2.588	0.488	0.953	1.194	1.052	0.604	1.012	0.504	1.011
	Pech	1.550	1.249	1.055	1.045	1.003	0.721	0.962	1.528	0.990
	Sech	1.136	0.999	0.970	0.980	1.011	0.988	1.029	1.065	1.021
	Tech	1.469	0.391	0.931	1.166	1.037	0.849	1.022	0.310	1.000
	DE	0.128	0.126	0.218	0.147	0.231	0.157	0.166	0.164	0.171
云和县	TE	0.173	1.270	1.549	6.027	1.589	1.560	1.744	3.345	2.114
	Pech	0.249	0.815	0.917	1.223	1.074	1.015	0.986	0.648	1.206
	Sech	0.754	0.989	1.043	2.015	1.001	0.966	1.030	1.390	1.123
	Tech	0.922	1.575	1.620	2.445	1.477	1.592	1.717	3.715	1.561
	DE	0.103	0.118	0.134	0.144	0.186	0.15	0.143	0.156	0.143
庆元县	TE	0.859	0.977	0.707	0.106	0.715	0.809	0.646	0.194	0.664
	Pech	0.929	1.294	0.978	0.716	0.956	1.104	0.923	0.687	0.857
	Sech	0.931	1.024	0.994	0.233	1.000	0.904	0.967	0.739	0.999
	Tech	0.993	0.737	0.726	0.638	0.748	0.810	0.723	0.382	0.776
	DE	0.108	0.127	0.139	0.137	0.217	0.16	0.157	0.15	0.165
景宁县	TE	1.069	1.013	1.189	1.086	1.059	0.894	1.077	1.083	1.620
	Pech	0.847	1.107	1.068	2.817	1.043	0.997	1.586	1.339	1.330
	Sech	1.189	0.885	0.939	0.801	0.990	1.006	0.744	1.298	0.931
	Tech	1.061	1.034	1.186	0.481	1.026	0.891	0.914	0.623	1.308
	DE	0.092	0.097	0.114	0.128	0.196	0.129	0.133	0.079	0.144
龙泉市	TE	4.052	2.643	1.872	2.422	1.720	2.628	3.731	13.718	1.896
	Pech	1.196	0.915	0.911	1.028	1.145	1.058	0.602	4.908	0.828
	Sech	0.512	1.130	1.056	0.198	0.953	1.108	1.388	1.041	0.345
	Tech	6.618	2.558	1.947	11.917	1.576	2.241	4.466	2.685	6.627
	DE	0.229	0.208	0.185	0.237	0.34	0.232	0.229	0.192	0.236

注：TE 表示森林生态产品价值转化效率，DE 表示数字经济发展水平，Pech、Sech、Tech 分别表示纯技术效率、规模效率、技术进步效率。

2011—2019 年，丽水市各个县域单元森林生态产品价值转化效率波动上升，整体发展水平有所提高。其中，遂昌县、松阳县、云和县、景宁县和龙泉市森林生态产品价值转化效率超过 1 的年份较多，资源配置较为合理。从分解结果来看，纯技术效率变化较小，规模效率值趋近 1，而技术进步效率波动幅度较大。由于森林生态产品价值转化效率为纯技术效率、规模效率和技术进步效率三者的乘积，因此，技术进步效率对森林生态产品价值转化效率的影响最大，对森林生态产品价值转化效率的解释能力最强。

丽水市各个县域单元数字经济发展水平呈现稳中有升的态势，这与浙江省高度重视数字技术发展紧密相关。数字经济发展水平在不同县域单元间差异较大，莲都区数字经济发展水平远高于其他县域单元，其他县域单元之间本身也存在较大差异，这可能与各县域单元的数字经济基础设施、人力资本及科技资金投入密切相关。

3.3.2 数字经济发展水平结构指标与森林生态产品价值转化效率的关系

解析数字经济发展对森林生态产品价值实现的结构性影响，定量评估数字经济发展水平各结构指标与森林生态产品价值转化效率之间的相互作用关系，需要量化分析各个结构指标对森林生态产品价值转化效率影响的重要程度。为此，参考王淑贺等（2022）的测算方法，建立灰色关联度模型，对两者之间的关系进行模拟分析，结果如表 3-6 所示。从整体上看，各结构指标与森林生态产品价值转化效率的关联度较高，影响较大。具体而言，对于莲都区、松阳县和庆元县，每万人互联网宽带接入用户数和每万人移动电话用户数对森林生态产品价值转化效率影响最大；对青田县、遂昌县、云和县、景宁县和龙泉市，每万人互联网宽带接入用户数和邮电业务总量对森林生态产品价值转化效率影响最大；对缙云县邮电业务总量和地方财政科学技术支出占比对森林生态产品价值转化效率影响最大。由此可见，每万人互联网宽带接入用户数与森林生态产品价值转化效率的关联度最高，是对森林生态产品价值转化效率影响最大的因素。

表 3-6　数字经济发展水平结构指标与森林生态产品价值转化
效率的灰色关联度分析结果

	每万人互联网宽带接入用户数	每万人移动电话用户数	邮电业务总量	信息传输、软件和技术服务业人员占比	地方财政科学技术支出占比	科学研究和技术服务业人员占比
莲都区	0.696	0.698	0.692	0.649	0.695	0.583
青田县	0.760	0.661	0.716	0.699	0.712	0.715
缙云县	0.737	0.630	0.752	0.700	0.782	0.679
遂昌县	0.772	0.668	0.732	0.707	0.716	0.713
松阳县	0.681	0.694	0.670	0.567	0.677	0.559
云和县	0.748	0.699	0.724	0.697	0.673	0.722
庆元县	0.707	0.687	0.681	0.641	0.669	0.685
景宁县	0.779	0.767	0.768	0.749	0.765	0.766
龙泉市	0.713	0.607	0.701	0.608	0.682	0.654

3.3.3 数字经济发展水平与森林生态产品价值转化效率的因果关系

为厘清数字经济发展水平与森林生态产品价值转化效率之间的因果关系，采用面板向量自回归模型进行进一步分析。

（1）平稳性检验。为避免变量间的"伪回归"现象，需要对面板数据进行平稳性检验。对数字经济发展水平以及森林生态产品价值转化效率进行一阶差分处理之后，两者均通过 LLC 和 IPS 1% 水平的检验，拒绝存在单位根的原假设，变量均为平稳性变量。

（2）面板向量自回归模型估计结果。使用前向均值差分法对各个变量进行处理可以有效避免因个体效应而造成的回归偏误（Arellano and Bover，1995），同时，面板向量自回归模型系统 GMM 分析可以避免内生性问题。根据面板向量自回归模型系统 GMM 分析，变量最优滞后阶数选取为 1 阶，面板向量自回归模型系统 GMM 估计结果如表 3-7 所示。可以发现，数字经济滞后一期的发展水平对自身产生显著正向影响，对自身发展存在较强的依赖性，森林生态产品价值转化效率对数字经济发展水平未产生显著影响。

数字经济滞后一期的发展水平对森林生态产品价值转化效率产生显著负向影响，而森林生态产品价值转化效率滞后一期的值对自身发展并不存在显著的影响。假说 H1 得证。

表 3-7　面板向量自回归模型系统 GMM 估计结果

	DE 前向差分	TE 前向差分
DE 一阶滞后	0.009*	-0.439***
	(0.086)	(0.009)
TE 一阶滞后	-0.309 1	5.913
	(0.288)	(0.117)

注：括号中的数值为标准误，*** 和 * 分别表示 1% 和 10% 的显著性水平。

（3）脉冲响应和方差分解。面板向量自回归模型系统 GMM 只能从宏观层面反映变量间的动态关系，而脉冲函数能够更全面地反映数字经济发展水平与森林生态产品价值转化效率的动态传导机制和影响路径。数字经济发展水平和森林生态产品价值转化效率脉冲响应的分析结果如图 3-2 所示。

第一，数字经济发展水平和森林生态产品价值转化效率在自身的冲击下，会在当期达到正向最大值，这表明数字经济发展水平和森林生态产品价值转化效率均有相对的经济惯性。但响应在较短时间内减弱，直至消失，这说明数字经济发展水平和森林生态产品价值转化效率的内向动力在前期影响较为明显，但持续时间较短。从长期来看，数字经济发展水平和森林生态产品价值转化效率对自身影响较小。第二，由数字经济发展水平对森林生态产品价值转化效率的冲击结果可以看出，森林生态产品价值转化效率在受到数字经济发展水平的冲击时立即做出响应，随后多期均波动幅度较大，且经过较长时间才趋于稳定，这表明数字经济发展水平对森林生态产品价值转化效率影响较大且持续时间较长。第三，森林生态产品价值转化效率对数字经济发展水平冲击持续时间也较长，但总体影响较为微弱。这表明，从长期来看，森林生态产品价值转化效率对数字经济发展水平影响作用较小。

方差分解可以评估各变量变化过程中不同结构冲击的贡献力度，为此使用面板向量自回归模型来分析数字经济发展水平和森林生态产品价值转化效率相互影响的贡献程度，评估结果如表 3-8 所示。在 7 个预测期之后，系

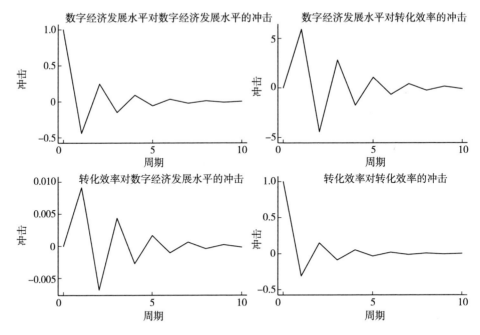

图 3-2　数字经济发展水平与森林生态产品价值转化效率之间的脉冲响应图

统基本达到稳定状态。数字经济发展水平对森林生态产品价值转化效率影响程度由第 1 期的 3.2％上升到第 7 期的 13.6％，表明森林生态产品价值转化效率对数字经济的发展具有一定的依赖性。

表 3-8　方差分解结果

	阶段	TE 一阶差分	DE 一阶差分		阶段	TE 一阶差分	DE 一阶差分
TE 一阶差分	1	1.000	0.000	TE 一阶差分	6	0.865	0.135
DE 一阶差分	1	0.032	0.968	DE 一阶差分	6	0.102	0.898
TE 一阶差分	2	0.921	0.079	TE 一阶差分	7	0.864	0.136
DE 一阶差分	2	0.075	0.925	DE 一阶差分	7	0.102	0.898
TE 一阶差分	3	0.885	0.114	TE 一阶差分	8	0.864	0.136
DE 一阶差分	3	0.092	0.908	DE 一阶差分	8	0.102	0.898
TE 一阶差分	4	0.871	0.128	TE 一阶差分	9	0.864	0.136
DE 一阶差分	4	0.098	0.902	DE 一阶差分	9	0.102	0.898
TE 一阶差分	5	0.867	0.133	TE 一阶差分	10	0.864	0.136
DE 一阶差分	5	0.101	0.899	DE 一阶差分	10	0.102	0.898

3.3.4 数字经济发展水平对森林生态产品价值转化效率影响的进一步分解

（1）面板门槛效应模型估计结果。将核心解释变量即数字经济发展水平设置为门槛变量，森林生态产品价值转化效率设置为被解释变量，使用面板门槛效应模型进行双重门槛检验，结果显示模型存在显著的双重门槛效应，门槛值分别为 0.142 8 和 0.147 4，这也验证了研究假设 $H2$。门槛效应模型回归结果如表 3-9 所示。

表 3-9　门槛效应模型估计结果

	系数
数字经济发展水平（数字经济发展水平≤0.142 8）	−0.241 (0.699)
数字经济发展水平（0.142 8＜数字经济发展水平≤0.147 4）	31.683*** (0.000)
数字经济发展水平（0.147 4＜数字经济发展水平）	2.180 (0.462)
经济发展水平	0.000 (0.814)
产业结构	−19.496* (0.053)
林业产业发展	−0.306 (0.605)
环境污染	0.000 (0.745)
地区开放度	6.930* (0.100)
常数项	2.761 (0.142)
R^2	0.457
F 值	6.730

注：括号中的数值为标准误，*** 和 * 分别表示 1% 和 10% 的显著性水平。

当数字经济发展水平进入第一个门槛值（0.142 8）但小于第二个门槛值（0.147 4）时，数字经济发展水平对森林生态产品价值转化效率具有显著正向影响，即随着数字经济发展水平的提升，数字经济发展水平能够促进森林生态产品价值转化效率的提高。当数字经济发展水平未进入第一个门槛值或者跨越第二个门槛值时，数字经济发展水平对森林生态产品价值转化效率并没有统计学意义上的显著影响，这表明数字经济发展水平并不能一直促进森林生态产品价值转化效率的提高。究其原因，当数字经济发展水平低于第一个门槛值时，数字网络规模较小，数字基础设施建设不完善，对森林生态产品价值实现影响较小。当数字经济发展水平高于第一个门槛值而低于第二个门槛值时，数字经济发展的规模效应、技术溢出效应开始显现，使得资源配置效率提升，信息交易成本下降，区域之间关联度不断增强，数字经济发展水平对森林生态产品价值转化效率起到推动作用。但随着数字经济发展的快速发展，大于第二个门槛值时，数字经济发展水平与林业资源配置适应不当，对森林生态产品价值实现未产生显著影响。产业结构发展对森林生态产品价值转化效率具有显著负向影响，这与程文杰等（2022）的研究结果一致，这表明丽水市产业结构优化对森林生态产品价值转化效率整体上尚未起到良好的带动作用，可能原因在于当前丽水市仍然以污染能耗较为严重的传统企业为主，高新技术和低碳产业的发展需要进一步提升，产业结构升级还未达到最优水平。地区开放度对森林生态产品价值转化效率具有显著正向影响，可能原因在于随着长江三角洲地区发展一体化水平的提高，各地区致力于科技水平的提升，相应地对外商企业技术的吸引力呈现增强的趋势，有利于森林生态产品价值转化及促进区域经济增长作用的提升。

（2）空间误差模型估计结果。通过 LM 检验来选择空间计量模型，使用 STATA 15.1 软件对面板数据进行 LM 检验分析，基于经济地理权重矩阵构建空间计量模型，并通过了空间相关性检验。LM - error 检验和 Robust LM - error 检验也均通过显著性检验，但仅 LM - lag 检验显著，根据 Anselin（1988）判别准则，需要采用空间误差模型。结果如表 3 - 10 所示。

表 3 - 10 空间误差模型估计结果

	经济地理权重矩阵		
	时间固定效应	空间固定效应	时空固定效应
数字经济发展水平	−1.745*	−2.980***	−3.519***
	(0.061)	(0.007)	(0.001)
	−1.745*	−2.980***	−3.519***
	(0.061)	(0.007)	(0.001)
经济发展水平	0.000	0.000	0.000
	(0.232)	(0.727)	(0.110)
产业结构	0.614	−14.208	−14.086
	(0.856)	(0.167)	(0.163)
林业产业发展水平	−0.236	0.279	0.083
	(0.250)	(0.283)	(0.673)
环境污染	−0.000	0.000	0.000
	(0.129)	(0.382)	(0.414)
地区开放度	4.373	12.580**	11.703***
	(0.204)	(0.030)	(0.007)
对数似然值 $\log L$	−138.833	−143.202	−130.776
R^2	0.116 2	0.210 1	0.209 3
回归系数 λ	−0.359	0.416***	−0.342**
	(0.102)	(0.000)	(0.018)

注：括号中的数值为标准误，***、** 和 * 分别表示 1％、5％和 10％的显著性水平。

时空固定效应模型的对数似然值明显高于其他 2 个模型，并且 R^2 与空间固定效应模型相近，但是远高于时间固定效应模型。基于此，选择时空固定效应模型进行解释更为合理。观察时空固定效应的回归系数 λ 为−0.342，显著性水平为 1.80％，这表明邻近地区的误差冲击对本地森林生态产品价值转化效率的影响非常明显，存在着显著的空间误差溢出效应，也就是说，数字经济发展水平对邻近地区森林生态产品价值转化效率具有显著负向影响，这也与赵爽等（2022）的研究结果相符，同时也验证了研究假设 H3。同时，这也说明当前情况下蓬勃发展的数字经济尚没有效促进森林生态产品价值转化效率的整体提高，反而起到了一定的抑制作用。可能原因在于，一是利用数字技术提高经济产出效率的同时，未能有效减低能源损耗以及污染排放，要素配置失衡现象仍然存在，对当地和邻近地区的森林生态经济发展促进作用十分有限。二是数字经济的发展与森林生态产品价值实现的融合不够，数字资源在森林生态产业化生产过程中的投入量还较为不足。

3.3.5 稳健性检验与内生性检验

（1）稳健性检验。参考相关方法（唐健雄等，2022），为检验面板门槛模型估计结果的稳健性，以林业科技发展水平代替林业发展水平重复面板门槛模型的回归过程，稳健性检验结果如表 3-9 所示，验证了回归结果的稳健性。为检验空间误差模型的稳健性，以邻接权重矩阵为基础构建空间计量模型，Robust LM-lag 检验和 Robust LM-error 检验均通过显著性检验，使用空间误差模型重复回归过程，如表 3-11 所示，通过稳健性检验。

表 3-11　稳健性检验结果

	门槛效应模型		空间误差模型（邻接权重矩阵）		
	门槛阈值	系数	时间固定效应	空间固定效应	时空固定效应
数字经济发展水平	数字经济发展水平≤0.139 1	−1.923 5 (0.757)			
	0.139 1<数字经济发展水平≤0.144 2	30.924 1*** (0.000)	−1.810 7* (0.054)	−3.439 8*** (0.000)	−3.283 1*** (0.005)
	0.144 2<数字经济发展水平	−2.573 3 (0.391)			
控制变量	已控制		已控制	已控制	已控制
拟合优度 R^2	0.646		0.113 6	0.211 5	0.204 4
P 值/对数似然值 logL	0.000		−137.245 7	−145.474 2	−128.580 8
F 值/回归系数 λ	14.610		−0.394 5* (0.065)	0.252 3*** (0.000)	−0.406 8** (0.014)

注：括号中的数值为标准误，*、**、*** 分别表示通过10%、5%和1%水平的显著性检验。

（2）内生性检验。参考郭家堂和骆品亮（2016）的思路，采用 2002—2010 年的互联网普及率作为工具变量，回归结果如表 3 - 12 所示。对原假设"工具变量识别不足"的检验中，Kleibergen - Paap rk 的 LM 统计量显著拒绝该原假设；对工具变量弱识别的检验中，Cragg - Donald 的 Wald F 统计量大于 Stock - Yogo 弱识别检验 10％水平上的临界值，即结论是稳健可靠的。

表 3 - 12　内生性检验结果

	系数
数字经济发展水平	−7.456* (0.057)
控制变量	是
时间/地区固定效应	控制
识别不足检验： Kleibergen - Paap rk LM statistic	12.234**
弱工具变量检验： Cragg - Donald Wald F statistic	18.012 {16.381}

注：括号中数值为标准误，大括号中的数值为 Stock - Yogo 弱识别检验 10％水平上的临界值，*、*** 分别表示通过 10％和 1％水平的显著性检验。

3.4 结论与政策启示

借助面板向量自回归模型、面板门槛效应模型和空间误差模型，实证分析了 2011—2019 年浙江省丽水市数字经济发展水平与森林生态产品价值转化效率的因果关系，得出以下结论：

第一，森林生态产品价值转化效率处于上升趋势，数字经济发展水平稳中有升，在数字经济发展水平结构指标中，每万人互联网宽带接入用户数对森林生态产品价值转化效率的影响最大。第二，数字经济发展水平对森林生态产品价值转化效率的冲击较为明显，且影响时间较长。第三，从门槛效应模型来看，数字经济发展水平对森林生态产品价值转化效率的影响存在显著的双重门槛效应，在不同门槛阈值内，影响的显著性不同，数字经济发展水平并不能一直对森林生态产品价值转化效率产生显著影响。第四，从空间计量模型来看，数字经济发展水平对森林生态产品价值转化效率存在空间外溢效应，数字经济发展水平可通过空间外溢效应对邻近地区森林生态产品价值转化效率产生显著负向影响。

丽水市作为国家生态产品价值实现机制试点区，同时又处于国家数字经济发展示范区的浙江省，推进数字经济与森林生态产品价值实现深度融合发展是建设人与自然和谐共生的现代化实践样板的必然选择，其成功的实践模式和经验对于全国森林资源富集区域加快数字经济与森林生态产业化深度融合的模式和政策创新具有重要的示范和辐射效应。基于上述理论分析结果，得出以下政策建议：首先，数字经济发展水平对森林生态产品价值转化效率具有较大影响，数字要素的环境友好性特征符合现阶段"绿色发展"理念和森林生态产品价值高效转化的战略要求，具备巨大的发展潜力，因此，要加快森林生态产业发展的数字化转型，推动互联网、大数据、人工智能等数字技术嵌入到森林生态产业链和价值链的各个环节，加快数字林场、林业物联网应用、林产品电子化交易、智慧乡村等林业应用场景建设，运用互联网整合网商、店商、微商等新业态，加快"三商融合"营销和宣传体系的形成和发展，推动林业生态产品品牌建设；其次，必须加快数字经济要素渗透到林产品和服务生产、流通、消费的全部环节，扩展增长新空间，激活森林生态资源增值潜力，加速森林生态产品培育、开发利用、产品销售全产业链条的优化整合，提升林业产业数字赋能的整体效率；再次，要不断完善区域网络空间，提高数字技术高水平区域对周边地区森林生态产品价值转化效率的辐射带动作用，实现区域协同发展；最后，要加快数字经济助推森林生态产品价值实现的体制机制创新，利用数据资源的整合与共享功能，解决森林生态产品价值实现过程中的体制机制问题，最大程度降低森林生态产品价值实现的制度成本，切实提高数字经济赋能森林生态产品价值转化效率。

参 考 文 献

安同良，杨晨，2020. 互联网重塑中国经济地理格局：微观机制与宏观效应 [J]. 经济研究，55（2）：4-19.

陈慧霖，李加林，田鹏，等，2022. 浙江省沿海县域生态效率评价 [J]. 生态学杂志，41（4）：760-768.

程文杰，孔凡斌，徐彩瑶，2022. 国家试点区森林调节类生态产品价值转化效率初探 [J]. 林业经济问题，42（4）：354-362.

窦亚权，杨琛，赵晓迪，等，2022. 森林生态产品价值实现的理论与路径选择 [J]. 林业科学，58（7）：1-11.

高晓龙，张英魁，马东春，等，2022. 生态产品价值实现关键问题解决路径 [J]. 生态学报，42（20）：8184-8192.

郭家堂，骆品亮，2016. 互联网对中国全要素生产率有促进作用吗 [J]. 管理世界（10）：34-49.

何维达，温家隆，张满银，2022. 数字经济发展水平对中国绿色生态效率的影响研究——基于双向固定效应模型 [J]. 经济问题（1）：1-8，30.

黄群慧，余泳泽，张松林，2019. 互联网发展与制造业生产率提升：内在机制与中国经验 [J]. 中国工业经济（8）：5-23.

孔凡斌，崔铭烨，徐彩瑶，等，2023. 浙江省森林生态产品价值实现对城乡差距的影响 [J]. 林业科学，59（1）：31-43.

孔凡斌，程文杰，徐彩瑶，等，2023. 国家试点区森林生态资本经济转换效率及其影响因素 [J]. 林业科学，59（1）：1-11.

孔凡斌，王宁，徐彩瑶，2022. "两山"理念发源地森林生态产品价值实现效率 [J]. 林业科学，58（7）：12-22.

秦国伟，董玮，宋马林，2022. 生态产品价值实现的理论意蕴、机制构成与路径选择 [J]. 中国环境管理，14（2）：70-75，69.

唐代生，吴云华，2009. 论我国数字林场的体系结构及应用前景 [J]. 中南林业科技大学学报，29（5）：179-183.

唐建军，龚教伟，宋清华，2022. 数字普惠金融与农业全要素生产率——基于要素流动与技术扩散的视角 [J]. 中国农村经济（7）：81-102.

唐健雄，蔡超岳，刘雨婧，2023. 旅游发展对城市生态文明建设的影响及空间溢出效应——基于中国 284 个地级及以上城市的实证研究 [J]. 生态学报，43（7）：2800 - 2817.

王淑贺，王利军，2022. 黄河流域水贫困与经济高质量发展的耦合协调关系 [J]. 水土保持通报，42（3）：199 - 207.

徐伟，2021. 基于 Super - SBM 模型和 Malmquist 指数的中国工业创新效率评价 [J]. 宏观经济研究（5）：55 - 68.

许宪春，张美慧，张钟文，2021. 数字化转型与经济社会统计的挑战和创新 [J]. 统计研究，38（1）：15 - 26.

张兵，刘丹，郑斌，2013. 农村金融发展缓解了农村居民内部收入差距吗——基于中国省级数据的面板门槛回归模型分析 [J]. 中国农村观察（3）：19 - 29，90 - 91.

张亚立，韩宝龙，孙芳芳，2023. 生态系统生产总值（GEP）核算制度及管理应用研究——以深圳为例 [J]. 生态学报，43（17）：7023 - 7034.

赵爽，米国芳，张晶珏，2022. 数字经济、环境规制与绿色全要素生产率 [J]. 统计学报，3（6）：46 - 59.

赵涛，张智，梁上坤，2020. 数字经济、创业活跃度与高质量发展——来自中国城市的经验证据 [J]. 管理世界，36（10）：65 - 76.

朱喜安，马樱格，2022. 数字经济对绿色全要素生产率变动的影响研究 [J]. 经济问题（11）：1 - 11.

Anselin, L., 1988. Spatial econometrics: Methods and models [M]. Dordrecht: Kluwer Academic Publishers.

Arellano, M., O. Bover, 1995. Another look at the instrumental variable estimation of error - components models [J]. Journal of Econometrics, 68（1）：29 - 51.

Chavas, J. P. and T. L. A. Cox, 1999. Generalized distance function and the analysis of pro - duction efficiency [J]. South. Econ. J., 66（2）：294 - 318.

Elisabeth, V. H., P. Vedeld, E. Framstad and E. G. Baggethun, 2022. Forest ecosystem services in Norway: Trends, condition, and drivers of change（1950—2020）[J]. Ecosystem Services, 58：101 491.

Emin, Z. B., 2023. Characterizing and assessing key ecosystem services in a representative forest ecosystem in Turkey [J]. Ecological Informatics, 74：101993.

Hansen, B. E., 1999. Threshold effects in non - dynamic panels: Estimation, testing, and inference [J]. Journal of Econometrics, 93（2）：345 - 368.

Luo，K.，Y. Liu，P. Chen，M. Zeng，2022. Assessing the impact of digital economy on green development efficiency in the Yangtze River Economic Belt [J]. Energy Economics，112：106 127.

Rohlfs，J.，1974. A theory of interdependent demand for a communications service [J]. Bell Journal of Economics & Management Science (5)：16 – 37.

Tapscott，D.，1996. The digital economy：Promise and peril in the age of networked intelligence [M]. New York：McGraw – Hill.

Lyu，Y.，Wenqiang W.，You W. and Jinning Z.，2023. How does digital economy affect green total factor productivity? Evidence from China [J]. Science of The Total Environment，857 (2)：2 – 16.

Yilmaz，S.，K. E. Haynes and M. Dinc，2002. Geographic and network neighbors：Spillover effects of telecommunications infrastructure [J]. Journal of Regional Science，42 (2)：339 – 360.

第4章 数字经济与林业产业融合发展水平、影响因素与政策启示

内容提要： 研究浙江省11个地级市数字经济与林业产业融合发展水平、空间分布特征、构成要素及其外部影响因素，明确数字经济与林业产业的融合机制，为推动中国林业产业高质量发展提供科学依据。从数字基础设施、数字业务规模、数字技术创新三个维度构建数字经济发展水平评价指标体系，从规模、结构、效率三个维度构建林业产业发展水平指标体系，采用2015—2021年浙江省11个地级市的面板数据，使用熵值法、耦合协调度模型、莫兰指数空间分析等研究方法，对数字经济与林业产业融合的发展水平、时间演变、区域差异和空间分布进行测度，构建面板数据模型探究影响浙江省数字经济与林业产业融合发展水平的主要因素。结果表明：①浙江省11个地级市数字经济与林业产业融合发展水平较低，且存在逐年下降的趋势。②浙江省大部分地级市的融合度空间分布差异明显，各地级市存在互为相反的负向或正向相关性特征。③农村居民每百户计算机和农村居民每百户移动电话拥有量与数字经济与林业产业融合发展水平的关联度最强。④地区人均生产总值和交通便利度对推动数字经济与林业产业的融合发展具有显著的负向作用，数字经济指数对融合发展水平具有显著的正向作用。因此，浙江省需要高度重视数林融合发展，率先打造全国数字赋能林业产业高质量发展示范高地。

数字经济是继农业经济、工业经济之后的主要经济形态，是以数据资源为关键要素，以现代信息网络为主要载体，以信息通信技术融合应用、全要素数字化转型为重要推动力，促进公平与效率更加统一的新经济形态。国家

"十四五"数字经济发展规划强调要深入实施数字经济战略，推动数字产业化和产业数字化。党的二十大报告提出将"加快发展数字经济，促进数字经济和实体经济深度融合"作为建设现代化产业体系及推动高质量发展的重要途径。2022年国务院印发《"十四五"数字经济发展规划》指出以数据为关键要素，以数字技术与实体经济深度融合为主线，加强数字基础设施建设，完善数字经济治理体系，协同推进数字产业化和产业数字化，赋能传统产业转型升级。以云计算、大数据技术及人工智能等数字技术为核心的数字经济为中国经济社会的长期稳定发展提供了强大的动力。2020年中国数字经济核心产业增加值占国内生产总值的 7.8%，2025年这一比重预计增加至 10%（张帅等，2022）。

农业是国民经济的基础和经济高质量发展的保障。推动数字经济与农业产业发展深度融合是实现中国农业农村现代化的必要条件，是社会主义现代化强国建设的重大决策。数字经济与农业融合发展是指通过数字手段（大数据、互联网、区块链等）赋能农业采购、生产和销售等环节，最终实现农业数字化发展的过程（王定祥等，2023）。《中共中央 国务院关于实施乡村振兴战略的意见》强调推进数字农业发展和数字乡村建设。《数字乡村发展战略纲要》和《数字农业农村发展规划（2019—2025年）》的实施推动中国构建数字农业产业体系及数字技术与农业第一二三产业的融合发展，促进农业采购、生产、加工、销售、旅游等各产业链全面数字化。全面提高数字经济与农业产业融合发展水平成为农业强国战略的重要任务，科学测度数字经济与农业产业融合发展水平既是衡量中国数字农业发展和数字乡村建设成效的重要手段，也是不断完善中国数字乡村建设规划和政策的迫切需要。

此前，数字经济与农业融合发展研究取得了一定进展（温涛等，2020；慕娟等，2021；张鸿等，2021；张旺等，2022；王定祥等，2023；朱红根等，2023）。在指标体系构建方式方面，有学者分别构建数字经济和农业产业两个子系统的指标体系（张旺等，2022；刘站豫等，2023），也有人构建了数字经济指标体系子系统和乡村振兴指标体系子系统（张旺等，2022），还有人分别构建了农业高质量发展体系子系统和数字经济体系子系统（刘站豫等，2023）以及数字经济和农业产业融合发展的指标体系（慕娟等，

2021；张鸿等，2021；王定祥等，2023；朱红根等，2023）。在指标体系构建内容方面，不同学者所构建的指标体系差异较大，有从数字农业发展环境、数字农业信息基础、数字农业人才资源、数字农业技术支持、数字农业绿色发展、数字农业产业效益6个维度构建数字农业高质量发展指标体系（张鸿等，2021），有从数字资金投入、数字产业发展、数字信息基础、数字服务水平四个维度构建数字乡村发展评价体系（朱红根等，2023）。在测度方法方面，多数研究采用熵权法（慕娟等，2021；张旺等，2022；朱红根等，2023），只有少数学者采用层次分析法—熵权法的组合赋权法（张鸿等，2021）或层次分析法—CRITIC权重法的组合赋权法（王定祥等，2023）。

从整体上看，现有研究文献多集中于数字经济与农业融合发展问题，关于数字经济与林业产业融合发展的相关研究尚未见文献报道。林业产业是培育战略性新兴产业的重要领域（刘珉，2016）。林业产业在保障林产品供给和农村经济发展以及农民生计方面发挥着极其重要的作用（刘浩等，2022）。实践证明，发展现代林业产业既是中国生态文明建设的重要内容，又是新时期中国实现农业农村现代化的重要途径。数字化技术的快速发展，为林业数字化创造了条件。浙江省林业数字化程度居全国前列，省林业局利用数字技术建立了林业数据库，建立以数据更新、业务管理、展示应用为一体的森林资源"一张图"管理平台，但是仍然存在数据分享不顺畅、服务林农作用不显著、整合和协同不彻底的问题（浙江省林业局，2021）。因此，依托中国数字乡村建设推动数字经济与林业产业融合发展，既是建设现代化产业体系的重要任务，也是加快中国式现代化林业高质量发展的必然要求。

数字经济与林业产业融合发展（数林融合）是指一定的基础设施条件下，数字经济为林业产业发展提供必要的数字技术和数据要素，助力林业产业生产经营各环节（采购、生产、销售等）数字化改造，最终实现林业产业数字化和现代化发展的过程。林业是中国大农业的重要组成部分，相对于数字农业经济研究，数字经济与林业产业融合发展及数字林业经济的理论和实践探索还处于起步阶段，难以满足数字时代中国林业产业高质量发展的战略要求。因此，研究数字经济与林业产业融合及数字林业经济发展的理论机制、评价体系构建及验证方法，不仅需要借鉴数字经济与农业产业融合发展研究的先进经验，同时还要考虑林业不同于农业的复杂时空变化的异质性特征，需要深入探讨数林融合发展的时空变化规律，进而为国家因地制宜制定和完善中国数字林业发展战略规划提供科学依据。鉴于此，以浙江省 11 个地级市为研究对象，构建数字经济与林业产业发展指标体系，运用 2015—2021 年浙江省各市相关统计数据，对数字经济与林业产业融合发展的水平、时空变化特征及其影响因素进行定量测度和识别，提出具体对策建议，以期推动中国数字林业经济发展理论和政策研究，并为各级政府制定和完善数字经济赋能林业产业现代化发展政策提供决策参考。

4.1 理论分析

新经济增长理论及内生增长理论认为，内生的技术进步是推动经济增长的决定因素，强调技术外部性和收益递增。数据作为重要的生产要素，赋予了内生增长理论新内涵。与其他生产要素相比，数据要素具有非竞争性、非排他性的特性（Bukh et al.，2018）。数据的水平非竞争性体现在可以同时用于多个企业生产过程，进而有效地提高生产效率（Jones et al.，2020）。数据的垂直非竞争性体现在既可以用于生产，又可以用于创新（Cong et al.，2021），数据的动态非竞争性体现在数据进入创造活动产生新知识，作为创新知识积累在未来还可被重复利用（Cong et al.，2021）。数字经济还具有高渗透性、外部经济性和边际效益递增性等特点（Bukht et al.，2018）。以数据为基础可以构建网络基础设施，基础设施作为公共物品，其外部性可以阻止资本边际报酬递减而实现经济的内生长期增长。Barro（1990）将基础设施这一生产性公共资本引入内生增长理论，强调生产性公共资本的递增边际报酬，进而实现经济的长期增长。Duggal（1999）和 Hulten（2006）将基础设施作为全要素生产率引入生产函数，认为以数据为基础构建的基础设施的高渗透性不仅能提高要素的边际生产率，还能够使生产可能性曲线外移，实现规模报酬递增。

在宏观层面上，数字经济从三个方面融合促进产业经济增长，即数据赋能、技术赋能、治理赋能（图 4 - 1）。数据、技术和治理赋能林业产业发展，加快构建"数字＋林业产业"体系，推动林业生产、经营、管理等环节的数字化，进而实现林业产业数字化，最终实现林业产业的数字化治理。具体而言，数据要素的融合促进作用在第一种层面作为新的生产要素，加入土地、资本、技术、劳动四大生产要素之中，形成基于数据要素的新模式、新业态、新市场。农业经济时期的新生产要素是土地和劳动，工业经济时期的新生产要素是资本和技术，数字经济时期的新生产要素是数据。数字基础设施的发展为数据赋能林业产业发展创造了条件。数据与林地要素、林业劳动力要素、林业资本要素、林业技术要素、林业管理要素的融合，有利于促进要素间的连接和流通，赋能产业数字化，充分发挥数字赋能林业产业现代化高质量发展的积极因素。

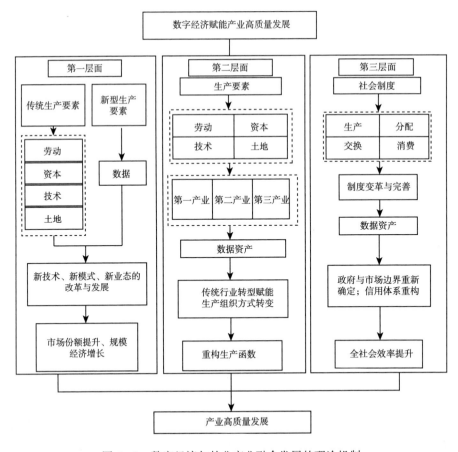

图 4-1　数字经济与林业产业融合发展的理论机制

数据要素的融合促进作用在第二层面上表现为新的生产组织方式，推动传统行业的升级和改造，技术赋能数字产业化，带动生产组织方式的转变。数字技术创新为技术赋能林业产业发展提供了新动力。依托数字技术赋能林业生产、林业经营和林业产业，利用数字生产力重构林业生产关系，构建森林资源动态监测体系、林业新零售电商平台、林业产业数字化管理平台。林业新零售电商平台的搭建使得林产品生产者和消费者直接对接，省去了中间商的成本，提高了生产效率。这一网络平台的搭建解决了传统经营方式的诸多问题，实现了生产者和消费者的精准对接，降低了成本，实现了资源的优化配置。

数据要素的融合促进作用在第三层面表现为制度变革和完善，通过技术进步和制度变革提高全要素生产率，重构治理形式和内容，从根本上推动经济社会制度完善，全方位推动全社会效率提升。数字治理是数字经济与治理理论融合发展形成的现代综合治理新形态，为治理赋能林业产业发展创造了保障。治理赋能林权数字化改革，对改革主体（明晰产权）和配套改革（减轻税费、放活经营、规范流转）进行数字化改造治理，提高政策的有效性、效率和通合性（孔凡斌，2008）。通过治理赋能林业产业发展，明确政府和市场在推动林业产业发展中的分工，重新构建现代信用体系，增强市场对政府治理的信心，融合推动林业产业高质量发展。

4.2 研究设计

4.2.1 研究区概况

浙江省位于我国东南沿海，地跨北纬 $27°02'\sim31°11'$，东经 $118°01'\sim123°10'$，陆域面积 10.55 万平方千米，其中山地占 74.6%，平坦地占 20.3%，水面占 5.1%，故有"七山一水两分田"之说。浙江省下辖 11 个地级市，2021 年全省常住人口 6 540 万人，其中城镇人口 4 754.58 万人（72.7%），农村人口 1 785.42 万人（27.3%），城镇居民人均可支配收入为 68 487 元，农村居民人均可支配收入为 35 247 元。

根据 2022 年浙江省森林资源年度监测结果，全省森林面积 584.42 万公顷，森林覆盖率为 61.24％。2021 年浙江省林业总产值 168.25 亿元，占农林牧副渔业总产值的 4.7％，其中人造林木生长总产值 6.4 亿元，林产品（油茶籽、竹笋干、核桃、栗）总产值 129.09 亿元，竹木采运总产值 32.76 亿元。

浙江省是中国数字经济大省和强省。2022 年浙江省数字经济核心产业增加值达到 8 977 亿元，占浙江省生产总值的 11.6％，数字经济核心产业营业收入达 3.3 万亿元，位居全国第三。浙江同时也是数字产业化强省，其产业数字化指数连续 3 年全国第一。2021 年浙江省发布《数字经济发展"十四五"规划》提出要建成全国数字产业化发展引领区、全国产业数字化转型示范区和全国数字经济体制机制创新先导区的目标任务，并将着力发展智慧农业，推进生产经营数字化转型作为数字经济发展的重要任务。因此，研究浙江省数字经济与林业产业融合发展水平及其时空变化特征并进行测度，明确关键影响因素及其作用机制，据此提出促进数字林业经济发展的对策建议，对于探索构建中国数字林业产业高质量发展理论和政策体系，具有典型示范意义。

4.2.2 研究方法

（1）指标体系构建。基于前文数字经济与林业产业融合发展的理论机制，参考既有的研究成果（慕娟等，2021；赵放等，2022；张旺等，2022；孔凡斌等，2023；李艳丽等，2023；王定祥等，2023；朱红根等，2023），从数字基础设施、数字业务规模、数字技术创新三个维度构建数字经济发展水平指标体系，从规模、结构、效率三个维度构建林业产业发展水平指标体系，其构建指标、指标属性和通过熵值法计算的权重如表 4-1 所示。其中，数字基础设施和数字业务规模体现了理论机制中第一层面的数据赋能林业产业发展，数字技术创新为第二层面的技术赋能林业产业发展，林业产业的规模、结构和效率体现出数字经济对林业产业的融合促进程度和效率。

表4-1 数字经济和林业产业融合发展评价指标体系

一级指标	二级指标	三级指标	属性	权重
数字经济发展水平	数字基础设施	农村居民每百户计算机（台）	＋	0.0964
		农村居民每百户移动电话（台）	＋	0.0370
	数字业务规模	邮电业务总收入（万元）	＋	0.2403
		信息传输、软件和技术服务业人员占私营和非私营单位总就业人员的比例（%）	＋	0.3401
	数字技术创新	地方财政科学技术支出占财政预算的比例（%）	＋	0.0541
		科学研究和技术服务业人员占私营和非私营单位总就业人员的比例（%）	＋	0.2322
林业产业发展水平	规模	林业产业总产值（亿元）	＋	0.2739
		第一产业固定资产总额（万元）	＋	0.1600
	结构	林业总产值占农林牧渔总产值的比例（%）	＋	0.1482
		第一产业占固定资产的比例（%）	＋	0.1929
	效率	林业总产值同比上年增长（%）	＋	0.0380
		第一产业固定资产投资同比上年增长（%）	＋	0.1870

基础设施是数字经济发展的支撑，并作为公共品的外部性促进经济的长期增长。因此，将数字基础设置作为数字经济发展水平的二级指标，其下设置2个三级指标，即农村家庭移动电话普及比率、农村家庭计算机拥有率。利用农村居民每百户移动电话和每百户计算机分别衡量农村家庭移动电话普及比率和计算机拥有率。数字业务规模设置2个三级指标，即邮电业务总收入和信息传输、软件和技术服务业人员占私营和非私营单位总就业人员的比例，用以反映数字经济的发展阶段，是衡量数字经济发展水平的重要指标。借鉴相关研究（孔凡斌等，2023），数字技术创新设置2个三级指标，即地方财政科学技术支出占财政预算的比例和科学研究和技术服务业就业人员占私营和非私营单位总就业人员的比例，用以反映数字技术创新潜力，它既是促进产业结构调整、推动经济绿色发展的强大动力，又是推动经济高质量发展的决定性因素。

借鉴相关研究（李露，2018；许嘉禾等，2020；李艳丽，2022），从规模、结构、效率三个维度衡量林业产业发展水平。利用林业产业总产值和第一产业固定资产总额来衡量林业产业发展规模。利用林业总产值占农林牧副渔业总产值的比例和第一产业固定资产占总固定资产比例作为林业产业结构的指标。利用林业总产值同比上年增长和第一产业固定资产投资同比上年增长比例作为林业产业发展效率的指标。

（2）熵值法。采用耦合协调度模型衡量数字经济与林业产业融合发展的水平，据此对数据进行无量纲化，并对指标进行赋权。具体步骤如下。

第一步：指标数据标准化。由于指标对系统具有正向或负向的影响，因此需要对数据进行标准化。正向反馈和负向反馈的指标标准化处理方法如下：

$$\text{正向指标：} \qquad Y_{it} = \frac{X_{it} - \min(X_{it})}{\max(X_{it}) - \min(X_{it})} \qquad (4-1)$$

$$\text{负向指标：} \qquad Y_{it} = \frac{\max(X_{it}) - X_{it}}{\max(X_{it}) - \min(X_{it})} \qquad (4-2)$$

式中，X_{it} 为第 i 个指标第 t 年的数值；$\max(X_{it})$ 和 $\min(X_{it})$ 分别是第 i 个指标第 t 年的最大值和最小值；Y_{it} 为第 i 个指标第 t 年标准化处理之后的数值。

第二步：指标数据无量纲化。由于各个指标计量单位不同而不具可比性，无法直接进行测算，因此需要采用比重法进行无量纲化计算。第 i 个指标第 t 年所占比重 ω_{it} 公式如式（4-3）所示：

$$\omega_{it} = \frac{X_{it}}{\sum_{t=1}^{m} X_{it}} \qquad (4-3)$$

第三步：计算指标信息熵。计算第 i 个指标的信息熵 e_i，计算公式如式（4-4）所示：

$$e_i = -\frac{1}{\ln N} \sum_{t=1}^{m} \omega_{it} \times \ln \omega_{it} \qquad (4-4)$$

式中，N 为样本数量；m 为指标数量。信息熵的冗余度为 $d_i = 1 - e_i$

第四步：计算指标权重。计算第 i 个指标的权重 W_i：

$$W_i = d_i / \sum_{t=1}^{m} d_i \qquad (4-5)$$

式中，$\sum\limits_{t=1}^{m} d_i$ 为系统内全部指标的差异系数之和；m 代表指标数量。

（3）耦合协调度模型。利用熵值法估算出两个系统中各个指标的权重后，可按照式（4-6）和式（4-7）分别计算两个系统的融合发展水平 U_1 和 U_2。

$$U_1(x) = \sum_{i=1}^{p} W_i^{U_1} Y_{it}^{U_1} \qquad (4-6)$$

$$U_2(y) = \sum_{j=1}^{q} W_i^{U_2} Y_{it2}^{U_2} \qquad (4-7)$$

则两大系统的融合发展水平 T 的计算公式为：

$$T = \alpha U_1(x) + \beta U_2(y) \qquad (4-8)$$

式中，T 为两个系统的融合发展水平；α 和 β 分别为数字经济和林业产业两个子系统在整个系统中的重要程度，鉴于数字经济和林业产业是两个同等重要领域，对 α 和 β 取值均为 0.5。

参考廖重斌（1999）和聪晓南（2019）的耦合度模型，则耦合度 C 公式如下：

$$C = \frac{2\sqrt{U_1 \times U_2}}{U_1 + U_2} \qquad (4-9)$$

根据计算出的融合发展水平 T 和耦合度 C，则两大系统融合水平 D 的计算式如下：

$$D = \sqrt{C \times T} \qquad (4-10)$$

参考既有的研究（廖重斌，1999；王永明，2011；邹德玲等，2019；赵书虹等，2020；王淑佳等，2021）做法，将融合度划分为 10 个等级（表 4-2）。

表 4-2 融合度等级划分标准

取值范围	融合等级	所处阶段
(0，0.1]	极度失调	
(0.1，0.2]	严重失调	
(0.2，0.3]	中度失调	衰退类
(0.3，0.4]	轻度失调	
(0.4，0.5]	濒临失调	

（续）

取值范围	融合等级	所处阶段
(0.5，0.6]	勉强协调	
(0.6，0.7]	初级协调	
(0.7，0.8]	中级协调	发展类
(0.8，0.9]	良好协调	
(0.9，1]	优质协调	

（4）空间相关性分析。采用莫兰指数（*Moran's I*）分析各区域间的空间相关性。莫兰指数取值范围为 [−1，1]，指数大于 0 表示空间正相关，指数小于 0 表示空间负相关，指数等于 0 表示空间不相关。局部莫兰指数测度不同区域间的空间关联程度，公式如下：

$$I_i = \frac{D_i - \bar{D}}{\frac{1}{n}\sum (D_i - \bar{D})^2} \sum_{j \neq i}^{n} W_{ij}(D_j - \bar{D}) \qquad (4-11)$$

式中，n 为研究地区总个数；D_i 为区域 i 的融合发展指数；$\bar{D}$ 为全省融合发展指数的平均值；W_{ij} 为第 i 个地级市和第 j 个地级市空间权重矩阵，I_i 为第 i 个地级市的莫兰指数。

局部莫兰指数可将研究区划分为四个象限，即第一象限的高—高（HH）聚集型、第二象限的低—高（LH）聚集型、第三象限的低—低（LL）聚集型、第四象限的高—低（HL）聚集型。HH 聚集型为促进区，表示该区域自身融合发展水平高且周围区域融合发展水平也高，呈现正相关性，LH 聚集型为过渡区，表示该区域自身融合发展水平低但周围区域融合发展水平高，呈现负相关性，LL 聚集型为低水平区，表示该地区融合发展水平低且周围区域融合发展水平也低，呈现正相关性，HL 聚集型为辐射区，表示该地区融合发展水平高但周围区域融合发展水平低，呈现负相关性。

（5）灰色关联度模型。为了定量分析数字经济各要素对数林融合发展水平的影响，并识别影响数林融合的主要因素和次要因素，参考李懿洋（2011）、王淑鹤和王利军（2022）的做法，构建灰色关联度模型进行计算分析。灰色关联度模型公式如下：

$$\zeta_j(i) = \frac{\Delta_{\min} + \rho\Delta_{\max}}{\Delta_j(i) + \rho\Delta_{\max}} \qquad (4-12)$$

$$R_j = \frac{1}{m}\sum_{i=1}^{m}\zeta_i(i) \qquad (4-13)$$

式中，$\zeta_j(i)$ 为数字经济要素与数林融合发展水平的灰色关联系数；$\Delta_j(i)$ 为数字经济系统中第 j 个指标标准化后的数值与数林融合发展水平指数的绝对差值；$\Delta_{\min}$ 为绝对差值中的最小值；$\Delta_{\max}$ 为绝对差值中的最大值；ρ 为分辨率系数，通常取值 0.5；R_j 为灰色关联度。一般来说，$0 < R_j < 1$，R_j 越大，表明数字经济指标对数林融合发展水平的影响程度越大。

（6）数字经济与林业产业融合发展水平的影响因素。本研究的被解释变量为数字经济与林业产业融合发展水平，用耦合协调度来表示。参考王雪莹等（2021）的做法，解释变量为经济发展水平、交通便利度、数字经济水平、对外开放度。经济发展水平用人均地区生产总值表示，经济发展水平越高，为数字经济与林业产业的融合发展提供基础条件和市场空间；交通便利度用公路通达度表示，即公路总里程占区域面积的比例，发达的交通运输能够加快产品和信息传递，降低生产和运营成本，促进数林融合发展；数字经济指数用北京大学数字普惠金融指数表示，数字经济指数越高，越能提高数字经济与林业产业的融合发展水平；对外开放度用实际外商直接投资表示，一个城市对外开放度越高，越容易接纳新兴数字技术的发展。

在对模型进行拟合之前，首先需要对模型进行检验。Hausman 检验结果表明，固定效应模型优于随机效应模型。因此，采用固定效应模型进行实证分析，将各变量取对数之后，模型设定如下：

$$\ln D_{it} = \alpha_i + \beta_1\ln GDP_{it} + \beta_2\ln TRA_{it} + \beta_3\ln DIG_{it} + \beta_4\ln FDI_{it} + \in_{it}$$

$$(4-14)$$

式中，$\ln D_{it}$ 为第 i 个地级市第 t 年的耦合协调度；$\ln GDP_{it}$ 为第 i 市第 t 年的人均地区生产总值；$\ln TRA_{it}$ 表示为第 i 市第 t 年的交通便利度；$\ln DIG_{it}$ 为第 i 市第 t 年的数字经济发展指数；$\ln FDI_{it}$ 为第 i 市第 t 年的外商直接投资额；$\in_{it}$ 为随机误差项。

（7）数据来源。按照《浙江省统计年鉴》对行政区域的划分，将浙江省分为杭州市、宁波市、温州市、嘉兴市、湖州市、绍兴市、金华市、衢州市、舟山市、台州市、丽水市 11 个地级市。浙江省 11 个地级市相关数据主要来源于 2015—2021 年的《浙江省统计年鉴》。其中对于仅缺失单个年份的基础数据，根据指标情况通过简单插值法、类推法进行补充。

4.3 结果与分析

4.3.1 浙江省数字经济、林业产业及融合发展水平特征

数字经济与林业产业融合发展平均水平趋势如图 4-2 所示。结果表明：①整体上，浙江省数字经济发展水平呈现逐年稳步增长的趋势，由 2015 年的 0.162 9 上升至 2021 年的 0.196 6，说明近些年浙江省数字经济整体发展态势良好；②浙江省林业产业发展水平整体上呈下降趋势，由 2016 年的 0.272 4 下降至 2021 年的 0.200 6，说明林业产业近几年发展呈现衰退趋势；③数字经济与林业产业融合度有一定程度的下降，从 2015 年的 0.428 5 下降至 2021 年的 0.411 0，这一变化与林业产业发展变化之间存在一致性。

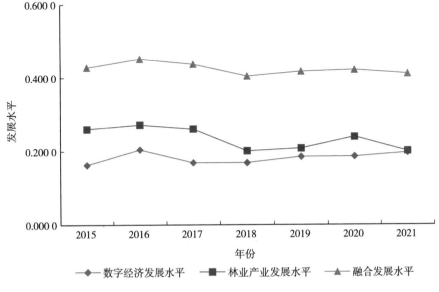

图 4-2　数字经济、林业产业及其融合发展水平演变趋势

各地级市数字经济、林业产业融合发展水平如表4-3所示。结果表明：①整体上，浙江省各地级市数字经济与林业产业融合发展水平存在较大差异，杭州市的融合发展水平最高，舟山市的融合发展水平最低；②2015—2021年杭州市、湖州市、绍兴市、金华市、舟山市、台州市的融合发展水平总体呈上升趋势，其中，杭州市上升幅度最大（0.108），由2015年的0.5021上升至2021年的0.6101，绍兴市上升幅度最小（0.0056），由2015年的0.4756上升至2021年的0.4812；③2015—2021年宁波市、温州市、嘉兴市、衢州市、丽水市的数字经济与林业产业融合发展水平呈下降趋势，其中宁波市下降幅度最大（0.159），由2015年的0.5467下降至2021年的0.3877，嘉兴市下降幅度最小（0.0338），由2015年的0.4002下降至2021年的0.3664；④2015—2021年杭州市由勉强协调上升为初级协调，宁波市由勉强协调下降为轻度失调，嘉兴市由濒临失调下降为轻度失调，温州市、湖州市、绍兴市、衢州市、丽水市一直处于濒临失调阶段，金华市、台州市一直处于轻度失调阶段，舟山市一直处于中度失调阶段；⑤浙江省11个地级市中，2021年只有杭州市的融合发展水平处于初级协调阶段，温州市、湖州市、绍兴市、衢州市、丽水市处于濒临失调阶段，宁波市、嘉兴市、金华市、台州市处于轻度失调阶段，舟山市处于中度失调阶段。因此，只有杭州市的数字经济与林业融合处于发展阶段，其他地级市都处于衰退阶段。

表4-3　浙江省2015—2021年数字经济与林业产业融合发展水平

城市	2015 年	2016 年	2017 年	2018 年	2019 年	2020 年	2021 年
杭州	0.502 1	0.538 4	0.549 6	0.550 9	0.538 6	0.599 3	0.610 1
宁波	0.546 7	0.615 2	0.403 6	0.375 5	0.403 4	0.401 7	0.387 7
温州	0.490 4	0.491 0	0.465 2	0.362 0	0.373 7	0.375 3	0.407 8
嘉兴	0.400 2	0.417 8	0.377 7	0.357 7	0.339 8	0.402 0	0.366 4
湖州	0.432 7	0.454 5	0.463 2	0.462 0	0.464 0	0.486 0	0.459 8
绍兴	0.475 6	0.498 1	0.506 2	0.476 3	0.492 7	0.505 2	0.481 2
金华	0.344 4	0.365 5	0.365 7	0.345 0	0.349 1	0.428 9	0.361 7
衢州	0.460 1	0.461 4	0.457 1	0.414 8	0.476 6	0.419 9	0.403 1

（续）

城市	2015 年	2016 年	2017 年	2018 年	2019 年	2020 年	2021 年
舟山	0.245 7	0.255 6	0.379 9	0.311 4	0.337 8	0.209 8	0.270 3
台州	0.329 7	0.368 9	0.356 0	0.329 4	0.355 7	0.347 4	0.354 1
丽水	0.486 2	0.505 4	0.491 7	0.465 8	0.459 9	0.463 1	0.418 5

4.3.2 浙江省数字经济与林业产业融合发展水平空间分布特征

采用局部莫兰指数测度数字经济与林业产业融合发展水平的空间关联程度，结果如表 4-4 所示。结果表明，大部分地级市在多数年份没有显著的空间关联性。2015 年和 2016 年台州市和舟山市呈现低—高（LH）聚集型，表明台州市和舟山市的融合发展水平低于相邻的各市，呈负相关性，形成中间低、周围高的格局。2017—2019 年和 2021 年金华市呈现低—高（LH）聚集型，表明该地区自身发展水平低而周围地区水平高，呈负相关，该地区并未受到周边高融合发展水平地区的辐射作用，成为数字经济与林业产业融合的低洼地带。2020 年杭州市和金华市呈现高—高（HH）聚集型，表明这两个地级市发展基础好、渗透力强，且周边城市融合发展水平较高，呈正相关性。

表 4-4 浙江省各市数林融合发展水平的空间关联程度

年份	LH	HH	HL	LL	不显著
2015	台州、舟山				杭州、宁波、温州、嘉兴、湖州、绍兴、金华、衢州、丽水
2016	台州、舟山				杭州、宁波、温州、嘉兴、湖州、绍兴、金华、衢州、丽水
2017	金华				杭州、宁波、温州、嘉兴、湖州、绍兴、衢州、台州、舟山、丽水
2018	金华				杭州、宁波、温州、嘉兴、湖州、绍兴、衢州、台州、舟山、丽水
2019	金华				杭州、宁波、温州、嘉兴、湖州、绍兴、衢州、台州、舟山、丽水

（续）

年份	LH	HH	HL	LL	不显著
2020		杭州、金华			宁波、温州、嘉兴、湖州、绍兴、衢州、台州、舟山、丽水
2021	金华				杭州、宁波、温州、嘉兴、湖州、绍兴、衢州、台州、舟山、丽水

杭州市和金华市数字经济与林业产业的融合发展水平呈现空间正相关性，表明杭州市数字基础设施的完善不断向周围城市渗透，杭州市的数字经济相对优势带动了金华市的数字经济与林业产业融合发展，使得金华市数字经济与林业产业融合发展水平显著提高。林业资源条件接近、数字经济联系紧密的地级市之间出现空间聚集的现象。然而，台州市、舟山市、金华市的数字经济与林业产业的融合发展水平呈现空间负相关性，表明这些地级市之间的数字经济与林业产业融合发展水平存在负向空间溢出效应，这些地区的林业资源禀赋、数字发展水平等方面存在差异可能导致这些地级市与相邻地级市之间的互动减少。

4.3.3 浙江省数字经济构成要素对数林融合发展水平的影响

为定量分析数字经济各结构要素融合如何影响融合发展水平，参考王淑贺和王利军（2022）和孔凡斌等（2023）等的做法构建灰色关联度模型进行影响因素分析，结果如表4-5所示。结果表明，从整体上看，数字经济各结构要素与数林融合发展水平之间的关联度非常高，且各地区数字经济结构要素与融合发展水平之间存在差异。具体来看，杭州市和嘉兴市农村居民每百户计算机拥有量、农村居民每百户移动电话拥有量和地方财政科学技术支出占财政预算的比例与数林融合发展水平的关联度最强，宁波市、温州市、衢州市农村居民每百户计算机拥有量、农村居民每百户移动电话拥有量和科学研究和技术服务业人员占私营和非私营单位总就业人员的比例与数林融合发展水平的关联度最强，绍兴市农村居民每百户计算机拥有量、邮电业务总收入、地方财政科学技术支出占财政预算的比例与数林融合发展水平的关联度最强，金华市农村居民每百户移动电话拥有量、邮电业务总收入和地方财政科学技术支出占财政预算的比例与数林融合发展水平的关联度最强,湖州市、舟山市、台州市和丽水市农村居民每百户计算机拥有量、农村居民每百户移动电话拥有量、信息传输、软件和技术服务业人员占私营和非私营单位总就业人员的比例与数林融合发展水平的关联度最强。因此,浙江省大部分各地级市的数字经济与林业产业的融合发展处于第一层面的数据赋能阶段,少部分地级市处于第二层面的技术赋能阶段。

表 4-5 数字经济结构要素与数林融合发展水平的灰色关联度分析结果

城市	农村居民每百户计算机拥有量	农村居民每百户移动电话拥有量	邮电业务总收入（10 000元）	信息传输、软件和技术服务业人员占私营和非私营单位总就业人员的比例（%）	地方财政科学技术支出占财政预算的比例 （%）	科学研究和技术服务业人员占私营和非私营单位总就业人员的比例（%）
杭州	0.891	0.953	0.565	0.658	0.922	0.883
宁波	0.880	0.851	0.584	0.754	0.745	0.811
温州	0.908	0.814	0.694	0.720	0.784	0.869
嘉兴	0.956	0.857	0.795	0.575	0.847	0.636
湖州	0.888	0.920	0.836	0.887	0.818	0.649
绍兴	0.891	0.815	0.841	0.713	0.822	0.646
金华	0.584	0.863	0.783	0.715	0.803	0.722
衢州	0.952	0.915	0.702	0.859	0.851	0.903
舟山	0.683	0.641	0.606	0.659	0.631	0.634
台州	0.852	0.846	0.768	0.802	0.599	0.572
丽水	0.990	0.989	0.952	0.982	0.464	0.965

农村居民每百户计算机拥有量和农村居民每百户移动电话拥有量作为数字基础设施的两个指标,与数字经济与林业产业的融合发展水平的关联度最强。数字基础设施为数字业务规模扩大和技术创新提供基础,是促进数字经济与实体经济深度融合的基石。虽然浙江省基础设施建设整体取得巨大进步,有效地促进了数林融合发展水平,但是地区发展水平不平衡,导致各地区林业数字化进程快慢不一。部分地区存在数据交易平台交易机制不完善、数据信息不共享的问题,阻碍数据在地区间流通和交易,减缓了数字经济基础设施建设进程(管辉和雷娟利,2022)。因此,浙江省数林融合发展需要

进一步完善数字基础设施。

邮电业务总收入和信息传输、软件和技术服务业人员占私营和非私营单位总就业人员的比例作为数字业务规模的两个指标，为数字经济与林业产业融合发展创造了条件。数字经济规模越大，数字技术的产品和服务渗透范围越广，数字经济与林业产业的融合发展更加常态化，越有可能扩大林业产业的规模、改善结构和提高效率。虽然浙江省数字业务规模位居全国第三，但是地区之间发展不平衡，限制了林业产业发展的规模、结构和效率。

地方财政科学技术支出占财政预算的比例和科学研究和技术服务业人员占私营和非私营单位总就业人员的比例作为数字技术创新的两个指标，为数字经济与林业产业融合发展创造新动力。技术创新能够提供新的数字技术和数字设备，进而促进数字技术融入林业产业发展中，促进林业生产、经营活动。比如，中国移动通信有限公司借助 5G 技术创新"数字化护林员"场景，通过 5G 技术监测林区温度、湿度，预警森林火灾、病虫害等灾害（侯方森等，2023）。虽然中国数字技术创新发展水平整体提升，但是数字技术创新在林业产业融合的应用仍处于起步阶段，其促进林业产业发展的规模、结构、效率仍待提升。

促进 5G 技术、互联网、区块链、云计算、大数据等数字技术手段与林业产业深度融合发展是实现林业高质量发展的必然要求，也是中国数字产业化发展的必然选择。因此，要进一步促进数字经济基础设施地区间均衡发展、扩大数字经济业务规模、加快数字技术创新，为中国林业产业发展规模扩大、结构优化和效率提升创造条件。

4.3.4 数字经济与林业产业融合发展水平影响因素分析

数字经济与林业产业融合发展水平影响因素的实证结果如表 4-6 所示。结果表明，经济发展水平、交通便利度、数字经济指数和数林融合发展水平分别在 1%、5% 和 1% 水平上存在显著的相关性，对外直接投资与数林融合发展水平没有显著相关性。经济发展水平和数林融合发展水平存在负相关关系，相关系数为 -1.31，表明浙江省人均 GDP 增加 1%，数林融合发展水平下降 1.31%。交通便利度与数林融合发展水平呈现显著的负相关性，相关系数为－1.58，表明公路总里程占区域面积的比例增加1%，数林融合发展水平下降1.58%。通常情况下，经济发展水平越高，交通便利度越高，越能促进产业发展和产业融合。然而，林业具有独特的生态属性和经济外部性特征，当林业的生态价值大于经济价值时，经济发展水平的提高和交通便利度的提升反而会抑制林业产业发展和产业融合。数字经济指数与数林融合发展水平存在正相关关系，相关系数为1.29，表明数字经济指数增加1%，数林融合发展水平提高1.29%。

表 4－6　浙江省数字经济与林业产业融合发展水平影响因素分析结果

变量	系数	t 值	$P>\mid t\mid$
$lnGDP_{it}$	－1.31***	－4.28	0.000
$lnTRA_{it}$	－1.58**	－2.40	0.019
$lnDIG_{it}$	1.29***	4.05	0.000
$lnFDI_{it}$	0.03	1.44	0.155

4.4 结论与政策启示

4.4.1 结论

开创性地量化评价浙江省11个地级市数字经济与林业产业融合发展水平、时间演变、区域差异、空间分布及识别关键影响因素，构建数字经济与林业产业发展的综合指标体系，运用熵值法和耦合协调度模型具体测度数字经济与林业产业融合发展水平，运用莫兰指数空间相关性分析方法测度其时空演变过程特征，构建灰色关联度模型分析数字经济构成要素对数林融合发展水平的关联度，构建面板数据模型探究影响数林融合发展水平的关键因素及其作用机制，得出如下主要结论：

第一，浙江省11个地级市数字经济与林业产业融合发展水平较差，融合发展水平在2015—2021年期间有所下降，地级市之间融合发展水平差异较大，只有杭州市处于初步协调发展阶段，其他地级市均处于衰退阶段。

第二，浙江省大多数地级市数字经济与林业产业融合发展水平的空间关联性不显著，部分地级市存在聚集型的负向相关性或正向相关性。

第三，浙江省所有地级市（除金华市外）数字基础设施即农村居民每百户计算机拥有量和农村居民每百户移动电话与数林融合发展水平的关联度最强，且数字业务规模和数字技术创新与数林融合发展水平的关联度较强。

第四，浙江省所有地级市经济发展水平和交通便利度与数林融合发展水平存在显著的负向相关性，数字经济指数与数林融合发展水平则存在显著的正向相关性，对外开放度对数林融合发展水平没有产生显著影响。

第五，尽管浙江省林业数字化程度位于全国前列，但是与林业产业的融合发展仍处在较低水平，与浙江省推进林业数字化改革的标准还有较大差距。当前浙江省已经进入打造林业数字化新阶段，提升林业数字化水平、推动数字经济与林业产业的融合发展是新征程的重要任务。通过借助耦合协调度模型、莫兰指数空间相关性分析、灰色关联度模型、面板数据模型，系统性地对浙江省数字经济与林业产业融合发展水平现状、空间分布、构成要素和影响因素进行研究，为后续相关研究提供参考。

4.4.2 政策启示

第一，鉴于浙江省数林融合发展水平整体偏低，这与浙江省作为林业大省、全国唯一数字乡村建设引领区和全国林业促进共同富裕示范省的战略地位不相匹配，需要高度重视林业产业数字化的示范引领作用，推进林业数字化改革进程，加快促进数字经济与林业产业深度融合发展，打造数字林业经济发展引领示范区，充分利用数字经济发展优势，加速林业产业向智能化、数字化转变，为中国林业数字化转型发展提供示范样板。

第二，鉴于浙江省数林融合空间关联性弱，需要建立协同监管联动机制，制定区域合作发展策略，发挥空间聚集效应。要强化省级部门的监督和协调作用，加强融合发展先进地区与落后地区的沟通与交流，发挥数林融合发展先进地区的示范带头作用，建立健全合作交流机制，构建帮扶机制，从数字技术、林业产业、政策法规等方面强化合作，推进区域间数林融合的协同发展。要针对低融合区域（如舟山市、台州市等），重视利用资金支持、政策帮扶等策略促使其向高融合发展转变。要向农村居民提供免费线上教育资源，培养林农和林业工作者数字素养，提高数字化生产和经营管理技能，促进地区间数林融合的均衡发展。

第三，鉴于数字基础设施与数林融合发展水平最强，要加大力度投资数字经济基础设施建设，持续扩大 5G、千兆光网、移动物联网、互联网、大数据等数字技术和产业规模，提高浙江省数字技术赋能林业产业发展的自主创新能力和核心竞争力，推动数字技术向林业产业的渗透和应用，推动数据赋能向技术赋能、治理赋能的转变，全面提升数字技术赋能林业产业发展效率。

第四，鉴于经济发展水平和交通便利度对数林融合发展水平显著的负向作用以及数字经济指数对数林融合发展水平的显著正向作用，地方政府要在加快区域经济发展和基础设施建设的同时，要高度重视数字林业产业化发展，完善相关支持政策推动数字技术赋能林业经济价值和生态价值攀升。要进一步支持数字经济欠发达地区（如舟山市、台州市）数字经济发展，带动林业产业数字化进程，全面提高数林融合程度和产业赋能效益。

参 考 文 献

管辉，雷娟利，2022. 数据要素赋能农业现代化：机理、挑战与对策［J］. 中国流通经济，36（6）：72-84.

孔凡斌，2008. 集体林权制度改革绩效评价理论与实证研究：基于江西省 2 484 户林农收入增长的视角［J］. 林业科学，44（10）：132-141.

孔凡斌，程文杰，徐彩瑶，2023. 数字经济发展能否提高森林生态产品价值转化效率：基于浙江省丽水市的实证分析［J］. 中国农村经济（5）：163-184.

李露，2018. 动态耦合视角下金融供给侧与产业协调发展研究［J］. 技术经济与管理研究（12）：95-101.

李懿洋，2011. 甘肃省产业结构与经济增长的灰色关联分析［J］. 企业经济，30（5）：20-23.

廖重斌，1999. 环境与经济协调发展的定量评判及其分类体系：以珠江三角洲城市群为例［J］. 热带地理，19（2）：171-177.

刘浩，余琦殷，2022. 我国森林生态产品价值实现：路径思考［J］. 世界林业研究，35

（3）：130－135.

刘珉，2016. 解读林业发展"十三五"规划——服务国家发展战略与林业现代化［J］.
　　林业经济，38（11）：3－8.

慕娟，马立平，2021. 中国农业农村数字经济发展指数测度与区域差异［J］. 华南农业
　　大学学报（社会科学版），20（4）：90－98.

王定祥，彭政钦，李伶俐，2023. 中国数字经济与农业融合发展水平测度与评价［J］.
　　中国农村经济（6）：48－71.

王淑贺，王利军，2022. 黄河流域水贫困与经济高质量发展的耦合协调关系［J］. 水土
　　保持通报，42（3）：199－207.

王淑佳，孔伟，任亮，等，2021. 国内耦合协调度模型的误区及修正［J］. 自然资源学
　　报，36（3）：793－810.

王雪莹，叶堂林，李璐，2021. 高技术制造业与生产性服务业耦合协调及影响因素：来
　　自三大城市群的实证研究［J］. 首都经济贸易大学学报，23（6）：26－42.

王永明，马耀峰，2011. 城市旅游经济与交通发展耦合协调度分析：以西安市为例［J］.
　　陕西师范大学学报（自然科学版），39（1）：86－90.

温涛，陈一明，2020. 数字经济与农业农村经济融合发展：实践模式、现实障碍与突破
　　路径［J］. 农业经济问题，41（7）：118－129.

许嘉禾，孙晋海，2020. 体育产业与金融供给协同演化：理论与实证［J］. 天津体育学
　　院学报，35（6）：672－678.

张鸿，王浩然，李哲，2021. 乡村振兴背景下中国数字农业高质量发展水平测度：基于
　　2015—2019年全国31个省市数据的分析［J］. 陕西师范大学学报（哲学社会科学
　　版），50（3）：141－154.

张帅，吴珍玮，陆朝阳，等，2022. 中国省域数字经济与实体经济融合的演变特征及驱
　　动因素［J］. 经济地理，42（7）：22－32.

张旺，白永秀，2022. 数字经济与乡村振兴耦合的理论构建、实证分析及优化路径［J］.
　　中国软科学（1）：132－146.

赵放，刘一腾，2022. 我国数字经济发展及其与制造业融合发展的空间差异研究［J］.
　　贵州社会科学（2）：144－152.

浙江省林业局，2021. 胡侠：在全省打击毁林专项行动和2021年森林督查暨森林资源管
　　理"一张图"年度更新工作视频会议上的讲话［EB/OL］.［2021－04－21］. http：//
　　lyj. zj. gov. cn/art/2021/4/21/art＿1 276 368＿59 009 045. html.

朱红根，陈晖，2023. 中国数字乡村发展的水平测度、时空演变及推进路径 [J]. 农业经济问题，44（3）：21－33.

邹德玲，丛海彬，2019. 中国产城融合时空格局及其影响因素 [J]. 经济地理，39（6）：66－74.

Barro R J，1990. Government spending in a simple model of endogeneous growth [J]. Journal of Political Economy，98（5，Part 2）：103－125.

Bukht R，Heeks R，2018. Defining，conceptualising and measuring the digital economy [J]. International Organisations Research Journal，13（2）.

Cong L W，Xie D X，Zhang L T，2021. Knowledge accumulation，privacy，and growth in a data economy [J]. Management Science，67：6480－6492.

Duggal V G，Saltzman C，Klein L R，1999. Infrastructure and productivity：A nonlinear approach [J]. Journal of Econometrics，92（1）：47－74.

Hulten C R，Bennathan E，Srinivasan S，2006. Infrastructure，externalities，and economic development：A study of the Indian manufacturing industry [J]. The World Bank Economic Review，20（2）：291－308.

Jones C I，Tonetti C，2020. Nonrivalry and the economics of data [J]. American Economic Review，110（9）：2819－2858.

数字经济发展赋能林业
经济韧性提升的理论
机制与政策启示

内容提要： 新时期建设产业韧性强的林业强国面临显著加剧的不确定性冲击，如何借助农村数字化发展提升林业经济韧性关乎中国林业高质量发展和农业农村现代化全局。基于 2011—2020 年中国 30 个省的面板数据，构建多维度指标体系评估农村数字化发展水平和林业经济韧性水平，并采用固定效应模型、机制检验模型、面板门槛模型和空间杜宾模型等方法检验农村数字化发展水平和林业经济韧性水平之间的因果关系和作用机制，结果表明：①农村数字化发展能够提升林业经济韧性水平，提高劳动力资源生产率和土地资源生产率是农村数字化发展影响林业经济韧性的主要路径机制，农村数字化发展提升林业经济韧性效应存在显著的区域异质性，东部地区效应更强且边际效益递增，林业经济韧性水平越高农村数字化发展的提升效应越强。②在不同的农村数字化发展水平下，农村数字化发展对林业经济韧性的影响呈现非线性特征，表现为前期极强的数字红利，中期面临数字化瓶颈，后期效益递增。③农村数字化发展影响林业经济韧性存在显著的空间溢出效应，直接影响和间接影响均显著为正。④除农村数字化发展水平外，经济发展水平、产业结构、降水量对林业经济韧性水平也具有显著的正向影响。据此，应充分发挥数字技术配置劳动力和土地资源利用率，大力发展农村数字经济，注重分阶段动态化和差异化提升数字赋能林业经济韧性，要通过加强经济基础支撑、优化产业结构和借助自然禀赋协同来提升林业经济韧性。

党的二十大报告提出"建设人与自然和谐共生的中国式现代化"时代使命和"加快发展数字经济，促进数字经济和实体经济深度融合"战略任务，推动开启中国式现代化林业发展的新征程。目前，世界百年大变局演变加速，日趋复杂的外部风险加之林业固有的脆弱性等问题，使得中国林业高质量发展面临的不确定性冲击显著加剧。在现代化林业发展进程中，中国林业生产尽管已经具有较强的应对风险的自我抵抗能力、适应能力和变革能力，但林业发展仍面临经济韧性不足的现实困境（许正松等，2022）。"韧性"多次被用来概括经济运行的特征（Martin，2012；Martin et al.，2015；刘晓星等，2023）。林业经济韧性是指林业经济系统受到不确定性冲击后自我恢复以及调整适应变化并再次设定其增长方式的过程。林业经济韧性问题与其他产业经济韧性相比并不突出，但林业生产面临的自然条件和气候环境变化却要更加复杂（廖文梅等，2014）。林业经济韧性削弱不仅直接影响相关利益主体的获得感和安全感，还会对区域经济发展、民生福祉、社会稳定、生态安全产生不利影响（许正松等，2022；董玮等，2017）。源于自然和社会的不确定性风险冲击势必加剧林业经济发展和农村居民增收的脆弱性，由于林业生产严重受制于劳动力和土地资源供给约束，单纯通过扩大生产规模提升抗风险能力的效果还十分有限。不仅如此，林业经济快速增长还要受到生态环境规制与生态安全需求的刚性约束，这就使得提升林业经济韧性变得十分复杂。但是，要稳住林业经济基本盘，稳步提升林业生产安全水平及林业经济韧性是实然之举。在全面推进中国林业现代化进程中，如何提升林业经济韧性，增强林业抵御不确定性因素的能力，推动形成可持续的林业经济发展新格局，已经成为新时期中国林业经济高质量发展必须破解的重要难题。

在新一轮全球变革浪潮中，数字经济展现出前所未有的活力，带来大量新要素、新产业，促进产业链逐渐拓展，加速产业经济韧性提升（刘伟，2023）。数字经济发展凭借极强的行业渗透性和边际收益递增性，已经在粮食生产、耕地保护和森林生态产品价值实现及林业生态产业化方面发挥了显著的改善和提升作用（Litvinenko，2020；Lioutas et al.，2021；孔凡斌等，2023）。2010 年到 2021 年，中国林业生产总值由 2 575 亿元增加到 2021 年的 6 507.7 亿元。林业在保障林产品和生态产品供给方面发挥着重要的作用

（董玮等，2017；Morkovina et al.，2023），快速发展的中国林业经济在促进农村经济发展和农民脱贫致富及乡村振兴等方面发挥着不可替代的重要作用（孔凡斌等，2023）。2023 年中央 1 号文件《中共中央 国务院关于做好2023 年全面推进乡村振兴重点工作的意见》提出建设产业韧性强的农业强国战略任务。林业经济作为农业经济不可分割的重要组成，建设产业韧性强的林业强国理应成为林业推进乡村振兴的重点工作（许正松等，2022；孔凡斌等，2022）。

　　学术界关于韧性的研究归纳起来主要是两个方面。一是韧性的界定和测度方法。起源于物理学领域的韧性首次被 Holling 引入生态学研究（Holling，1973），表现出学科间的视域差异和知识脉络的阶段演进（Martin et al.，2015；Aura et al.，2002；Folke，2006；Speranza et al.，2014），如供应链韧性（王会艳等，2023）、制造业产业链的韧性强度（张正荣等，2023）、农业韧性（于伟等，2019；郝爱民等，2022）。不同的经济韧性指标体系和测度设定在城市经济（Martin，2012；赫国胜等，2023；朱媛媛等，2023）、农业经济（赵巍等，2023a；2023b）以及乡村经济（李玉恒等，2021）等领域逐渐发展。二是经济韧性的影响和作用机制相关研究。李玉恒等（2021）基于河北省 451 个行政村的调查数据研究了城乡融合发展与乡村经济韧性的耦合逻辑。郝爱民和谭家银（郝爱民等，2022）实证检验了农村产业融合对农业韧性的影响效应、机制和差异。现有关于数字经济作为影响韧性的研究主要集中在农业韧性（郝爱民等，2022；宋敏等，2023）、农业经济韧性（赵巍等，2023a；2023b）、粮食供应链韧性（马俊凯等，2023）、城市经济韧性（张亚丽等，2023）以及制造业产业链韧性（张正荣等，2023）等。已有关于经济韧性影响机制的研究均得到了一致的观点，即数字经济的发展能够有效提升相关产业（经济）韧性（赫国胜等，2023；赵巍等，2023a；2023b），且此作用效应存在异质性。

　　已有关于林业经济韧性的研究涉及生态学、地理学、经济学等多个学科领域和多个方面。在关于林业经济韧性的概念与内涵研究方面，定义林业经济韧性是指在面对自然灾害、气候变化等外部压力时，林业系统能够保持其生产和服务功能，具有恢复能力、适应能力和抵抗力（Martin，2015）。在关于林业经济韧性的评价方法研究方面，聚焦对林业经济系统的恢复能力、适应能力和抵抗力进行定量评估，主要包括指标体系法、模型模拟法和情景分析法（Folke，2006）。在林业经济韧性影响因素研究方面，集中于气候、土壤、地形等自然因素和政策、管理、技术等人为因素的识别，认为自然因素对林业经济韧性的影响主要体现在生态系统的恢复能力和抵抗力上，人为因素对林业经济韧性的影响主要体现在生态系统的适应能力和抵抗力上（Costanza et al.，2014）。在关于提升林业经济韧性策略研究方面，主要包括生态修复、政策支持、技术创新和管理创新等（Xiong et al.，2018）的研究。然而，农村数字化发展与林业经济韧性间的因果关系是一个初步的研究话题，已有研究采取的数字化指标多为省级城市数字经济发展指标，对于农村数字化发展与林业经济韧性之间的关联机制缺乏应有的关注，致使中国数字林业经济研究严重滞后于数字农业经济，难以适应新时代建设产业韧性林业强国的战略需求。

鉴于此，在现有文献的基础上，基于中国 30 个省份（不含西藏、香港、澳门、台湾，下同）2011—2020 年的面板数据，实证量化分析农村数字化发展与林业经济韧性之间的因果关系及其作用机制特征。将拓展数字化赋能经济韧性这一新的研究视角，并尝试从研究方法和内容两个方面做出贡献：一是在研究方法上，从林业在冲击影响下能够防止断链且再生产现有经济活动的能力、在自然风险和市场风险中的自适应能力、为应对冲击而进行结构调整以追求新发展路径的能力等三个维度出发，创新地构建用于测度省际林业经济韧性水平的综合评价指标体系，还通过将历史农村公路密度与全国农村互联网人数的交乘项作为农村数字化发展的工具变量以有效处理可能存在的内生性问题。二是在研究内容上，结合中国农村数字化发展状况，基于资源配置效率的分解效应，从劳动资源生产率和土地资源生产率两方面对林业经济韧性的作用机制进行验证，还从异质性、门槛效应以及空间溢出效应等多维视角，实证检验农村数字化发展对林业经济韧性的具体影响，为未来制定和完善农村数字化发展提升林业经济韧性等相关政策提供经验证据。

5.1 理论与机制解析

作为一种新要素，数字经济在产业链中不断渗透，并逐渐成为产业链上各主体之间知识与信息分享的"流通媒介"（Cirillo et al.，2023），该媒介可有效交换林业产业链上的生产、交易、分配等信息，为信息共享与交流提供便利，促使链上主体能够在冲击到来后及时作出反应，进而有效提升林业经济韧性。同时，依托数据要素不断改变林业生产要素的时空局限，打破林业产业链原有边界，通过降低信息与知识共享成本、新技术传播成本、交易成本（郭炳南等，2022）等途径增强林业经济韧性。作为一种新产业，数字经济以大数据、人工智能等新技术为底层支撑，能够在林业产业领域不断催生出数字新兴产业，为林业经济韧性提升注入新动能。数字新兴产业本身具有数字技术优势，能够连接林业产业上下游，减弱冲击在链条上下游的传导，避免外部冲击导致林业生产部分环节"失活"而停摆，从而有效维持林业生产安全稳定，进而提升林业经济韧性水平。

5.1.1 农村数字化发展对林业经济韧性的影响机制

第一，拓展林业产业链条，提升林业经济韧性。农村数字化发展有利于以林业产业价值链为核心重塑产业链，提升林业全产业链竞争力。一是林业生产直面自然风险冲击，受不确定性因素影响。二是在自发的市场机制调节下，林产品市场波动会影响林业生产的稳定性。而农村数字化发展通过林业产业链的纵向延伸，实现林业生产在时间上的继续兴起以及空间上的同时存在，有助于缓解林业生产遭受的不确定性冲击。通过农村数字化发展带动生产加工、仓储管理、品牌打造、市场营销等环节协作的林业产业关联效应，有效应对林业生产运营出现链条断损的风险，从而提升林业经济韧性水平。

第二，发挥林业多功能性作用，提升林业经济韧性。一是林产品生产环节具有脆弱性，主要是因为初级林产品收入需求弹性小，林产品消费量的增幅有限。二是随着社会主要矛盾的变化继而消费结构的升级（钟漪萍等，2020），林下经济、生态旅游、森林康养、自然教育等绿色产品的需求不断增长，且此类产品的消费并不受限于收入的增加。农村数字化发展正是在传统林业的基础上，通过拓展林业经济、社会、生态和文化的多功能性，有效缓解林产品消费的弱质性冲击。具体而言，农村数字化通过林业与旅游、文化、健康等产业赋能，培育出休闲林业、文化林业、创意林业等现代数字创新业态。林业生产的多元化和智能化降低了经营风险的敏感性，推动了林业产值增长（牛文涛等，2022）。通过农村数字化发展带动林业多功能性作用显现产品属性，提升了林产品的收入需求弹性，进而提升林业经济韧性水平。

农村数字化通过提升资源配置效率能够分别影响林业劳动力资源生产率和土地资源生产率，进而有利于提升林业经济韧性。农村数字化发展推动数字技术赋能林业劳动力要素，提高劳动力资源生产率。具体而言，农村数字化发展不但能够影响并优化农村居民传统的生产生活方式，提高农村居民数字化素养和创造力，进而缩小城乡"数字鸿沟"，而且有利于拓展农村居民就业创业新渠道（Zhou et al.，2017），让闲置和零散劳动力得到充分利用，提高劳动力资源生产率，有助于提高林业经济韧性水平。农村数字化推动"互联网＋农村金融"的新型发展模式，不仅有利于激发林业各类经营主体的生产积极性增加林业经营收益，还能够拓宽社会力量投资渠道，提高土地资源生产率，进而有利于持续提升林业经济韧性水平。同时，农村数字化快速发展利于林业产业分工专业化，大幅降低林业生产对资源的依赖度并提高其生产产品附加值，使资源配置更富有效率，从而有利于提升林业经济韧性。不仅如此，农村数字化发展可推动林业生产技能专业化，促使相关人员科学配置林业生产要素，有效提高林业生产效率与产品质量，实现林业经济韧性持续提升。随着农村数字化在林业产业领域渗透，资源逐渐被配置到具有技术优势的林业生产经营者中，使得传统高耗能、低效率、高污染的林业生产方式逐渐被取代，有利于扩大生产要素作用领域，增强林业经营主体遭遇冲击后的抵御能力和恢复力。

5.1.2 农村数字化发展对林业经济韧性的非线性效应

林业生产具有季节性和周期性，而林产品消费却是连续的。生产和消费的背离使林产品价格和市场信号发生作用存在时滞，导致价格预期难以有效形成，进而放大市场风险冲击（翁凌云等，2020）。农村数字化发展中现代信息技术对林业的渗透有助于缓解林产品市场交易面临的风险冲击。首先，在农村数字化发展的前期阶段，通过数字化（物联网、云计算、大数据等新一代信息技术）赋能生产环节可以实现信息共享（张林等，2020）。借助信息便利化有效整合林产品市场需求，将自然成熟的林产品生产和时空上高度分散的消费在云端精准匹配，例如"林业电商"。通过农村数字化发展下信息技术渗透带来的信息完整性，调节林业生产与消费的关系，打通产销对接高速通道，提升林业生产的抗冲击能力，进而可以显著提升林业经济韧性水平。其次，根据技术创新理论，随着农村数字化不断发展，采用新技术成果的林业主体往往获益最大，且新增收益在不同林业主体之间的分配是非均衡的。根据农业技术扩散理论，新技术的潜在采纳者需根据预期的经济效益判断是否使用新技术（黄炜虹，2019）。除此之外，农村数字化发展会引致诸如数字形式主义滋生蔓延、工作重心落在硬件设备上、公共资源分配不合理等实践问题的涌现（李丽莉等，2023）。因此，农村数字化发展到中期阶段表现为趋势渐缓，相应地其对林业经济韧性的影响也会呈现边际递减趋势。最后，伴随着农村数字化发展水平的突破和再提升以及数字经济的"梅特卡夫法则"（Rohlfs，1974）和"摩尔定律"，农村数字化和智能化的特点更加突出（李丽莉等，2023；夏显力等，2019），农村治理方式也逐渐转向数字治理模式（王亚华等，2022），其对林业各领域的参与和各子体系融合亦会不断紧密加深，对林业经济韧性赋能作用也可能愈加明显。因此，农村数字化发展对林业经济韧性的影响存在一个非线性效应，前期具有极强的数字红利，表现为显著的正向影响，中期发展趋缓，表现为边际效益递减，后期发展趋于完善，正向影响回升。

5.1.3 农村数字化发展对林业经济韧性影响存在空间溢出效应

农村数字化发展对林业经济韧性的影响可能存在空间溢出效应。农村数字化转型能够以较低成本打破信息传输的时空距离障碍，增强区域间经济活动的广度和深度（Zhang et al.，2022）。因此，农村数字化发展具有空间相关性，即一个地区的数字化发展经验和成果通过区域合作交流带动周边农村数字化水平提高（朱红根等，2023；慕娟等，2021）。既有研究证实了数字普惠金融对农业经济韧性的影响以及数字经济对农业经济韧性的促进作用均存在明显的空间溢出效应（赵巍等，2023）。由于林业劳动力资源的流动性和林业资源分布地区的地理关联，林业经济活动也具有空间相关性，因此一个地区的林业经济韧性亦将影响相邻地区，即农村数字化发展对林业经济韧性的影响可能也存在空间溢出效应。

理论分析框架如图5-1所示：

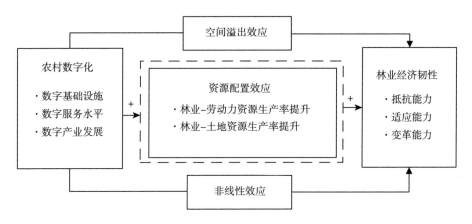

图5-1 农村数字化发展影响林业经济韧性的理论分析框架

5.2 研究方法与数据来源

5.2.1 模型设定

（1）基准回归模型。构建如下基准回归模型以检验农村数字化发展对林业经济韧性的影响：

$$Y_{it} = \alpha_0 + \alpha_1 X_{it} + \alpha_c C_{it} + \mu_i + \delta_t + \varepsilon_{it} \qquad (5-1)$$

式中，i 为省份（30省）；t 为年份（2011—2020年）；Y_{it} 为省份 i 在 t 时期的林业经济韧性水平；X_{it} 为省份 i 在 t 时期的农村数字化发展水平；C_{it} 为控制变量；μ_i 和 δ_t 分别为个体固定效应和时间固定效应；ε_{it} 为随机扰动项；

α_0、α_1 和 α_c 为待估系数。

（2）机制检验模型。构建以下机制检验模型以验证农村数字化发展对林业经济韧性的影响机制。参考江艇（2022）的做法，仅进行核心解释变量农村数字化发展对机制变量 M_{it} 的回归来克服传统三步法中介效应模型的缺陷，模型设定如下：

$$M_{it} = \beta_0 + \beta_1 X_{it} + \beta_c C_{it} + \mu_i + \delta_t + \varepsilon_{it} \qquad (5-2)$$

式中，M_{it} 为机制变量，包含劳动资源生产率和土地资源生产率两个变量；β_0、β_1 和 β_c 表示待估系数；μ_i 和 δ_t 分别为个体固定效应和时间固定效应；ε_{it} 为随机扰动项。

（3）面板门槛模型。构建如下面板门槛模型以验证农村数字化发展对林业经济韧性的非线性效应。

$$Y_{it} = \varphi_0 + \varphi_1 X_{it} \times I(T_{it} \leqslant \theta) + \varphi_2 X_{it} \times I(T_{it} > \theta) + \varphi_c C_{it} + \mu_i + \delta_t + \varepsilon_{it}$$
$$(5-3)$$

式中，$I(\cdot)$ 为指示函数；T_{it} 为农村数字化水平这一门槛变量；θ 为估计的门槛值，不同门槛区间具有不同的回归系数 φ_1 和 φ_2；μ_i 和 δ_t 分别为个体固定效应和时间固定效应；ε_{it} 为随机扰动项。式（5-3）为单门槛模型，根据后续门槛效应检验结果，可拓展为多重门槛模型。

（4）空间杜宾模型（Spatial Durbin Model，SDM）。构建如下空间面板模型以验证农村数字化发展对林业经济韧性的空间溢出效应。

$$Y_{it} = \chi_0 + \rho_1 \sum_{i=1}^{n} w_{ij} Y_{jt} + \chi_2 X_{it} + \rho_2 \sum_{i=1}^{n} w_{ij} X_{jt} + \chi_c \sum C_{it} + \rho_c \sum_{i=1}^{n} w_{ij} C_{jt}$$
$$+ \mu_i + \delta_t + \varepsilon_{it} \qquad (5-4)$$

式中，w_{ij} 为空间权重矩阵元素；ρ_1、ρ_2 和 ρ_c 为空间滞后项；χ_0、χ_1、χ_2 和 χ_c 为待估系数。μ_i 和 δ_t 分别为个体固定效应和时间固定效应；ε_{it} 为随机扰动项。

5.2.2　变量选取

（1）被解释变量为林业经济韧性水平。林业经济韧性是指林业经济系统受到不确定性冲击后自我恢复能力以及调整适应变化并再次设定其增长方式的过程。目前学界尚未有统一的林业经济韧性衡量体系，本研究基于已有农业经济韧性、城市经济韧性等指标，分别从抵抗能力、适应能力、变革能力三方面系统构建林业经济韧性水平指标体系，如表 5-1 所示：首先，抵抗能力系统中包括内在稳定性和产供鲁棒性，指林业在遭遇突发事件时减少所受冲击的能力，表现为林业内部的生产稳定和林业外部的产出效益；其次，适应能力系统中包括可持续性和可恢复性，指林业在受到冲击后的可持续发展水平和恢复能力，表现为自然冲击或人为冲击下林业生产的适应能力，以及恢复时带来的生态和经济效益；最后，变革能力系统中包括多样协作性和科技进步性，指林业遭遇冲击后的自我变革和调整能力，表现为包括林业第三产业进一步发展、林业产业的技术投资和技术革新等方面。

表 5-1　林业经济韧性水平评价指标

一级指标	二级指标	三级指标（单位）	属性
抵抗能力水平	内在稳定性	林地面积（千公顷）	＋
		林业机械总动力（万千瓦时）	＋
		林业第一产业从业人员（万人）	＋
	产供鲁棒性	人均林业产值（万元）	＋
		林产品价格指数（％）	－
		林业产值/林地面积（％）	＋
适应能力水平	可持续性	林业碳排放总量（万吨）	－
		林业受灾防治率（％）	＋
		林业农药使用量（万吨）	－
	可恢复性	林业碳汇总量（万吨）	＋
		森林覆盖率（％）	＋
		林业增加值增长率（％）	＋
变革能力水平	多样协作性	林业能源投资（万元）	＋
		林下经济产值（万元）	＋
		林业旅游与休闲产业带动产值（万元）	＋
	科技进步性	林业科研支出（万元）	＋
		林业人员素质（年）	＋
		林业科技推广站（个）	＋

（2）核心解释变量为农村数字化发展水平。本研究基于传统数字经济指

标体系，结合中国农村数字经济发展实践，农村数字化应当以数字基础设施
的完善为支撑点、数字服务水平的支持为发展途径、数字产业的发展为驱动
力。因此，分别从数字基础设施、数字服务水平和数字产业发展三个维度构
建了农村数字化指标体系，具体如表5-2所示。在数字基础设施方面，其
中互联网的接入和信息化设备的持有是支持农村数字化运行和发展的基础，
同时农业气象服务作为数字乡村建设的基础生产设施，已在农村生产中发挥
愈加重要的作用，也将其纳入数字基础设施。在数字服务水平方面，数字技
术在农村的应用、消费、投资等方面能够体现农村数字化发展服务水平。在
数字产业发展方面，以农村产业为核心指标，突出数字信息技术在农村产业
生产、流通和运营环节的融合作用，农村数字产业创新基地的数量在一定程
度上能够体现农村数字产业发展水平。

表5-2 农村数字化发展水平综合指标评价体系

一级指标	二级指标	三级指标（单位）	属性
数字基础设施	农村互联网普及率	开通互联网宽带业务的行政村比重（%）	＋
		农村宽带接入用户/乡村户数（%）	＋
	农村信息化设备	农村居民每百户计算机拥有量（台）	＋
		农村居民每百户移动电话拥有量（部）	＋
		农村居民每百户彩色电视机拥有量（台）	＋
	农村气象观测业务	农业气象观测站（个）	＋
数字服务水平	农村信息技术应用	农村营业网点服务人口（万人）	－
	农村数字产品与服务消费	农村居民数字产品及服务的消费支出（%）	＋
	农村数字金融	数字普惠金融水平（指数）	＋
	农村生产投资	农林牧渔固定资产投资（亿元）	＋
数字产业发展	农村生产数字化	第一产业中数字经济增加值（亿元）	＋
	农村流通数字化	农村物流业务（亿元）	＋
	农村运营数字化	农村电子商务销售额采购额（亿元）	＋
	农村数字产业创新基地	淘宝村数量（个）	＋

（3）控制变量。为尽可能地缓解遗漏变量偏误，进一步控制可能影响林业经济韧性的社会经济与自然禀赋等方面的因素，具体变量为：①经济发展水平。当地经济发展程度促进林业产业就业人员增加和林业经济的增长（Xiong et al.，2018），考虑到区域人口差异，使用当地人均 GDP 度量经济发展水平。②产业结构。第二产业的快速发展为林产品精深加工提供了产业基础和市场链条，有助于促进林业产业的转型（Ke et al.，2019），使用第二产业产值与 GDP 之比度量当地产业结构。③城镇化率。城镇化会改变林业资源和其所处区位的构建和相互作用的方式，通过重组林业工作者的销售和服务对现代林业经济发展产生影响（Andersson et al.，2020）。使用城镇人口占全省人口比重度量城镇化率。④生态环境。生态环境与森林类型、结构和多样性紧密相关（Brockerhoff et al.，2017），由此进一步影响林业产业的可持续发展，对林业经济韧性具有重要影响，使用水土流失治理面积与省份面积之比度量当地生态环境。⑤降水量。降雨的变化影响地区干旱持续时间的严重程度，影响森林质量（Choat et al.，2012），进一步影响当地林业经济的发展，考虑到区域面积差异，使用降水量与省份面积之比度量。

5.2.3 数据来源

研究对象为 2011—2020 年中国 30 个省份，采用线性插值法补充少数缺失数据。各变量的描述性统计结果如表 5-3 所示。主要数据来源分为三部分内容：一是统计年鉴数据。来源于历年的《中国统计年鉴》《中国农村统计年鉴》《中国人口和就业统计年鉴》《中国林业统计年鉴》和各省级年鉴。二是官方渠道的报道或报告的数据。农村数字化指标体系中，淘宝村数量来源于阿里研究院发布的历年中国淘宝村研究报告；数字普惠金融指数来源于北京大学数字金融研究中心课题组发布的《北京大学数字普惠金融指数（2011—2020 年）》；降水量来源于国家气象科学数据共享服务平台。三是基于已有方法测度获得。农村数字化指标体系中的第一产业中数字经济增长值通过省级投入产出表（2012 年、2015 年和 2017 年）计算而得（慕娟和马立平，2021）；林业碳排放总量，基于木材加工及木、竹、藤、棕、草制品业、造纸及纸制品业和印刷业，通过分行业的煤炭、天然气和石油使用量对碳排放量进行折算；林业碳汇总量根据 IPCC 2006 的方法进行估算，其中由于不同树种的参数不同，采用加权平均法计算各参数。此外，针对构建的林业经济韧性和农村数字化指标体系，本研究采用熵权法确定其权重，从而得到最终指标。

表 5-3 描述性统计结果

变量	单位	样本	均值	标准差	最小值	最大值
林业经济韧性	指数	300	0.141	0.082	0.023	0.398
农村数字化	指数	300	0.394	0.116	0.148	0.715
经济发展水平	人/万元	300	5.651	2.622	1.943	13.605
产业结构	%	300	0.431	0.087	0.188	0.575
城镇化水平	%	300	0.590	0.122	0.369	0.893
生态环境水平	%	300	0.207	0.133	0.000	0.479
降水量	毫米/平方千米	300	0.017	0.038	0.000	0.232

5.3 结果与分析

5.3.1 农村数字化与林业经济韧性时空演化特征

（1）农村数字化发展时空演化特征。表 5-4 描述了中国 30 个省份的农村数字化发展水平情况。从时间上看，2011—2020 年 30 个省份农村数字化水平整体呈现上升趋势。可能的原因有两点，一方面，互联网公司纷纷借助产业优势、科技优势，助力农业生产转型升级，助农电商平台将产地和消费者直连，以直播模式带货，有效打通林产品上行通道，并且发挥供应链的优势，进一步完善林产品产销流通体系。农村传统产业与互联网产业联系日益紧密，极大地促进农村数字化的发展；另一方面，产业数字化由城市向农村下沉，农村数字化由此取得了较大发展。从空间上看，沿海地区农村数字化发展水平高于内陆地区，东部高于中西部。其中，东部沿海地区中，江苏、上海、浙江、福建和广东五个地区的农村数字化水平较高、发展较快，远高于内陆和中西部地区。但内陆地区的北京，农村数字化发展水平同样较高。

表 5－4　中国 30 个省份农村数字化发展综合指数与排序

省份	2011 年		2015 年		2020 年	
	综合指数	排名	综合指数	排名	综合指数	排名
北京	0.383 3	1	0.484 8	4	0.582 8	8
天津	0.260 9	10	0.374 4	16	0.443 9	22
河北	0.265 5	8	0.420 8	9	0.550 4	10
山西	0.241 3	14	0.364 2	19	0.445 7	21
内蒙古	0.194 6	24	0.333 4	23	0.425 5	27
辽宁	0.268 3	7	0.416 1	11	0.452 6	20
吉林	0.232	17	0.373 8	17	0.427 4	26
黑龙江	0.252 7	12	0.384 4	14	0.474 7	17
上海	0.357 6	3	0.416 2	10	0.504 5	12
江苏	0.344 2	5	0.521 2	3	0.708	3
浙江	0.358 9	2	0.521 8	2	0.751 1	1
安徽	0.206 2	20	0.362 2	20	0.523 2	11
福建	0.324	6	0.480 4	5	0.584 5	7
江西	0.177 8	25	0.337 8	22	0.467	18
山东	0.259 2	11	0.423 9	8	0.601 5	6
河南	0.261 5	9	0.443 3	6	0.649 4	4
湖北	0.248 3	13	0.436 4	7	0.628 5	5
湖南	0.195 3	23	0.373 6	18	0.496 4	14
广东	0.346	4	0.532 2	1	0.750 4	2
广西	0.203 5	21	0.376	15	0.500 7	13
海南	0.156 4	27	0.285 2	30	0.367 7	30
重庆	0.202 9	22	0.328 2	25	0.457 5	19
四川	0.235 4	16	0.406 8	12	0.576 5	9
贵州	0.090 2	30	0.302 4	28	0.428 2	25
云南	0.155 4	28	0.317	27	0.489 9	15
陕西	0.240 1	15	0.388 3	13	0.479 5	16
甘肃	0.141	29	0.291 2	29	0.439 1	23
青海	0.162 4	26	0.330 9	24	0.397 6	28
宁夏	0.209 9	19	0.320 1	26	0.392 9	29
新疆	0.214 2	18	0.355 4	21	0.438 1	24

（2）林业经济韧性发展时空演化特征。图 5 - 2 描述了 2011—2020 年中国 30 个省份整体林业经济韧性均值情况。由图 5 - 3 可知，中国 30 个省份林业经济韧性总体上呈现逐年上升趋势，但具有较为显著的区域差异性。其中，东部地区表现为平稳上升趋势，2011—2020 年间从 0.135 5 上升至 0.140 4；中部地区表现为快速上升趋势，2011—2020 年间从 0.154 2 上升至 0.191 3，表明，一方面在中部地区高质量发展战略的推动下，林业这一绿色产业得到重视，各类资本要素投入增加。另一方面该地区天保工程建设成果显著，重视对已有森林资源的维护，育林和造林面积持续增长，由此林业经济韧性得到进一步提升；西部地区 2011—2020 年间从 0.127 0 下降至 0.110 7，原因在于西部地区林业发展结构不合理问题仍较为严重，表现为依赖于林业第一产业，加之天然林商业采伐全面停止和森工企业转型影响，当地林业产业转型困难，甚至出现负增长。

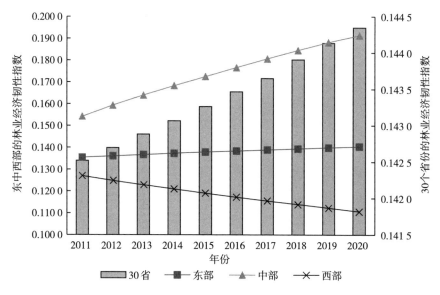

图 5 - 2　2011—2020 年中国 30 个省份林业经济韧性水平指数

5.3.2 基准回归结果分析

表 5 - 5 展示了农村数字化发展对林业经济韧性影响的基准回归结果。根据 Hausman 检验结果，固定效应模型是合适的。表 5 - 5 中列（1）和

（3）结果表明，农村数字化发展对林业经济韧性的影响均在 1% 的水平上显著为正，从第（3）列中可以看出，农村数字化发展水平每提升 1%，林业经济韧性水平能够上升 0.435%。验证了农村数字化发展对林业经济韧性的提升作用，即在农村数字化发展水平较高的地区，凭借数字经济在林业经济活动的各个环节中的数字赋能，极大提升了资源要素的流动效率，拓展了林业产业链以及促进了林业产业多功能性发挥，使得林业经济韧性得以强化。控制变量中，经济发展水平、产业结构水平、自然禀赋（降水量）对林业经济韧性水平具有显著的正向影响，表明经济基础支撑、产业结构优化以及自然禀赋优势三因素均有利于提升林业经济韧性水平。

表 5-5 基准回归结果

变量	双向固定效应模型			
	(1)	(2)	(3)	(4)
农村数字化	0.478 ***	(0.129)	0.435 ***	(0.126)
经济发展水平			0.022 ***	(0.008)
产业结构水平			0.148 *	(0.073)
城镇化水平			0.304	(0.198)
生态环境水平			0.031	(0.056)
降水量			0.544 **	(0.235)
常数项	−0.048	(0.051)	−0.415 ***	(0.134)
年份		√		√
省份		√		√
豪斯曼检验		39.85 ***		47.25 ***
观测值		300		300
R^2		0.942		0.954

注：*** 代表 $P<0.01$；** 代表 $P<0.05$；* 代表 $P<0.1$；括号内数值为聚类到省级层面的稳健标准误。下同。

5.3.3 稳健性检验

运用 4 种方法对回归结果进行了稳健性检验，结果如表 5-6 所示。

（1）为验证农村数字化发展水平指标中每一维度赋权的可信度，进一步采用与熵权法类似的客观赋权方法即主成分分析法，重新测度农村数字化发展水平指标，结果如列（1）所示，农村数字化发展对林业经济韧性的影响仍然显著为正。

（2）自变量滞后。考虑到农村数字化发展对林业经济韧性的影响存在时滞性，将农村数字化发展水平的一阶滞后项作为核心解释变量进行回归，结果如列（2）所示，考虑滞后影响后的结论依然稳健。

（3）控制区域时间趋势项。为排除区域发展政策和地理位置等因素对林业经济发展的干扰，且这些干扰可能随着时间的变化影响对结果的正确估计。为此，构造区域虚拟变量和时间趋势变量的交互项加入基准回归模型中（区域划分具体包括中国的东部地区、中部地区和西部地区），结果如列（3）所示，在控制区域时间趋势项后，农村数字化发展对林业经济韧性的影响仍然显著为正。

（4）剔除直辖市。考虑到样本选择偏差问题，直辖市具有政策和经济天然优势，数字经济基础好。因此，剔除北京、天津、重庆和上海四个直辖市样本，结果如列（4）所示，在排除特殊样本后，结论依然稳健。

表 5-6　稳健性检验结果

变量	改变自变量测度方法	滞后一期	控制区域时间趋势项	剔除直辖市
	（1）	（2）	（3）	（4）
农村数字化	0.080***	0.382***	0.416***	0.422***
	(0.024)	(0.115)	(0.130)	(0.125)
控制变量	√	√	√	√
年份	√	√	√	√
省份	√	√	√	√
区域时间趋势项	×	×	√	×
常数项	−0.311**	−0.462***	0.979**	−0.209
	(0.149)	(0.153)	(0.376)	(0.150)
观测值	300	270	300	260
R^2	0.956	0.961	0.959	0.951

5.3.4 内生性讨论

采用 IV-2SLS 方法处理模型可能存在的内生性问题。以往相关研究多选用 1984 年的邮电历史数据作为数字化指数的工具变量。但是，不同于城市，农村数字化起步晚、发展慢，其发展水平往往与当地农村基础设施的程度密切相关。区域层面的邮电发展水平难以影响农村层面的数字化发展且不能完全脱离经济体系（Zhang et al.，2022），既不满足"相关性"条件，也不满足"外生性"条件。鉴于此，遵循农村基础设施和农村数字化发展具有紧密关系这一逻辑，参照王凤婷等（2023）选择 1998 年农村公路密度作为工具变量，以上一年全国农村互联网用户数分别与 1998 年各省农村公路密度构造交互项。工具变量的选取同时满足相关性与外生性两个条件。

表 5-7 中第（1）和（2）列为 2SLS 模型的回归结果。结果表明，第一阶段中的工具变量和自变量满足相关性，农村公路密度大，历史基础设施条件越好，有利于后续农村数字化发展。第二阶段中的农村数字化发展对林业经济韧性的影响依然在 1% 的水平上显著为正，且均通过工具变量有效性检验。

表 5-7　工具变量法结果

变量	第一阶段	第二阶段
	（1）	（2）
农村数字化		0.860***
		(0.224)
工具变量	0.017***	
	(0.003)	
常数项	−0.597***	−0.437***
	(0.158)	(0.163)
控制变量	√	√
年份	√	√
省份	√	√
Kleibergen-Paap rk LM	17.295 [0.000]	
Kleibergen-Paap rk Wald F	28.014 [16.38]	
观测值	300	

5.3.5　影响机制分析

前文从资源配置效率的角度，理论推断了农村数字化发展可能通过提升劳动力资源生产率和土地资源生产率两个作用渠道影响林业经济韧性，本节对此进行验证。

（1）劳动力资源生产率。在理论上，农村数字化发展会对林业劳动力资源生产率产生影响。林业经济韧性作为其在面对各种外部冲击和变化时能够保持弹性和适应性能力的体现，数字化技术的引入能够对林业劳动力资源的构成产生积极的影响，进而增强林业产业中对外部冲击和变化的应对能力。例如，农村数字化的发展能够利用数字技术监测森林健康状况，采用遥感技术迅速识别森林病虫害，从而减少了需要人工巡视的需求。此外，数字化技术也可以用于规划和优化林业生产过程，提高了劳动力的效率。

为检验"农村数字化发展通过提高劳动力资源生产率进而提升林业经济韧性水平"，使用林业系统从业总人数与林业总产值的比值来衡量劳动力资源生产率，并将其作为因变量进行回归，结果如表 5-8 所示。结果表明，农村数字化发展对劳动力资源生产率具有显著的正向影响，农村数字化水平每提升 1%，劳动力资源生产率提升 0.775%，表明农村数字化发展能够显著提升林业劳动力资源生产率，这与廖红伟等（2019）的研究结论基本一致，即劳动力投入数量和质量的提升能够显著促进林业产业经济转型发展和林业经济韧性水平的提升。

（2）土地资源生产率。在理论上，农村数字化发展会对林业土地资源生产率产生影响。林业经济韧性的构成要素包括内在稳定性（林地面积等）、产供鲁棒性（单位林地产值等）、可持续性等（病虫害防治等），数字化技术的引入能够对林业土地资源生产率产生积极的影响，表现为强化林业经济韧性系统中的各个子系统，进而提升整体林业经济韧性。例如，农村数字化发展能够通过追踪森林生长、土壤质量等数据，科学合理地进行森林病虫害的防治和土地再生，维护土地的生产力。此外，数字化技术也可以用于精细化管理和智能决策支持等，优化林地布局，更好地规划土地资源的利用。

为检验"农村数字化发展通过提高土地资源生产率进而提升林业经济韧性水平",使用林业产值与林地面积的比值来衡量土地资源生产率,并将其作为因变量进行回归,结果如表5-8所示。结果表明,农村数字化发展对土地资源生产率具有显著的正向影响,农村数字化水平每提升1%,土地资源生产率水平提升0.218%。表明农村数字化发展能够显著提升林业土地资源生产率,这与廖文梅等(2014)的研究结论基本一致,即林地资源效率的提升能够产生规模经营效益并能提升林业经济韧性水平。

表5-8 机制分析结果

变量	资源配置效率	
	劳动资源生产率	土地资源生产率
农村数字化	0.775***	0.218***
	(0.233)	(0.075)
控制变量	√	√
年份	√	√
省份	√	√
常数项	−1.049***	−0.334**
	(0.267)	(0.145)
观测值	300	300
R^2	0.915	0.959

5.3.6 异质性分析

(1)区位条件差异。农村数字化发展对林业经济韧性提升效应可能由于区位条件不同而产生差异,为此,将研究样本分为东、中、西三组进行比较分析,结果如表5-9所示。结果表明,农村数字化发展能够显著提升东部地区的林业经济韧性。可能的原因在于东部地区经济发达,数字基础设施较为完善,网络化程度较高,与其他地区相比本身数字产业发达。与此同时,东部地区农村普遍现代化程度高,其中浙江省更是农村人均收入常年位于中国首位,数字经济易于向农村下沉,农民接受程度高,不但有利于实现农村数字化，而且还有利于农村数字化发展红利效应的发挥。

表 5 - 9　不同区位条件下农村数字化发展提升林业经济韧性效应异质性分析结果

变量	东部地区样本	中部地区样本	西部地区样本
农村数字化	0.359**	0.638	0.222
	(0.146)	(0.346)	(0.127)
控制变量	√	√	√
年份	√	√	√
省份	√	√	√
常数项	−0.653***	−0.266	−0.270
	(0.179)	(0.760)	(0.221)
观测值	120	80	110
R^2	0.964	0.941	0.970

（2）林业经济韧性水平差异。为分析农村数字化发展对不同分位点林业经济韧性的影响，进一步采用双向固定的分位数模型验证不同林业经济韧性水平下，农村数字化发展的林业经济韧性提升效应存在的差异，结果如表 5 - 10 所示。结果表明，在 0.25、0.50、0.75 和 0.90 分位点上，农村数字化发展对林业经济韧性均存在显著正向影响，随着林业经济韧性水平不断提升，促进作用逐渐增强，表现为边际效益递增，在 0.75 和 0.90 百分点后，这一递增逐渐趋于稳定，表明农村数字化发展整体上能够显著提升林业经济韧性，且具有持续的正向影响。

表 5 - 10　不同林业经济韧性水平下农村数字化发展效应异质性分析结果

变量	0.10 分位点	0.25 分位点	0.50 分位点	0.75 分位点	0.90 分位点
农村数字化	0.212	0.166**	0.406***	0.522***	0.522***
	(0.166)	(0.077)	(0.014)	(0.004)	(0.005)
控制变量	√	√	√	√	√
年份	√	√	√	√	√
省份	√	√	√	√	√
观测值	300	300	300	300	300

5.3.7 门槛效应分析

首先进行门槛效应检验，采用 Bootstrap 反复抽样 1 000 次结果如表 5 - 11 所示。结果表明，农村数字化发展通过了单门槛检验。

表 5 - 11　门槛效应检验

门槛变量	门槛数量	F 统计量	P 值	抽样次数	临界值		
					10%	5%	1%
农村数字化	1	39.03	0.024	1 000	24.500	32.796	46.426
	2	27.33	0.095	1 000	25.194	50.969	72.038
	3	20.22	0.254	1 000	33.539	44.386	69.418

根据门槛效应检验的结果，设定相应门槛个数的回归模型，由此确定相应门槛值，如表 5 - 12 所示。

表 5 - 12　门槛值确定和置信区间

门槛变量	门槛模型	门槛值	95% 置信区间1
农村数字化	双重门槛模型	0.194 6	[0.177 4，0.195 3]
		0.649 4	[0.295 2，0.650 0]

表 5 - 13 展示了面板门槛模型的回归结果。门槛变量为农村数字化发展水平。结果表明，当农村数字化发展水平低于第一个门槛时，农村数字化发展对林业经济韧性的影响显著为正；在跨越第一个阈值后，随着农村数字化发展水平的提升，其对林业经济韧性的影响呈现边际收益递减的趋势，这主要是因为在数字技术与林业产业的前期融合阶段能够产生巨大的数字红利，但是农村数字化发展呈现出明显的技术周期特征，引入后的完善运行成本较高，发展到一定阶段后效益增加不显著，需要进一步投入资金、技术、人力资本等加以突破；在跨越第二个阈值后，农村数字化发展依然对林业经济韧性具有显著的提升作用，且回归系数有所增加，表明随着数字基础设施、数字服务水平和产业数字水平的不断完善，数字红利得以强化。

表 5 – 13 门槛模型估计结果

变量	(1)
农村数字化·I ($Th \leqslant q_1$)	0.443***
	(0.070)
农村数字化·I ($q_1 < Th < q_2$)	0.221***
	(0.047)
农村数字化·I ($Th \geqslant q_2$)	0.295***
	(0.045)
控制变量	是
年份	是
省份	是
常数项	−0.177***
	(0.055)
观测值	300

5.3.8 空间效应分析

莫兰指数检验农村数字化发展和林业经济韧性的空间自相关的结果如表 5 - 14 所示。结果表明，2011—2020 年农村数字化发展和林业经济韧性的莫兰指数均在 1% 或 5% 的水平上显著正相关，表明两者均具有显著的空间自相关性。

表 5 – 14 2011—2020 年农村数字化发展和林业经济韧性的空间自相关检验结果

农村数字化		林业经济韧性	
年份	莫兰指数	年份	莫兰指数
2011	0.385***	2011	0.307***
2012	0.403***	2012	0.273***
2013	0.339***	2013	0.256***
2014	0.317***	2014	0.256**
2015	0.249**	2015	0.268***
2016	0.244**	2016	0.243**

（续）

农村数字化		林业经济韧性	
年份	莫兰指数	年份	莫兰指数
2017	0.215 **	2017	0.232 **
2018	0.216 **	2018	0.235 **
2019	0.252 **	2019	0.254 **
2020	0.231 **	2020	0.300 ***

LM 检验、LR 检验和固定效应选择项检验结果表明，最适用的方法是具有时空双重固定效应的空间杜宾模型。

表 5-15 给出了农村数字化发展对林业经济韧性的空间效应估计结果，同时还给出了空间回归模型在邻接矩阵和嵌套矩阵两个权重矩阵下的估计以验证其稳健性，结果如列（2）、列（3）所示。结果表明，空间自回归系数（ρ）均在 1% 的水平上显著为正，证明了空间效应的存在。由于空间相互作用项（$w \times rd$）的回归系数不能直接用于讨论空间边际影响。因此，为进一步测量相邻区域间复杂的空间相关性，通过计算偏导数得到系数，用总效应、直接效应和间接效应来描述相邻区域的空间边际效应，结果如表 5-15 列（1）所示。结果表明，直接影响和间接影响分别在 1% 和 5% 的水平上显著为正，农村数字化发展对林业经济韧性存在显著的空间溢出效应。可能的原因在于数字技术的跨时空信息传播和共享增强了区域间的林业生产交换活动，即农村数字化发展能够突破地理距离差异，不仅提升本地林业经济韧性水平，同时起到示范和引领作用，也提升了邻近地区林业经济韧性水平。

表 5-15 空间效应回归结果

变量	地理距离矩阵	邻接矩阵	嵌套矩阵
	（1）	（2）	（3）
农村数字化	0.376 ***	0.197 ***	0.284 ***
	(0.049)	(0.048)	(0.046)
$w \times$农村数字化	0.895 ***	−0.146 *	−0.196 **
	(0.301)	(0.085)	(0.089)
控制变量	√	√	√

（续）

变量	地理距离矩阵	邻接矩阵	嵌套矩阵
	(1)	(2)	(3)
直接效应	0.362***	0.193***	0.280***
	(0.048)	(0.049)	(0.050)
控制变量	√	√	√
间接效应	0.456**	−0.125	−0.103
	(0.195)	(0.10)	(0.179)
控制变量	√	√	√
总效应	0.818***	0.069	0.177
	(0.201)	(0.115)	(0.203)
控制变量	√	√	√
观测值	300	300	300
ρ	−0.514**	0.225***	0.493***
$sigma2\_e$	0.000***	0.000***	0.000***

结论与政策启示

5.4.1 结论

利用 2011—2020 年中国 30 省的面板数据，在评估农村数字化发展水平和林业经济韧性水平的基础上，实证检验农村数字化发展对林业经济韧性的因果关系及其作用机制，得出的主要结论如下：

（1）农村数字化发展能够提升林业经济韧性，即使经过一系列稳健性检验和内生性处理，这一结论仍然成立。农村数字化发展主要通过提高劳动力要素生产率和土地要素生产率两个主要渠道影响和提升林业经济韧性水平，提升效应总体上具有边际效益递增特征，且存在显著的区域异质性，东部地区的提升效应更强。

（2）在不同农村数字化发展水平下，农村数字化发展对林业经济韧性的影响是非线性的，前期具有极强的数字红利，表现为显著正向影响，中期发展趋缓，表现为边际效益递减，后期发展趋于完善，正向影响回升。

（3）农村数字化发展对林业经济韧性的影响存在显著的空间溢出效应，直接影响和间接影响均显著为正，表明农村数字化发展不仅能够提升本地的林业经济韧性水平，还能通过技术扩散正向影响邻近地区的林业经济韧性。

（4）除农村数字化发展水平外，经济发展水平、产业结构、自然禀赋（降水量）对林业经济韧性水平也具有显著的正向影响。

5.4.2 政策启示

（1）鉴于农村数字化发展能够提升林业经济韧性，要进一步加大对农村的资金投入，大力发展农村数字经济，持续推进"宽带下乡"和"数字乡村"战略，实现农村 4G 或 5G 网络覆盖，保证农村居民基础的信息服务。同时，尝试设立数字经济示范村和林业大数据试点县，推动科技成果尽快转化为现实生产力。要注重农村数字化发展在林业经济韧性锻铸中的赋能作用，加快农村数字化带动传统林业智能化转型发展，深入挖掘农村数字化发展的赋能手段，加快推进覆盖林业全产业链条的数字林业试验区建设，实现林业数字产业高质量集聚，不断巩固和提升林业经济韧性水平。

（2）鉴于农村数字化发展影响林业经济韧性效应的非线性特征，要重视农村数字化发展赋能林业经济韧性的周期性，分阶段引进现代信息技术加持林业生产各领域的新技术渗透等来提升林业经济韧性。例如，可以将一批用于林业生产的先进林业传感器和智能机械装备等按程序列入农机购置与应用补贴机具种类范围，以促进中期发展阶段数字赋能林业经济韧性边际效益的提升。

（3）鉴于农村数字化发展提升林业经济韧性水平效应存在显著的区域异质性和空间外溢性特征，要进一步实施动态化和差异化的农村数字化发展策略，重视挖掘其资源配置效率提高的能力，提升数字赋能林业经济韧性的整体水平。对于中部和西部地区，要重点围绕数字技术的成果落地，在充分利用农村数字化发展提升林业经济韧性方面的红利优势的同时，不断完善东部地区和中西部地区的区域合作机制，促进各地区农村数字化协调发展，实现林业经济韧性的均衡发展。要重点提升林业经济韧性水平偏低地区的数字赋能水平，提高林业劳动力数字素养与数字技术应用技能，发挥数字技术配置劳动力和林地资源优势，推动林地适度经营，切实提高林地投入产出效率及林业经济韧性水平。要完善数字赋能林业经济韧性提升的利益分配机制，将更多的数字红利留给森林资源富集地区的农村居民发展林业生产与增收致富，推动农村居民就地就近就业从事林业生产，缩窄数字林业产业效益的外溢空间，弱化地理排斥与自我排斥，缓解农村居民的生计脆弱性，进而提升其抵抗外部不确定性风险冲击的能力，带动提升其生计韧性。

（4）鉴于经济发展水平、产业结构、自然禀赋对林业经济韧性水平显著的正向影响效应，应注重持续加强经济基础支撑、优化产业结构以及借助自然禀赋优势来提升林业经济韧性水平，促进林业产业高质量发展。

参 考 文 献

董玮，秦国伟，2017. 新时期实施林业绿色减贫的理论和实践研究——以安徽省界首市刘寨村为例 [J]. 林业经济，39（10）：3-7.

郭炳南，王宇，张浩，2022. 数字经济、绿色技术创新与产业结构升级——来自中国282个城市的经验证据 [J]. 兰州学刊（2）：58-73.

郝爱民，谭家银，2022. 数字乡村建设对我国粮食体系韧性的影响 [J]. 华南农业大学学报（社会科学版），21（3）：10-24.

赫国胜，燕佳妮，2023. 数字金融对城市经济韧性的影响——基于空间计量模型的实证分析 [J]. 经济问题探索（3）：97-110.

黄炜虹，2019. 农业技术扩散渠道对农户生态农业模式采纳的影响研究 [D]. 武汉：华中农业大学.

江艇，2022. 因果推断经验研究中的中介效应与调节效应 [J]. 中国工业经济（5）：100-120.

孔凡斌，程文杰，徐彩瑶，2023. 数字经济发展能否提高森林生态产品价值转化效率——基于浙江省丽水市的实证分析 [J]. 中国农村经济（5）：163-184.

孔凡斌，徐彩瑶，陈胜东，2022. 中国生态扶贫共建共享机制研究 [J]. 北京：中国农业出版社.

李丽莉，曾亿武，郭红东，2023. 数字乡村建设：底层逻辑、实践误区与优化路径 [J]. 中国农村经济（1）：77-92.

李玉恒，黄惠倩，王晟业，2021. 基于乡村经济韧性的传统农区城乡融合发展路径研究——以河北省典型县域为例 [J]. 经济地理, 41 (8)：28-33.

廖红伟, 高锡鹏, 2019. 要素配置与资源型产业经济增长——基于东北地区 87 家国有森工企业数据分析 [J]. 江汉论坛 (9)：26-35.

廖文梅, 廖冰, 金志农, 2014. 林农经济林经营效率及其影响因素分析——以赣南原中央苏区为例 [J]. 农林经济管理学报, 13 (5)：490-498.

刘伟, 2023. 数字经济对制造业产业链韧性的影响研究 [J]. 技术经济与管理研究 (8)：45-50.

刘晓星, 张旭, 李守伟, 2023. 中国宏观经济韧性测度——基于系统性风险的视角 [J]. 中国社会科学 (1)：12-32, 204.

马俊凯, 李光泗, 韩冬, 2023. 数字经济赋能粮食供应链韧性：作用路径和政策取向 [J]. 新疆社会科学 (1)：46-54.

慕娟, 马立平, 2021. 中国农业农村数字经济发展指数测度与区域差异 [J]. 华南农业大学学报 (社会科学版), 20 (4)：90-98.

牛文涛, 郑景露, 唐轲, 2022. 农村三产融合赋能农民就业增收再审视——基于河南省孟庄镇、龙湖镇、薛店镇的案例分析 [J]. 农业经济问题 (8)：132-144.

宋敏, 刘欣雨, 2023. 数字经济赋能农业韧性机制研究——基于人力资本的中介效应分析 [J]. 江苏社会科学 (1)：103-112.

王凤婷, 王浩, 孔凡斌, 2024. 农村数字化发展对农业全要素碳生产率的提升效应研究 [J]. 中国人口·资源与环境, 34 (3)：79-90.

王会艳, 陈优, 谢家平, 2023. 数字赋能中国制造业供应链韧性机理研究 [J]. 软科学 (3)：1-10.

王亚华, 李星光, 2022. 数字技术赋能乡村治理的制度分析与理论启示 [J]. 中国农村经济 (8)：132-144.

翁凌云, 王克, 朱增勇, 等, 2020. 市场风险、价格预期与能繁母猪养殖行为 [J]. 农业技术经济 (6)：30-43.

夏显力, 陈哲, 张慧利, 等, 2019. 农业高质量发展：数字赋能与实现路径 [J]. 中国农村经济 (12)：2-15.

许正松, 徐彩瑶, 陆雨, 等, 2022. 中国生态扶贫的实践逻辑、政策成效与机制创新 [J]. 林业经济问题, 42 (3)：225-232.

于伟, 张鹏, 2019. 中国农业发展韧性时空分异特征及影响因素研究 [J]. 地理与地理信息科学 (1)：102-108.

张林，温涛，刘渊博，2020. 农村产业融合发展与农民收入增长：理论机理与实证判定 [J]. 西南大学学报（社会科学版）（5）：42-56.

张亚丽，项本武，2023. 数字经济发展对中国市域经济韧性的影响效应 [J]. 经济地理，43（1）：105-113.

张正荣，刘丹，邬关荣，2023. 数字经济对制造业产业链韧性的空间溢出效应 [J]. 浙江理工大学学报（社会科学版），50（5）：531-538.

赵巍，徐筱雯，2023a. 数字经济对农业经济韧性的影响效应与作用机制 [J]. 华南农业大学学报（社会科学版），22（2）：87-96.

赵巍，赵恬婧，马婧，2023b. 数字普惠金融、农村产业融合与农业经济韧性 [J]. 农林经济管理学报（5）：1-14.

钟漪萍，唐林仁，胡平波，2020. 农旅融合促进农村产业结构优化升级的机理与实证分析——以全国休闲农业与乡村旅游示范县为例 [J]. 中国农村经济（7）：80-98.

朱红根，陈晖，2023. 中国数字乡村发展的水平测度、时空演变及推进路径 [J]. 农业经济问题（3）：21-33.

朱媛媛，罗源，陈京，等，2023. 资源枯竭型城市产业转型及其经济韧性——以湖北省大冶市为例 [J]. 自然资源学报，38（1）：73-90.

Andersson E，Keskitalo E C H，Westin K，2020. Managing place and distance：Restructuring sales and work relations to meet urbanisation－related challenges in Swedish forestry [J]. Forest Policy and Economics，118：102 267.

Aura Reggiani，Thomas de Graaff，Peter N，2002. Resilience：An evolutionary approach to spatial economic systems [J]. Networks and Spatial Economics，2（2）：211-229.

Brockerhoff E G，Barbaro L，Castagneyrol B，et al.，2017. Forest biodiversity，ecosystem functioning and the provision of ecosystem services [J]. Biodiversity and Conservation，26（13）：3005-3035.

Choat B，Jansen S，Brodribb T J，et al.，2012. Global convergence in the vulnerability of forests to drought [J]. Nature，491：752-755.

Cirillo，V.，Fanti，L.，Mina，A.，et al.，2023. The adoption of digital technologies：Investment，skills，work organization [J]. Structural Change and Economic Dynamics，66：89-105.

Costanza R，de Groot R，Sutton P，et al.，2014. The value of the world's ecosystem services and natural capital [J]. Nature，519（7542）：518-522.

Folke C, 2006. Resilience: The emergence of a perspective for social ecological system analysis [J]. Global Environmental Change, 16 (3): 253 - 267.

Holling C S, 1973. Resilience and stability of ecological systems [J]. Annual Review of Ecology and Systematics, 4 (4): 1 - 23.

Ke S, Qiao D, Zhang X, et al., 2019. Changes of China's forestry and forest products industry over the past 40 years and challenges lying ahead [J]. Forest Policy and Economics, 106: 101949.

Lioutas E D, Charatsar C, de Rosa M, 2021. Digitalization of agriculture: A way to solve the food problem or a trolley dilemma? [J]. Technology in Society, 67.

Litvinenko V S, 2020. Digital economy as a factor in the technological development of the mineral sector [J]. Natural Resources Research, 29 (3): 1521 - 1541.

Martin R, 2021. Regional economic resilience, hysteresis and recessionary shocks [J]. Journal of Economic Geography (1): 1 - 32.

Martin R, Sunley P, Tyler P, 2015. Local growth evolution: Recession, resilience and recovery [J]. Cambridge Journal of Regions, Economy and Society, 8 (2): 141 - 148.

Morkovina S, Sheshnitsan S, Panyavina E, et al., 2023. Opportunities and prospects for the implementation of reforestation climate projects in the forest steppe: An economic assessment [J]. Forests, 14 (8).

Rohlfs, J., 1974, A theory of interdependent demand for a communications service [J]. Bell Journal of Economics & Management Science (5): 16 - 37.

Speranza C I, Wiesmann U, Rist S, 2014. An indicator framework for assessing livelihood resilience in the context of social - ecological dynamics [J]. Global Environmental Change, 28 (1): 109 - 119.

Xiong L, Wang F, Cheng B, et al., 2018. Identifying factors influencing the forestry production efficiency in Northwest China [J]. Resources, Conservation and Recycling, 130: 12 - 19.

Zhang W, Liu X, Wang D, et al., 2022. Digital economy and carbon emission performance: Evidence at China's city level [J]. Energy Policy, 165: 112927.

Zhou D, Li B, 2017. How the new media impacts rural development in China: An empirical study [J]. China Agricultural Economic Review, 9 (2): 238 - 254.

农村电子商务赋能林区
林农收入公平的理论
机制与政策启示

内容提要： 在实现全体人民共同富裕的中国式现代化进程中，研究农村电子商务发展对林区收入不平等与共同富裕的影响及其作用机制，为缩小农村内部收入不平等、实现效率和公平的有机统一、促进共同富裕提供有益参考。将"电子商务进农村综合示范政策"视作农村电子商务发展的一项准自然实验，基于2012—2020年中国家庭追踪调查（CFPS）的五期面板数据，采用双重机器学习法分析农村电子商务发展对宏观层面的林区村庄内部收入不平等以及微观层面的林农内部收入不平等的影响及其作用机制，进而回答农村电子商务发展对实现共同富裕的作用，结果表明：①农村电子商务发展能够显著缩小林区村庄基尼系数和林农内部家庭收入相对剥夺指数，即降低林区内部收入不平等程度，经过一系列稳健性检验后该结果仍然稳健。②农村电子商务发展抑制林区内部收入不平等主要是通过显著提高低于40分位数和低于均值的低收入林农家庭的收入，从而有利于促进共同富裕。③促进林农非农就业、提高林农家庭创业和增加林农农产品价值是农村电子商务发展缩小林区内部收入不平等的主要途径。④农村电子商务发展对低技能水平、低社会资本和贫困线以下家庭的林农增收效应更大，表明农村电子商务发展具有很好的包容性。据此，提出具体的政策建议。

党的二十大报告强调："中国式现代化是全体人民共同富裕的现代化。共同富裕是中国特色社会主义的本质要求"。在长期较为严重的城乡不平衡发展背景下，农村是中国实现共同富裕的重点和难点所在（李实等，2023），而农村地区内部收入不平等过高问题是推进共同富裕中最严重的挑战之一（斯丽娟等，2022）。如图 6-1 所示，2005—2022 年农村居民中收入最高20％和最低20％群体的人均可支配收入比值一直处于螺旋式上升的趋势，2022 年该比值达到 9.17，显著高于同期城镇居民的 6.32，是 2005 年该比值（7.26）的 1.26 倍，这说明农村内部收入不平等过高现象较为突出，"共享"与"发展"两大目标在农村都还没有得到充分的实现。中国林区多处于区位条件和资源禀赋较差的山区，经济发展较为落后、是贫困人口的集中区（孔凡斌等，2019）。缩小林农内部收入不平等，让林区的低收入农户群体共享经济增长成果，是实现中国式现代化和促进全体人民共同富裕的应有之义。

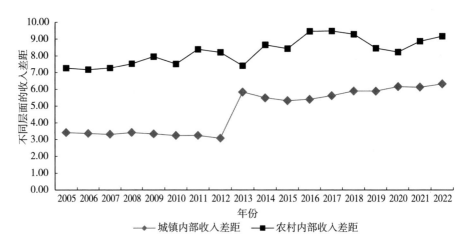

图 6-1　2005—2022 年中国不同层面的收入不平等变动趋势

注：城镇或农村内部收入差距根据五等份收入分组最高和最低 20% 人群的人均可支配收入之比衡量，数据来源于《中国住户调查年鉴》。

《"十四五"数字经济发展规划》指出，数字经济是促进公平与效率更加统一的新经济形态。作为数字经济在农村的重要表现形式，农村电子商务发展对农村地区内部收入不平等、公平与效率的平衡具有重要影响。一方面，农村电子商务发展有助于形成公开透明的信息分享平台和产品销售平台，缩小农村高收入和低收入人群在信息能力、产品销售、就业机会获取等方面的差距，进而缓解农村内部收入不平等（邱子迅等，2021；汪阳洁等，2022）；另一方面，农村电子商务的应用存在"技术门槛效应"，农户需要具备一定的知识和技能才能掌握该技术，从而可能对数字知识和技能较低的低收入农户群体产生"数字排斥"，而高收入农户则可以借助农村电子商务发展进一步提升收入水平，产生"精英俘获效应"。那么，在迈向共同富裕的时代背景下，农村电子商务发展能否有效缩小林农内部收入不平等，进而推进共同富裕？低收入林农群体能否共享农村电子商务发展红利，还是因为数字技能的相对缺乏而陷入"数字排斥"？如果农村电子商务发展可以显著缩小林农内部收入不平等，其作用机制是什么？这种影响是否存在异质性？对这些问题的探索，可为缩小农村内部收入不平等、实现效率和公平的有机统一、促进共同富裕提供有益的参考，具有重要的理论和现实意义。

鉴于此，将 2014 年开始实施的"电子商务进农村综合示范政策"视为农村电子商务发展的一项"准自然实验"，基于 2012—2020 年中国家庭追踪调查（CFPS）的五期面板数据，采用双重机器学习模型，首先，分析农村电子商务发展对林区宏观层面的村庄内部收入不平等以及微观层面的林农内部收入不平等的影响；其次，探讨农村电子商务发展能否通过提高低收入林农的收入，从而助推共同富裕的实现；再次，探讨农村电子商务发展能否通过促进非农就业、提高家庭创业和提升农产品价值来降低林区内部收入不平等；最后，探究农村电子商务发展对于以低技术技能、低社会资本与贫困线以下家庭为代表的弱势群体和非弱势群体家庭收入之间的作用是否有显著差异，以检验农村电子商务的包容性，从而进一步回答农村电子商务发展对实现共同富裕的作用。

6.1 文献回顾和分析框架

6.1.1 文献回顾

已有研究大部分集中于探讨城乡收入不平等及其影响因素（陈斌开等，2013；罗楚亮等，2021；潘丹等，2023），对农村内部收入不平等的研究相对较少。相关研究分析了土地流转（史常亮，2020）、农户创业（杨丹等，2021）、数字普惠金融发展（徐莹等，2022）、农地确权（牛坤在等，2022）、农地整理（崔民等，2023）、农村三产融合（郭皓等，2023）、气候变化（刘魏，2023）和林业社会化服务（廖文梅等，2023）等因素对农村内部收入不平等的影响。然而，对农村电子商务发展如何影响农村内部收入不平等尚缺乏定量研究。农村电子商务的快速发展已经成为中国农村新发展阶段的特征事实之一。忽视农村电子商务发展对农村内部收入不平等的影响，特别是对位于贫困地区的林区农户内部收入不平等的影响，不利于科学评估数字经济发展在农村的公平与效率之间的平衡效应，从而难以有针对性地提出数字经济发展浪潮下促进农村地区高质量发展的政策建议。

大多数学者聚焦于探讨农村电子商务发展与城乡收入不平等之间的关系[例如，陈享光等（2021）和李宏兵等（2021）]，仅有少数研究基于农村电子商务发展与农户增收的关系，推导出农村电子商务发展对农村内部收入不平等的影响。例如，邱子迅等（2021）基于中国家庭追踪调查的数据研究发现农村电子商务发展对低收入农村家庭的增收效应更强，从而能够缓解农村内部收入不平等；Li等（2021）基于山东、江苏和浙江省的微观农户调查数据也得到了类似的结论，研究发现农村电子商务采用对相对贫困的地区和家庭的收入影响更大，农村电子商务发展具有较好的包容性。然而，朱秋博（2022）基于全国农村固定观察点调查数据的研究却发现，农村电子商务发展对收入和受教育程度更高的精英农户增收效应更大，从而会拉大农村内部收入不平等。

与上述文献相比，潜在贡献主要体现在以下三个方面：第一，将农村电子商务发展与农村内部收入不平等、共同富裕纳入同一研究框架，着力论证农村电子商务发展能否实现公平与效率的统一这一关键问题，为理解农村电子商务发展后果和收入不平等的决定因素提供了新的解释。第二，现有文献大多数只从单一的宏观村庄或者微观农户角度对农村内部收入不平等进行研究，不仅采用基尼系数、泰尔指数、对数偏差均值（MLD）指数以及相对均值离差（RMD）指数从宏观村庄层面检验农村电子商务发展对林区村庄内部收入不平等的影响，还采用收入相对剥夺指数从林农微观角度进一步细化研究，有利于捕捉农村电子商务发展对林农内部收入不平等影响的全貌。第三，运用双重机器学习方法，有效弥补了传统计量模型所带来的函数误设偏误、维数诅咒、多重共线性以及关键变量控制有限等问题。大多数探讨政策影响的文献多用传统线性计量模型，但是此类方法不适用于大样本、多变量的微观调研数据，也会因计量模型选择偏误、无法控制多维变量等问题，使得估计结果不稳健（Chernozhukov et al.，2018）。基于双重机器学习模型，运用 2012—2020 年共五期的中国家庭追踪调查（CFPS）数据，分别从县域、家庭和户主三个层面对高维协变量进行了控制，运用多种机器学习方法进行交叉拟合，修正了传统线性计量模型拟合结果的偏差，可为村庄层面和林农角度的林区内部收入不平等的因果估计提供更为稳健的无偏且有效的处理效应。

6.1.2 分析框架

（1）农村电子商务发展对林区内部不平等的影响。目前学术界关于农村电子商务能否降低农村内部收入不平等仍然存在争议。大部分研究都认为农村电子商务具有优化资源配置和信息集成的作用，通过优化供应链和整合价值链，推动传统农业产业流通模式转型升级，从而能够降低村庄收入不平等程度（徐丽艳等，2021；李宏兵等，2021；汪阳洁等，2022），然而也有一部分研究认为农村电子商务并不能缩小农村内部收入不平等（Schwab，2011）。电子商务的"平台效应"会加剧资源向少部分人集中，可能对数字知识和技能较低的低收入农户群体产生"数字排斥"，而高收入农户则可以借助农村电子商务发展进一步提升收入水平，产生"精英俘获效应"（Zanello et al.，2014）。这种"数字排斥"产生的根本原因在于参与电子商务需要知识和应用门槛，低收入农户群体可能由于收入有限、受教育程度不高、信息闭塞、承担风险的能力弱而被排斥在外。

然而，从近些年中国农村电子商务发展的具体实践来看，中国的农村电子商务发展具有长期有效的政府政策扶持，注重每个微观个体农户，特别是低收入农民的参与性与主体性，从而能够有效地降低农户在农村电子商务采纳上的数字鸿沟，减少数字排斥的发生（周浪，2020）。以现阶段最大的农村电子商务发展政策——自 2014 年开始实施的"电子商务进农村综合示范政策"项目为例，该项目的核心政策条款大多都致力于使得所有农民都能够获得均质的红利，特别是促使低收入群体从中分享红利的能力（曾亿武等，2019）。例如该项目明确规定要"支持对基层干部、合作社员、创业青年、具备条件贫困户等开展农村电商培训""深入挖掘贫困地区资源潜力""充分发挥农村电子商务助力扶贫攻坚作用，注重培育带动贫困人口脱贫的经济实体""重点支持在建档立卡贫困村建设农村电子商务服务站点""探索供应链企业＋贫困户等帮扶机制"等。这些条款都有利于降低贫困地区和贫困农户等为代表的弱势群体的"数字排斥"，从而降低林区内部收入不平等。

由此，提出假说 1：农村电子商务发展能够降低林区内部收入不平等。

（2）农村电子商务发展对林区内部不平等的影响机制。结合以往的文献（秦芳等，2023；田鸽等，2022；魏下海等，2023），本研究认为：农村电子商务发展主要通过促进林农非农就业、提高林农家庭创业和增加林农农产品价值三条途径降低林农内部收入不平等。具体解释如下：

首先，农村电子商务发展可以促进林农非农就业，从而提升低收入林农群体收入，降低林农内部收入不平等。一方面，农村电子商务发展可以促进直播电商、林业旅游、森林康养等新兴产业模式的发展，从而在快递、仓储、包装等电商细分领域创造大量非农工作机会，促使农村低收入农民向本地非农就业岗位转移，有利于缩小林农内部收入不平等（田鸽等，2022）。另一方面，农村电子商务发展有助于形成公开、透明的信息分享平台，从而降低低收入群体和高收入群体的信息差距，有利于低收入群体获取更多的非农就业信息，提高其非农就业参与概率（张琛等，2023）。

其次，农村电子商务发展可以提高林农家庭创业，降低林农内部收入不平等。一方面，农村电子商务发展借助公开的信息平台，可以给低收入群体带来丰富的创业信息和社交方式，增加低收入群体的创业机会（Deller et al.，2022）；另一方面，不同于传统的投资金额大、投资周期长的创业项目，利用电子商务进行创业所需的投资金额相对较低，低收入群体也能有机会进行创业活动（王剑程等，2020）。同时，在农村电子商务发展的各项政策推动下，很多地区的数字金融水平也得以提高，从而能够缓解低收入群体的借贷约束，提高其家庭创业概率（彭钢等，2023）。

最后，农村电子商务发展可以增加农产品价值，带动低收入林农增收，降低林农内部收入不平等。一方面，农村电子商务发展通过线上销售模式，极大地扩展了市场范围，促使林农参与到相对高端的营销服务环节，带动农产品价格和销量增长，使得低收入林农增收（朱红根等，2020）；另一方面，农村电子商务发展通过大数据消除信息不对称，提高农村家庭信息可获得性，降低信息搜寻成本，使储存和大量利用农产品市场信息成为可能，减少了因农产品市场信息不对称给林农带来的生计受损，促进低收入农户收入向上流动，从而缓解林农内部收入不平等（李怡等，2021）。

由此，提出假说2：农村电子商务发展可以通过促进林农非农就业、提高林农家庭创业和增加林农农产品价值三条途径降低林农内部收入不平等。

6.2 数据、变量和模型

6.2.1 数据来源和样本选择

本研究数据来源于两个方面：一是北京大学的中国家庭追踪调查数据（CFPS）。该调查自2010年起，每两年开展一轮全国调查，问卷分为村庄、家庭、个人三个层面，数据范围涵盖我国25个省（含直辖市）162个县635个村庄（社区），具有良好的全国代表性。由于2010年的追踪样本不多，故利用2012—2020年的五期追踪面板数据进行分析。二是电子商务进农村综合示范县名单数据。该政策从2014年开始实施，截至2021年底，已覆盖全国1 466个县（区）。该数据由作者手动从商务部网站收集而得。

关注的对象是林农，参照黎骅逸等（2021）的研究，将CFPS中位于林区且从事林业生产相关活动的农户样本作为分析对象。具体而言：①通过村庄问卷筛选出具有"山地"和"林果地"土地类型的村庄，将其定义为林区；②通过家庭问卷筛选每年从事林业生产相关活动的农户，并与位于林区的村庄进行匹配，从而确定研究所需的林农样本。

在筛选出林农样本后，根据林农样本所在县（区），按照县域和年份将县域层面的电子商务进农村综合示范县名单与CFPS的县（区）进行精准匹配，以探讨宏观层面的农村电子商务发展对微观层面调研个体的影响。由于主要探讨农村电子商务发展分别对林区村庄内部与林农内部收入不平等的影响，文章用电子商务进农村综合示范县数据分别匹配了CFPS中的村庄平均层面和家庭平均层面的数据，并在数据样本中纳入了县域层面的宏观控制变量，得到了总计77个县953个村12 985户家庭样本在2012年、2014年、2016年、2018年和2020年五年的追踪面板数据。

6.2.2 变量选取

（1）被解释变量。①林区村庄内部收入不平等。参照以往的研究（彭钢等，2023；尹志超等，2023），用村庄层面的林农家庭收入的基尼系数、泰尔指数、对数偏差均值（MLD）指数以及相对均值离差（RMD）指数来度量林区村庄内部收入不平等。②林农内部收入不平等。参照以往的研究（刘魏，2023；牛坤在等，2022），用收入相对剥夺指数来衡量微观林农内部的收入不平等。即将同村林农家庭视为参照组，每个林农家庭与参照组中比其收入高的其他家庭进行比较，从而得到收入相对剥夺指数。该指数具体包括 *Kakwani* 指数、*Yitazhaki* 指数和 *Podder* 指数三种类型。其中，相比较于 *Yitazhaki* 指数，*Kakwani* 指数克服了无量纲性、转移性等缺点，能够客观地反映单个个体变动的敏感程度（田红宇等，2023）。而 *Podder* 指数则对农户收入序列取对数，减少了极端值对指数衡量造成的干扰，保证了指数估计的稳定性（刘魏，2023）。因此，以农户收入的 *Kakwani* 指数和农户收入的 *Podder* 指数来度量林农内部收入的不平等。

具体而言，*Kakwani* 指数的计算公式为：

$$Kakwani = \frac{1}{n\mu_Y} \sum_{j=i+1}^{n} (y_j - y_i) = \gamma_{y_i}^+ \frac{\mu_{y_i}^+ - y_i}{\mu_Y} \qquad (6-1)$$

式中，y_i 和 y_j 是将样本量为 n 的全部林农家庭的收入按升序排列后的第 i 个和第 j 个林农的家庭年收入。Y 表示选定的林农参照群组，此处代指林农家庭所在的村庄；μ_Y 表示 Y 中所有林农的家庭收入均值。$(\mu_{y_i}^+ - y_i)$ 表示 Y 群组中收入超过 y_i 的其他样本的收入均值，$\gamma_{y_i}^+$ 为 Y 群组中收入超过 y_i 的样本数量占总样本数量的百分比。$Kakwani$ 指数取值范围在 $0\sim1$ 之间，其值越大，表示林农内部家庭收入不平等程度越高。

$Podder$ 指数的计算公式为：

$$Podder = \frac{1}{n}\sum_{j=i+1}^{n}(\ln y_j - \ln y_i) = \gamma_{y_i}^+(\mu_{\ln y_i}^+ - \ln y_i) \quad (6-2)$$

式中，$\ln y_i$ 表示该村庄内第 i 个林农家庭年收入的对数值，$\mu_{\ln y_i}^+$ 表示该村庄内超过 $\ln y_i$ 的所有样本的收入对数平均值，其余符号与 $Kakwani$ 指数的计算公式一致。

（2）解释变量：农村电子商务发展。用"电子商务进农村综合示范政策"来表征农村电子商务发展。若林农 i 所在的县区在 t 年执行了该政策，则赋值为 1，否则赋值为 0。该变量的系数可以反映示范县和非示范县在政策实施前后林区内部收入不平等的净差异，从而检验县域宏观环境层面的农村电子商务发展对林区村庄内部和林农内部收入不平等的影响。

（3）控制变量。影响收入不平等的因素众多且十分复杂，为控制其他因素对收入不平等的影响，参考已有研究（斯丽娟等，2022），分别从林农的户主特征、家庭特征和县域特征三个层面控制相应变量，尽可能减少遗漏变量造成的估计结果偏误。具体而言：户主特征层面，选取户主年龄、性别、受教育程度、婚姻情况、健康程度等指标；家庭特征层面，选取家庭规模、家庭房产情况、家庭金融资产、生产性固定资产、家庭年龄结构等指标；县域特征层面，选取产业结构、人口密度和财政自给率等指标。

表 6-1 展示了主要变量的定义和描述性统计。其中，林区村庄收入基尼系数的均值为 0.401，最大值达到了 0.875。根据国际通用的基尼系数警戒线标准，基尼系数超过 0.400 处于不平等程度较高水平，这表明中国林区村庄的收入不平等程度较大。农村电子商务发展的均值为 0.289，表明样本中有 28.9% 的林区农户受到"电子商务进农村综合示范政策"的影响。从户主、家庭和县域层面的控制变量特征看，样本具备一定的区分度，表明所选林区农户的样本分布合理。

表 6-1　变量定义和描述性统计

变量类型	变量名称	变量定义赋值及单位	均值	标准差
因变量	林区村庄内部收入不平等	林区村庄收入的基尼系数	0.401	0.122
		林区村庄收入的泰尔指数	0.319	0.212
		林区村庄收入的 MLD 指数	0.406	0.268
	林农内部收入不平等	林区村庄收入的 RMD 指数	0.309	0.102
		林农收入的 Kakwani 指数	0.411	0.293
		林农收入的 Podder 指数	0.521	0.657
核心解释变量	农村电子商务发展	林农 i 所在的县区当年是否被"电子商务进农村综合示范政策"所覆盖：1=是；0=否	0.289	0.453
控制变量	户主年龄	户主实际年龄（岁）	50.931	12.234
	户主性别	户主性别：1=男；0=女	0.602	0.489
	户主受教育程度	户主受教育程度：1=文盲；2=小学；3=初中；4=高中；5=大专；6=本科；7=硕士；8=博士	2.160	1.051
	户主婚姻情况	户主婚姻状况：1=在婚、同居；0=未婚、离婚、丧偶	0.871	0.335
	户主健康程度	户主健康程度：1=非常健康；2=很健康；3=比较健康；4=一般；5=不健康	3.236	1.270
	家庭规模	家庭成员数量（人）	4.326	1.919
	家庭房产情况	家庭房产总值（万元）	18.000	68.000
	家庭金融资产	家庭金融资产总值（万元）	2.400	6.600
	家庭生产性固定资产	家庭生产性固定资产总值（万元）	1.700	48.000
	家庭年龄结构	家庭 65 岁以上的老年人人口数/家庭成年人人口数	0.128	0.334
	县域产业结构	县域第二产业增加值/县域地区生产总值	0.337	0.152
	县域人口密度	县域年末人口总数/县域行政区域面积（万人/平方千米）	263.608	210.249
	县域财政自给率	县域一般公共预算收入/县域一般公共预算支出	0.277	0.235

6.2.3　模型设定：双重机器学习

旨在基于"电子商务进农村综合示范政策"探究农村电子商务发展对林区内部收入不平等和共同富裕的影响效应。现有研究通常采用传统的因果推断法，如双重差分法（DID）、倾向值匹配法（PSM）、断点回归法（RD）等进行政策效果评估。然而这几类因果推断模型都依赖于严格的假设体系，且先验性地对解释变量和被解释变量之间设定了线性关系，不仅导致所得到的处理效应系数因函数误设存在较大偏误，而且不能引入多维的控制变量，从而在实际应用中存在较大局限性（王茹婷等，2022）。2018 年被正式提出的双重机器学习方法能够同时考虑多个高维变量的应用和因果效应估计的非线性。相比主流的因果推断法，该方法不仅有效避免函数误设偏误，还能够引入高维控制变量，防止存在遗漏变量和多重共线性的问题，可以得到无偏的处理效应系数。参考 Chernozhukov 等（2018）的双重机器学习框架，估计农村电子商务发展对林区内部收入不平等与共同富裕的影响效应，从而得到更加精准的因果关系。

（1）双重机器学习模型形式选择。模型的形式主要分为部分线性模型（partially linear model）、交互模型（interactive model）、部分线性工具变量模型（partially linear IV model）和交互工具变量模型（interactive IV model）四类。其中，部分线性模型的主要表现形式为控制一系列控制变量的同时估计处理系数，控制变量和处理变量需要线性分离。交互模型的主要表现形式为处理变量是二元变量，并且能够考虑控制变量与处理变量不可线性分离的因素，相对部分线性模型具有更广泛的应用性。部分线性工具变量模型和交互工具变量模型皆是在原有模型的基础上引入工具变量消除处理变量无法控制因素的影响。由于将"电子商务进农村综合示范政策"视为农村电子商务发展的一项准自然实验，已经将双重差分的思想纳入至模型中，能够避免内生性的困扰，不需要进一步引入工具变量来消除内生性。而交互模型相较于部分线性模型更具备一般性。基于以上分析，最终选择交互模型作为主要应用模型进行分析。

（2）模型估计。首先，构建主样本回归模型，如式（6-3）、式（6-4）

所示。

$$Y_{cit} = g(DID_{cit}, X_{cit}) + U_{cit} \qquad (6-3)$$

$$E(U_{cit} \mid DID_{cit}, X_{cit}) = 0 \qquad (6-4)$$

式中，c 代表村庄；i 代表家庭；t 代表年份；Y_{cit} 表示被解释变量，代指林区村庄内部收入不平等和林农内部收入不平等；DID_{cit} 表示处理变量，表示为"农村电子商务发展"的政策变量，当在该年属于电子商务进农村综合示范县时赋值为 1，否则为 0，是一个二元变量；X_{cit} 是高维控制变量集合，DID_{cit} 和 X_{cit} 不需要线性分离，具体模型形式 $g(DID_{cit}, X_{cit})$ 未知，需要采用机器学习算法估计；U_{cit} 为误差项，其条件均值为 0。

直接对式（6-3）和式（6-4）进行估计，可得到处理系数估计量为：

$$\theta_0^{ATE} = E[g(1, X_{cit}) - g(0, X_{cit})] \qquad (6-5)$$

式中，θ_0^{ATE} 表示平均处理效应，探究的是"电子商务进农村综合示范政策"政策效应。

然而，式（6-5）的直接估计量是有偏的，原因是 $\hat{\theta}_0^{ATE}$ 难以收敛于 θ_0^{ATE}。其中 $g(DID_{cit}, X_{cit})$ 需要采用机器学习的正则化算法估计。采用基准回归应用套索（Lasso）算法进行估计，该算法能够通过正则化估计识别重要变量，并剔除不重要的变量，在实现模型拟合的同时筛选高维变量以免产生多重共线性，从而可以防止估计量方差过大。但该方法也将引入"正则偏误"，导致其不具备无偏性，$\hat{\theta}_0^{ATE}$ 难以收敛于 θ_0^{ATE}，导致估计结果不稳健。

为解决上述 $\hat{\theta}_0^{ATE}$ 的"正则偏误"，需要引入交叉拟合（cross-fitting）修正偏误，用来降低过度拟合（overfitting）带来的估计偏差。具体而言，将总样本分成主样本和辅助样本两个部分，先用主样本估计残差，辅助样本估计处理系数；再用辅助样本估计残差，主样本估计处理系数。将主样本和辅助样本多次轮换，使得处理效应的估计结果更具备一般性。将样本随机分成 5 组，取第 k 份（$k \leqslant 5$）作为辅助样本，其他部分作为主样本。辅助样本回归模型如式（6-6）、式（6-7）所示。

$$DID_{cit} = m(X_{cit}) + V_{cit} \qquad (6-6)$$

$$E(V_{cit} \mid X_{cit}) = 0 \qquad (6-7)$$

式中，$m(X_{cit})$ 为处置变量 DID_{cit} 对高维控制变量 X_{cit} 的回归函数，同样需要采用机器学习算法估计其具体形式 $\widehat{m}(X_{cit})$；V_{cit} 为误差项，其条件均值为 0。

具体估计过程如下：首先采用机器学习算法估计辅助样本回归的 $\widehat{m}(X_{cit})$，取残差 $\widehat{V_{cit}} = DID_{cit} - \widehat{m}(X_{cit})$；其次采用机器学习算法估计主样本回归的 $g(DID_{cit}, X_{cit})$，根据 Neyman 正交性法则，运用计算 ATE 的 Neyman 正交得分的有效影响函数求解。交叉拟合确保了第一步估计误差和第二步回归残差的独立性，将样本随机分为 k 个大小均匀的样本。I_k^d 表示用于估算的子样本，$I_k^d \equiv I \setminus I_k$，第 i 个观测值在第 k 个样本外预测值通过 $\widehat{g}_{I_{k_i}^d}(DID_{cit}, X_{cit})$ 和 $\widehat{m}_{I_{k_i}^d}(X_{cit})$ 计算。由此，每个机器学习器在主样本和辅助样本的训练折叠上反复拟合，获得无偏的系数估计量，如式（6-8）所示。

$$\widehat{\theta}_n^{ATE} = \frac{1}{n} \sum_{i=1}^{n} \left\{ \begin{array}{c} \dfrac{DID_{cit}(Y_{cit} - \widehat{g}_{I_{k_i}^d}(1, X_{cit}))}{\widehat{m}_{I_{k_i}^d}(X_{cit})} - \\[4mm] \dfrac{(1 - DID_{cit})(Y_{cit} - \widehat{g}_{I_{k_i}^d}(0, X_{cit}))}{1 - \widehat{m}_{I_{k_i}^d}(X_{cit})} + \\[4mm] \widehat{g}_{I_{k_i}^d}(1, X_{cit}) - \widehat{g}_{I_{k_i}^d}(0, X_{cit}) \end{array} \right\} \quad (6-8)$$

6.3 实证结果分析

6.3.1 农村电子商务发展与林区村庄内部收入不平等

表6-2展示了运用双重机器学习模型估计的农村电子商务发展对林区村庄内部收入不平等的影响效应。在回归中，加入了村庄平均的户主控制变量、家庭控制变量和县域控制变量，并引入了县域层面的地区固定效应和时间固定效应。第（1）列是农村电子商务发展对林区村庄收入基尼系数的回

归结果，回归系数为−0.017；第（2）列是农村电子商务发展对林区村庄收入泰尔系数的回归结果，回归系数为−0.028；第（3）列是农村电子商务发展对林区村庄收入 MLD 指数的回归结果，回归系数为−0.069；第（4）列是农村电子商务发展对林区村庄收入 RMD 指数的回归结果，回归系数为−0.016。这 4 列的回归结果皆在 1% 的置信水平上显著为负，一致反映农村电子商务发展可以显著缩小林区村庄内部收入不平等。结合表 6−1 林区村庄内部收入不平等的均值，可以得到：所在地区实施了农村电子商务政策，可以使得林区村庄基尼系数下降 4.24%（0.017/0.401），泰尔指数下降 8.78%（0.028/0.319），MLD 指数下降 17.00%（0.069/0.406），RMD 指数下降 5.18%（0.016/0.309），具有显著的经济学意义。可能的原因在于：当所在地实施农村电子商务政策时，一方面，以政府强有力的政策支持指导的农村电子商务发展具有"强农户—弱资本"的特征，能够提升低收入农户参与的主体性和积极性，从而消弭村庄内部不平等；另一方面，农村电子商务能够整合优化村庄内部的产业资源加强村庄林业产业的发展和集聚，带动村庄低收入农户参与到林业产业中，从而降低村庄内部收入不平等（江晓军，2023；李怡等，2021）。

表 6−2　农村电子商务发展对林区村庄内部收入不平等的影响

变量	基尼系数 （1）	泰尔系数 （2）	MLD 指数 （3）	RMD 指数 （4）
农村电子商务发展	−0.017*** (0.006)	−0.028*** (0.010)	−0.069*** (0.012)	−0.016*** (0.005)
控制变量	是	是	是	是
地区固定效应	是	是	是	是
时间固定效应	是	是	是	是
样本量	952	952	952	952

注：机器学习过程中涉及的两个函数 $g(\cdot)$ 和 $m(\cdot)$ 皆使用 Lasso 机器学习器估计，其中正则项系数采用 5 折交叉验证方式确定；括号中的数字为处理系数聚类至村庄层面的稳健标准误；***、**、*分别表示在 1%、5% 和 10% 的置信水平上显著。

6.3.2 农村电子商务发展与林农内部收入不平等

前文考察了农村电子商务发展对林区村庄层面的收入不平等的影响。然而，农村电子商务发展促进林农增收和消除林区内部收入不平等的关键主体仍在于林农，需要进一步关注农村电子商务发展对林农内部收入不平等的影响效应。

（1）基准回归。表6-3展示了基于双重机器学习模型估计的农村电子商务发展对林农内部收入不平等的影响。在回归中，选取户主、家庭和县域三个层面的控制变量，并引入了村庄层面的地区固定效应和时间固定效应。结果显示，无论是用 *Kakwani* 指数还是用 *Podder* 指数衡量林农内部收入不平等，农村电子商务发展对林农内部收入不平等的影响效应在1％和10％的置信水平上显著为负，表明农村电子商务发展能够显著降低林农内部收入不平等。这说明农村电子商务发展能够弱化原有的固化的林农内部收入不平等。可能的原因在于：在就业创业机会获取方面，农村电子商务有助于形成公开透明的信息分享平台，帮助农户打破信息不对称的壁垒，助推农户实现家庭创业和非农就业，促进部分林农的非农收入增长，进而缓解林农内部收入不平等（Hübler et al.，2016）；在林农产品经营方面，农村电子商务发展有助于形成产品销售平台，促进林农产品的营销渠道，助推产品溢价，使传统林农获得更多的市场增值收益，进而降低林农内部收入不平等（朱红根等，2020）。

表6-3　农村电子商务发展对林农内部收入不平等的影响

变量	*Kakwani* 指数	*Podder* 指数
农村电子商务发展	−0.018*** (0.04)	−0.121* (0.064)
控制变量	是	是
地区固定效应	是	是
时间固定效应	是	是
样本量	9 831	9 831

注：各符号、数字含义参照表6-2。

（2）稳健性检验。本研究进行了三个稳健性检验来验证表6-3基准结果的稳健性，包括重设双重机器学习模型、剔除并行政策的影响以及剔除异常值的影响。

①重设双重机器学习模型。为避免双重机器学习模型设定偏误对结论产生影响，从以下两个方面验证结论的稳健性。首先，改变双重机器学习模型的样本分割比例。由先前的将样本随机分割为 5 组进行交叉验证分别改为 3 组和 8 组，使得原先正则项系数采用 5 折交叉验证方式确定变成 3 折交叉验证和 8 折交叉验证。回归结果见表 6 - 4（1）、（2）列。结果显示，更改了样本分割比例后，农村电子商务发展系数依旧在 1% 的置信水平水平上显著为负，证明原结论稳健。其次，更换机器学习算法。将原先用作精简变量的 Lasso 算法分别替换为随机森林（random forest）算法、梯度增加（gradboost）算法和神经网络（neutral network）算法。其中，随机森林算法采用重复抽样生成决策树，利用集成学习技术进行预测估计量；梯度增加算法利用不重复抽样生成决策树，根据所有的决策树形成预测模型；神经网络算法属于非线性数值模型，能够针对输入和输出之间的复杂关联进行模拟，从而探索变量之间的关系。回归结果见表 6 - 4（3）～（5）列。结果显示，在分别使用随机森林算法、梯度增加算法和神经网络算法进行双重机器学习模型估计时，仅在较小范围内改变农村电子商务发展的系数大小，并不影响农村电子商务发展缩小林农内部收入不平等的主要结论。

表 6 - 4　重设双重机器学习模型的稳健性检验

变量	改变样本分割比例		更换机器学习算法		
	$K folds=3$	$K folds=8$	随机森林算法	梯度增加算法	神经网络算法
	(1)	(2)	(3)	(4)	(5)
农村电子商务发展	−0.017***	−0.018***	−0.023***	−0.016***	−0.034***
	(0.004)	(0.004)	(0.005)	(0.004)	(0.004)
控制变量	是	是	是	是	是
地区固定效应	是	是	是	是	是
时间固定效应	是	是	是	是	是
样本量	9 831	9 831	9 831	9 831	9 831

②剔除并行政策的影响。在验证农村电子商务发展对林农内部收入不平等的影响时，不可避免地受到同期其他政策的干扰。为保证本研究估计结果的稳健性，对同时期其他相似政策进行了控制。与农村数字经济建设相关的

政策有 2014 年开展的"宽带中国"政策和 2016 年以来正式开展的"信息进村入户"工程政策。据此,构建了"宽带中国"和"信息进村入户"的政策虚拟变量纳入双重机器学习模型分析。实证结果见表 6 - 5（1）、（2）列。结果显示,在分别剔除这两种并行政策的干扰后,农村电子商务发展的符号和显著性皆未发生改变,证实基准估计结果稳健。

③剔除异常值的影响。当样本具有异常值时会导致估计结果有偏,特别是被解释变量林农内部收入不平等是用 *Kakwani* 指数测算的变量,如果样本出现严重偏差时将对估计结果造成影响。为此,将所有控制变量和被解释变量进行了 1％、99％分位点的缩尾处理并剔除,重新进行双重机器学习模型估计。具体估计结果见表 6 - 5 第（3）列。结果显示,剔除异常值后仍没有显著改变结论,表明基准估计结果依然稳健。

表 6 - 5 其他稳健性检验

变量	剔除并行政策的影响		剔除异常值的影响
	"信息进村入户"工程政策 （1）	"宽带中国"政策 （2）	（3）
农村电子商务发展	−0.017 *** (0.004)	−0.019 *** (0.004)	−0.009 ** (0.004)
控制变量	是	是	是
地区固定效应	是	是	是
时间固定效应	是	是	是
样本量	9 831	9 831	8 639

6.3.3 农村电子商务发展与林农共同富裕

前文结论已证实农村电子商务发展能够缩小林区内部收入不平等,但无法判定收入不平等的缩小是源于高收入林农收入的减少还是低收入林农收入的增加。基于此,本部分将检验农村电子商务发展对不同收入分位点的林农收入对数的影响,对比农村电子商务发展对高收入林农和低收入林农收入的影响,从而验证农村电子商务发展是否能够加快提升低收入群体的收入,缓解林农收入不平等,推动实现共同富裕。

首先，根据世界银行提出的"要提高各国占人口 40% 的最贫困人群的收入水平"（尹志超等，2023），将样本分为收入高于 40 分位数的高收入林农和低于 40 分位数的低收入林农两个部分进行分样本回归，结果见表 6-6（1）、（2）列。可以发现，农村电子商务发展的回归系数在高收入和低收入林农中均显著为正，但是低收入林农的系数更高，这说明农村电子商务发展对高收入和低收入林农的收入均存在显著的促进作用，但是对低收入林农的收入提高作用更显著。平均而言，实施农村电子商务政策可以使低收入林农收入提升 29.2%，是高收入林农收入提升（9.2%）的 3.17 倍。因此，农村电子商务发展抑制林农内部收入不平等主要是通过扩展低收入群体收入向上流动的渠道而实现的，有助于促进共同富裕。

其次，进一步按照林农收入的均值，将样本划分为收入高于均值的林农和低于均值的林农，进一步验证农村电子商务发展对低收入林农群体增收效应的稳健性，结果见表 6-4（3）、（4）列。第（3）列的结果显示，农村电子商务发展的回归系数为 0.038，且在 1% 的置信水平上显著；第（4）列的结果显示，农村电子商务发展的回归系数为 0.184，且在 1% 的置信水平上显著。具体来看，按照样本均值划分，实施农村电子商务政策可以使低收入林农收入提升 18.4%，远远高于高收入林农收入提升的 3.8%。这进一步证实了农村电子商务发展对不同收入群体的增收效应具有普惠性，尤其是能够大幅提高低收入群体的收入，从而缩小低收入群体与高收入群体之间的收入不平等，实现林农共同富裕。

上述结果表明，农村电子商务作为拓宽林农产品市场流通体系的新型途径，为低收入林农提供了行之有效的增收渠道，是林区实现共同富裕的重要方式（邱子迅等，2021）。从国家政策层面来看，2013 年起国家林业局（2018 年更名为国家林业和草原局）先后颁布了《关于进一步加快林业信息化发展的指导意见》（林信发〔2013〕130 号）、《关于推进全国林业电子商务发展的指导意见》、《全国林下经济发展指南（2021—2023 年）》等系列政策，地方政府也相继出台了地方特色的支持电商发展的政策文件，探索"林业＋电商"的新业态、新模式，通过林业电子商务的发展带动林农增收和林业产业转型升级。从具体实践层面来看，目前很多林区通过发展农村电子商务，推广"互联网＋林下经济"营销模式，实现了林农产品线上线下融合，充分挖掘林业消费潜力，为林农提供了有效的增收渠道。例如，菏泽市作为"中国木艺之都"，自2015年以来出台了40多个支持电商发展的政策文件，助推林业产业发展。仅菏泽市曹县，全县注册林产品电商企业超过500个，全县木制品网络销售额占淘宝的40％、京东的50％、阿里巴巴中国木制品跨境电商销售额的12％，有效推动了林农收入增长①。

表6-6 农村电子商务发展和共同富裕：提高低收入农户的收入

变量	划分方式：农户收入的40分位数		划分方式：农户收入的均值	
	高于40分位数 (1)	低于40分位数 (2)	高于均值 (3)	低于均值 (4)
农村电子商务发展	0.092*** (0.009)	0.292*** (0.020)	0.038*** (0.010)	0.184*** (0.015)
控制变量	是	是	是	是
地区固定效应	是	是	是	是
时间固定效应	是	是	是	是
样本量	5 777	4 051	3 815	5 975

▶6.3.4 机制探讨

在前文中，结果已经表明农村电子商务发展能够显著降低林区村庄和林农内部的收入不平等，促进共同富裕的实现，但为什么农村电子商务发展能抑制收入不平等呢？在本节，我们将对该现象的机制进行分析。

基于前述理论分析，农村电子商务发展可以促进林农非农就业、提升林农家庭创业和增加林农农产品价值，降低林农内部收入不平等，符合机制变量选取的条件。鉴于此，借鉴江艇（2022）提出的中介效应检验步骤，运用双重机器学习模型直接识别核心解释变量对机制变量的因果关系。模型如下：

$$Z_{cit} = g(DID_{cit}, X_{cit}) + U_{cit} \tag{6-9}$$

---

① 资料来源："触网"开辟电商渠道，小家具闯出大市场，《菏泽日报》，2023-9-18，https://www.thepaper.cn/newsDetail_forward_24650435。

$$E(U_{cit} \mid X_{cit}, Z_{cit}) = 0 \qquad (6-10)$$

$$DID_{cit} = m(X_{cit}) + V_{cit} \qquad (6-11)$$

$$E(V_{cit} \mid X_{cit}) = 0 \qquad (6-12)$$

式中，Z_{cit} 为机制变量，分别代表林农非农就业、林农家庭创业和林农农产品价值三个机制。参照尹志超等（2023）和魏下海等（2023）的研究，非农就业用"是否有家庭成员非农就业"衡量；家庭创业用"是否有家庭成员从事个体私营"衡量；农产品价值用"家庭劳动力平均销售的农产品价值总额的对数值"衡量。其余变量与式（6-3）、式（6-4）和式（6-6）、式（6-7）的含义相同。如果平均处理效应 $\hat{\theta}_n^{ATE}$ 显著为正，则表明农村电子商务发展能够通过促进该机制缩小林农内部收入不平等。

表 6-7 展示了机制检验结果。第（1）列的结果显示，农村电子商务发展的回归系数为 0.017，在 1% 的置信水平上显著；第（2）列结果显示，农村电子商务发展的回归系数为 0.007，在 5% 的置信水平上显著；第（3）列结果显示，农村电子商务发展的回归系数为 0.290，在 5% 的置信水平上显著。表明农村电子商务发展能够促进林农非农就业、提升林农家庭创业和增加林农农产品价值，这三个机制变量是农村电子商务发展降低林农内部收入不平等的三个主要途径。

表 6-7　农村电子商务发展对林农内部收入不平等影响的机制分析

变量	林农非农就业 (1)	林农家庭创业 (2)	林农农产品价值 (3)
农村电子商务发展	0.017 *** (0.005)	0.007 ** (0.009)	0.290 ** (0.137)
控制变量	是	是	是
地区固定效应	是	是	是
时间固定效应	是	是	是
样本量	9 755	9 831	9 797

6.4 进一步分析：农村电子商务发展的包容性

农村电子商务发展作为数字经济在农村的主要表现形式，将通过数字技术赋能来促进农户的增收，为林区的弱势群体提供普惠性的服务支持，从而降低林农内部收入不平等。这些弱势群体包括低技能农户、低社会资本农户和贫困线以下家庭。为此，本部分将进一步以弱势群体作为重点关注对象，探讨农村电子商务是否具有包容性，以及是否对弱势群体收入具有更大的促进作用，从而为减缓弱势群体与非弱势群体农户之间收入不平等，推动共同富裕提供参考。

6.4.1 农村电子商务发展对低技能水平林农的影响

已有研究表明，人力技能对农户收入增长具有显著作用（程名望等，2016）。基于家庭劳动力样本平均受教育程度的中位数，将样本划分为高技能和低技能林农，进行分组检验。表6-8（1）、（2）列展示了分样本估计结果。第（1）列的结果显示，农村电子商务发展对高技能林农收入影响的回归系数为-0.089，且回归系数不显著；第（2）列的结果显示，农村电子商务发展对低技能林农收入影响的回归系数为0.189，在1%的置信水平上显著。结果表明，农村电子商务发展对低技能林农存在显著的增收效应，但对高技能林农收入的影响不显著。这证实了农村电子商务发展能够通过其包容性产生积极作用，促进低技能林农收入提高，有助于减少高技能和低技能林农之间的收入不平等，提升低技能林农的经济福祉。

6.4.2 农村电子商务发展对低社会资本林农的影响

农村地区以乡土熟人社会为基础，社会资本是农村家庭重要的禀赋之一，对农户的经济行为有重要影响。已有研究表明，低社会资本的家庭难以缓解流动性约束，信息获取渠道相对闭塞，限制了其开展增收的活动，进而扩大了低社会资本和高社会资本家庭之间的收入不平等（程名望等，2015）。借鉴马光荣等（2011）的做法，选取"与亲友互赠礼品收支总额"作为社会资本的代理变量，按照家庭互赠礼品金额的中位数，将样本划分为高社会资本组和低社会资本组，进行分组检验。表6-8（3）、（4）列展示了分样本估计结果。第（3）列结果显示，农村电子商务发展对高社会资本林农收入影响的回归系数为0.173，在1%的置信水平上显著；第（4）列结果显示，农村电子商务发展对低社会资本林农收入影响的回归系数为 0.268，在 1% 的置信水平上显著。结果表明，农村电子商务发展对高社会资本和低社会资本林农均存在显著的增收效应，但是相较于高社会资本林农，农村电子商务发展更能显著地增加低社会资本林农的收入。这意味着农村电子商务发展在不同社会资本水平的家庭中具有普惠性的增收效应，特别是能够提升低社会资本林农的收入水平，缩小低社会资本与高社会资本林农之间的收入不平等，促进共同富裕。

6.4.3 农村电子商务发展对贫困线以下林农家庭的影响

世界银行按照人均消费 3.1 美元/天的人均消费量，将全球人口分为贫困人口和非贫困人口。因此，参照该标准，将样本划分为贫困线以上林农家庭和贫困线以下林农家庭，进行分组检验。表 6-8（5）、（6）列展示了分样本估计结果。第（5）列结果显示，农村电子商务发展对贫困线以上林农家庭收入影响的回归系数为 0.192，在 1% 的置信水平上显著；第（6）列结果显示，农村电子商务发展对贫困线以下林农家庭收入影响的回归系数为 0.205，在 1% 的置信水平上显著。结果表明，农村电子商务发展对贫困线以上和贫困线以下林农家庭均存在显著的增收效应，但是相较于贫困线以上林农家庭，农村电子商务发展对贫困线以下林农家庭收入的促进效应更大。结果反映了农村电子商务发展能够充分发挥包容性的特征，大幅提高贫困线以下林农家庭的收入水平，让贫困线以下林农家庭共享发展成果，有利于共同富裕目标的实现。

表 6-8　异质性分析

变量	技能水平异质性		社会资本异质性		贫困家庭异质性	
	高技能农户 (1)	低技能农户 (2)	高社会资本 (3)	低社会资本 (4)	贫困线以上 家庭 (5)	贫困线以下 家庭 (6)
农村电子商务发展	−0.089 (0.347)	0.189*** (0.027)	0.173*** (0.023)	0.268*** (0.042)	0.192*** (0.015)	0.205*** (0.025)
控制变量	是	是	是	是	是	是
地区固定效应	是	是	是	是	是	是

（续）

变量	技能水平异质性		社会资本异质性		贫困家庭异质性	
	高技能农户 (1)	低技能农户 (2)	高社会资本 (3)	低社会资本 (4)	贫困线以上 家庭 (5)	贫困线以下 家庭 (6)
时间固定效应	是	是	是	是	是	是
样本量	4 703	5 047	3 459	2 962	6 889	2 973

6.5 结论与政策启示

6.5.1 结论

农村内部收入不平等过高是我国推进共同富裕面临的重要挑战之一，亟须探索缓解农村内部收入不平等的长效机制。利用 2012—2020 年 CFPS 的五期面板数据，基于"电子商务进农村综合示范政策"，采用双重机器学习模型，从宏观和微观两个角度实证检验了农村电子商务发展对林区收入不平等和共同富裕的影响及其影响机制。研究发现：第一，农村电子商务发展能够缩小林区村庄内部收入不平等。所在地区实施了农村电子商务政策可以使得林区村庄基尼系数下降 4.24%，泰尔指数下降 8.78%，MLD 指数下降 17.00%，RMD 指数下降 5.18%。第二，农村电子商务发展能够显著降低林农内部收入不平等，该结论在重设双重机器学习模型、剔除并行政策的影响以及剔除异常值的影响后仍然稳健。第三，农村电子商务发展主要是通过提高低于 40 分位数和低于均值的低收入林农家庭的收入来抑制林区内部收入不平等，促进共同富裕。第四，机制分析表明，农村电子商务发展主要通过促进林农非农就业、提高林农家庭创业和增加农产品价值三条途径降低林区内部收入不平等。第五，农村电子商务发展能够充分发挥包容性的特征，大幅提高低技能水平、低社会资本和贫困线以下家庭的林农收入，从而让这些弱势群体能够共享发展成果，促进共同富裕。

6.5.2 政策启示

本研究证实了农村电子商务发展能够缩小林区内部收入差距，对于弱势群体具有普惠性和包容性，是推动偏远山区和落后地区实现共同富裕的一大重要举措。基于以上研究结论，提出以下政策建议：第一，进一步加强电子商务在农村地区的布局，有效释放农村电子商务的增收效应。政府应结合农村发展的实际情况，提升农村电商基础服务体系，健全农村商贸流通环境，牢筑农村电商发展根基。借鉴推广一批"电商小镇""淘宝村"的成功经验，因地制宜挖掘区域产业特色，从而激发农民参与农村电子商务的内生动力。第二，培育农民利用农村电子商务的技能，特别是针对弱势群体进行重点培训，发挥农村电子商务的减贫效应。政府应联动电商平台、农村合作社和农户等多方主体，围绕电商企业的运营、管理、销售展开数字化培训，增加低技能水平、低社会资本、贫困线以下家庭等弱势群体应用农村电子商务增收的可及性，提高农村电子商务对农民收入提升的普惠性和包容性。第三，营造良好的农村电商创业就业环境，提高农村电子商务的创业效应和就业效应。应根据当地产业禀赋制定农村电商培植政策，设立农村电商孵化平台，打通产销融合渠道，激发释放农村电商在扶持创业和吸纳就业方面的重要作用。

使用双重机器学习模型评估了以"电子商务进农村综合示范政策"为代表的县域农村电子商务发展对林区内部收入不平等和共同富裕的影响。但是，囿于数据的限制，大规模的林农层面农村电子商务采用情况的数据较难获得，本研究无法深入到微观林农层面探讨林农个体的农村电子商务应用对其收入不平等的影响。未来可以进一步利用林农的个体微观数据对农村电子商务发展的收入不平等与共同富裕效应进行更为细致和系统的研究，从而更好地挖掘我国林区推进共同富裕的实践路径。同时，在研究方法上，可以结合因果识别的最新进展，采用结构方程模型，从一般均衡的视角，估计出农村电子商务发展带给林区和林农的多方面影响和效果。

参 考 文 献

陈斌开，林毅夫，2013. 发展战略、城市化与中国城乡收入差距［J］. 中国社会科学

（4）：81-102，206.

陈享光，汤龙，唐跃桓，2023. 农村电商政策有助于缩小城乡收入差距吗——基于要素
　　流动和支出结构的视角［J］. 农业技术经济（3）：89-103.

程名望，史清华，Jin Yanhong，等，2015. 农户收入差距及其根源：模型与实证［J］.
　　管理世界（7）：17-28.

程名望，盖庆恩，Jin Yanhong，等，2016. 人力资本积累与农户收入增长［J］. 经济研
　　究，51（1）：168-181，192.

崔民，夏显力，2024. 农地整治对农户收入差距的影响研究［J］. 农业技术经济（8）：
　　20-34.

郭皓，张国胜，2023. 乡村振兴视域下农村三产融合对农村内部收入差距的影响——来
　　自 CFPS 的证据［J］. 经济问题探索（5）：81-96.

江艇，2022. 因果推断经验研究中的中介效应与调节效应［J］. 中国工业经济（5）：
　　100-120.

江晓军，2023. 数字技术赋能相对贫困治理逻辑与路径［J］. 兰州大学学报（社会科学
　　版），51（1）：68-75.

孔凡斌，阮华，廖文梅，2019. 不同贫困程度农户林权抵押贷款收入效应与贷款行为及
　　其影响因素分析——基于 702 户农户调查数据的实证［J］. 林业科学，55（10）：
　　111-123.

黎骅逸，王超，李锐，2021. 多维贫困视角下我国林业扶贫减贫效果的异质性研究［J］.
　　林业经济，43（11）：63-83.

李宏兵，王爽，赵春明，2021. 农村电子商务发展的收入分配效应研究——来自"淘宝
　　村"的经验证据［J］. 经济经纬，38（1）：37-47.

李实，史新杰，陶彦君，等，2023. 以农村低收入人口增收为抓手促进共同富裕：重点、
　　难点与政策建议［J］. 农业经济问题（2）：4-19.

李怡，柯杰升，2021. 三级数字鸿沟：农村数字经济的收入增长和收入分配效应［J］.
　　农业技术经济（8）：119-132.

廖文梅，林静，沈月琴，等，2023. 林业社会化服务对农户家庭收入差距的影响［J］.
　　林业科学，59（1）：59-73.

刘婧娇，董才生，2018. "电子商务＋农村扶贫"的理论阐释与实践路径探索［J］. 兰州
　　学刊（5）：178-188.

刘魏，2023. 气候变化、收入流动与农户内部收入不平等［J］. 农业技术经济（7）：

124 - 144.

罗楚亮，李实，岳希明，2021. 中国居民收入差距变动分析（2013—2018）[J]. 中国社
会科学 (1)：33 - 54，204 - 205.

马光荣，杨恩艳，2011. 社会网络、非正规金融与创业 [J]. 经济研究，46 (3)：
83 - 94.

牛坤在，许恒周，2022. 农地赋权与农村内部收入不平等——基于农地流转与劳动力转
移的中介作用 [J]. 中国土地科学，36 (3)：51 - 61.

潘丹，罗璐薏，余异，等，2023. 森林资源培育工程对革命老区县域城乡收入差距的影
响 [J]. 林业科学，59 (1)：74 - 89.

潘劲平，王艺璇，2020. 技术的社会嵌入：农产品淘宝村形成机制研究——基于 W 村的
实证分析 [J]. 西南大学学报（社会科学版），46 (1)：61 - 68.

彭芬，刘璐琳，2019. 农村电子商务扶贫体系构建研究 [J]. 北京交通大学学报（社会
科学版），18 (1)：75 - 81.

彭钢，卢冰，钱军，等，2023. 数字金融与收入不平等 [J]. 世界经济文汇 (4)：
38 - 57.

秦芳，谢凯，王剑程，2023. 电子商务发展的创业效应：来自微观家庭数据的证据 [J].
财贸经济，44 (2)：154 - 168.

邱子迅，周亚虹，2021. 电子商务对农村家庭增收作用的机制分析——基于需求与供给
有效对接的微观检验 [J]. 中国农村经济 (4)：36 - 52.

史常亮，2020. 土地流转与农户内部收入差距：加剧还是缓解 [J]. 经济与管理研究，
41 (12)：79 - 92.

斯丽娟，汤晓晓，2022. 数字普惠金融对农户收入不平等的影响研究——基于 CFPS 数
据的实证分析 [J]. 经济评论 (5)：100 - 116.

田鸽，张勋，2022. 数字经济、非农就业与社会分工 [J]. 管理世界，38 (5)：72 - 84.

田红宇，王晶，2023. 数字普惠金融能够缩小农村内部收入差距吗？——来自生计资源
多元化视角的证据 [J]. 中国农业资源与区划，44 (10)：1 - 12.

汪阳洁，黄浩通，强宏杰，等，2022. 交易成本、销售渠道选择与农产品电子商务发展
[J]. 经济研究，57 (8)：116 - 136.

王剑程，李丁，马双，2020. 宽带建设对农户创业的影响研究——基于"宽带乡村"建
设的准自然实验 [J]. 经济学（季刊），19 (1)：209 - 232.

王茹婷，彭方平，李维，等，2022. 打破刚性兑付能降低企业融资成本吗？[J]. 管理世

界，38（4）：42-64.

魏下海，韦庆芳，2023. 通往农村共富之路：网络基础设施建设与相对贫困缓解 [J].
　　统计研究，40（6）：134-144.

徐丽艳，郑艳霞，2021. 农村电子商务助力乡村振兴的路径分析 [J]. 中国社会科学院
　　研究生院学报（2）：109-120.

徐莹，王娟，2022. 数字普惠金融与农户收入差距：加剧还是缓解 [J]. 农业技术经济
　　（10）：1-12.

杨丹，曾巧，2021. 农户创业加剧了农户收入不平等吗——基于 RIF 回归分解的视角
　　[J]. 农业技术经济（5）：18-34.

尹志超，文小梅，栗传政，2023. 普惠金融、收入差距与共同富裕 [J]. 数量经济技术
　　经济研究，40（1）：109-127.

曾亿武，张增辉，方湖柳，等，2019. 电商农户大数据使用：驱动因素与增收效应 [J].
　　中国农村经济（12）：29-47.

张琛，马彪，彭超，2023. 农村电子商务发展会促进农村劳动力本地就业吗 [J]. 中国
　　农村经济（4）：90-107.

周浪，2020. 另一种"资本下乡"——电商资本嵌入乡村社会的过程与机制 [J]. 中国
　　农村经济（12）：35-55.

朱红根，宋成校，2020. 互联网使用对家庭农场劳动力资源配置的影响 [J]. 农业技术
　　经济（8）：40-53.

朱秋博，朱晨，彭超，等，2022. 信息化能促进农户增收、缩小收入差距吗？[J]. 经济
　　学（季刊），22（1）：237-256.

Chernozhukov V，Chetverikov D，Demirer M，et al.，2018. Double/debiased machine
　　learning for treatment and structural parameters [M]. UK：Oxford University Press
　　Oxford.

Deller S，Whitacre B，Conroy T，2022. Rural broadband speeds and business startup rates
　　[J]. American Journal of Agricultural Economics，104（3）：999-1 025.

Hübler M，Hartje R，2016. Are smartphones smart for economic development？[J].
　　Economics Letters，141：130-133.

Li X K，Guo H D，Jin S Q，et al.，2021. Do farmers gain internet dividends from E-
　　commerce adoption? Evidence from China [J]. Food Policy，101：102024.

Schwab J C，2011. Review of the world in 2050：Four forces shaping civilization's northern future [J]. Journal of Homeland Security and Emergency Management，8 (1).

Zanello G，Srinivasan C S，2014. Information sources，ICTs and price information in rural agricultural markets [J]. The European Journal of Development Research，26（5）：815－831.

乡村数字化赋能林业新质 生产力发展的理论 逻辑与政策启示

内容提要：厘清并剖析乡村数字化影响林业新质生产力发展的理论逻辑、作用机制与路径，为数字赋能林业高质量发展并推动建设现代林业产业体系提供科学依据。基于 2012—2020 年中国 30 个省级行政单元的面板数据，构建乡村数字化水平和林业新质生产力发展水平的综合评价指标体系，采用双向固定效应模型、中介效应模型和空间杜宾模型等方法实证分析乡村数字化对林业新质生产力发展的影响及其作用机制，结果表明：①基准回归结果表明，乡村数字化对林业新质生产力发展具有显著的促进作用，乡村数字化水平每提升 1 个单位，林业新质生产力发展水平能够增加 0.064 5 个单位，在经过一系列稳健性检验后，该结论依然成立。②区域异质性分析结果表明，乡村数字化能够显著促进中国东部和西部地区的林业新质生产力发展。在低林业新质生产力发展水平地区，乡村数字化能够显著促进林业新质生产力发展。维度异质性分析结果表明，数字基础设施和数字产业发展能显著促进林业新质生产力发展，数字基础设施的促进作用更大；乡村数字化能够显著促进新型林业劳动者的形成。③作用机制分析结果表明，乡村数字化能够通过发挥技术创新突破效应、劳动力资源配置效应、产业升级驱动效应和资源管理提质效应促进林业新质生产力发展。④空间计量模型结果表明，乡村数字化对林业新质生产力发展的影响存在显著的负向空间溢出效应。因此，各省级行政单元应坚持持续推进乡村数字化发展，加强乡村数字基础设施建设，有效推动数字产业发展，积极鼓励林业技术创新，提升林业人力资本水平，持续推动林业产业结构高级化，优化环境规制并适度提高其强度，以加快提升中国林业新质生产力发展水平。

林业不仅是国民经济重要的基础产业，也是规模巨大、潜力最大的绿色产业，更是国家生态文明建设与碳中和战略的主战场，对国家生态安全具有基础性和战略性作用。中国林业产业发展取得了显著成就，2023年中国林业产业总产值超过9.2万亿元，经济林产量达到2.26亿吨，成为继粮食、蔬菜之后的第三大农产品。国家林业和草原局发布《林草产业发展规划（2021—2025年）》明确指出要加快推动林业高质量发展，但林业产业结构、产品供给、创新能力、政策保障等方面仍存在短板。《生态林业蓝皮书：中国特色生态文明建设与林业发展报告（2022—2023）》也指出当前中国林业产业现代化建设仍面临林业资源总量短缺、森林覆盖率不高、林业基础设施薄弱、林产品质量和附加值低等诸多挑战（勇强等，2023）。究其原因，传统林业是劳动密集型产业，存在劳动者技能偏低、劳动对象总量不足以及劳动资料利用效率不高等问题。具体而言，传统林业生产主要通过劳动力数量及有效工作时间的增加以提高林业产出，林业劳动者的知识、素质和技能不高，创新能力不足，人均劳动生产率不及发达国家的1/6（宁攸凉等，2021b）；中国森林质量普遍不高，单位面积森林蓄积量（94.83立方米/公顷）明显低于世界平均水平（129立方米/公顷），森林资源有效供给不足（宁攸凉等，2021b）；林业产业发展模式主要呈现要素驱动型（宁攸凉等，2021a），林业技术效率和森林生态产品价值实现效率偏低（史常亮等，2017；孔凡斌等，2022；徐彩瑶等，2023）致使生产方式粗放，森林资源利用效率不高。根据测算，2000—2015年中国林业产业总产值年均增长率16.35%，2015—2023年年均增长率降至6.03%，可见，中国林业产业总产值增速明显放缓。与此同时，源于自然和社会的不确定性风险冲击势必加剧林业产业发展的脆弱性，林业产业发展不仅严重受制于传统劳动者、劳动对象、劳动资料以及土地资源供给约束，还受生态环境规制与生态安全需求的刚性约束，这就使得全面推动林业高质量发展的实践探索变得十分复杂艰巨。由此，加快培育和发展林业新质生产力，或是推动林业高质量发展、建设林业现代化产业体系的必由之路。

习近平总书记于 2023 年 9 月在黑龙江考察、主持召开新时代推动东北全面振兴座谈会时首次提出"新质生产力"的这一概念（王珏，2024），并于 2024 年 1 月 31 日在主持二十届中央政治局第十一次集体学习时进一步系统阐述了新质生产力的科学内涵，明确指出"发展新质生产力是推动高质量发展的内在要求和重要着力点"。2024 年《政府工作报告》将"大力推进现代化产业体系建设，加快发展新质生产力"列为 2024 年政府十大工作任务之首。2024 年 7 月，党的二十届三中全会审议通过的《中共中央关于进一步全面深化改革、推进中国式现代化的决定》进一步强调要"健全因地制宜发展新质生产力体制机制""加快形成同新质生产力更相适应的生产关系，促进各类先进生产要素向发展新质生产力集聚"。在生态文明建设和"双碳"目标下，作为绿色产业的林业既是发展新质生产力的理想载体，又是发展新质生产力的重要支撑。既有研究广泛探讨了新质生产力的内涵、评价方法和时空演进特征（孟捷等，2024；罗必良，2024；王珏等，2024），其中广受认可的定义认为，新质生产力是创新起主导作用，摆脱传统经济增长方式、生产力发展路径，具有高科技、高效能、高质量特征，由技术革命性突破、生产要素创新性配置、产业深度转型升级而催生，以劳动者、劳动资料、劳动对象及其优化组合的跃升为基本内涵，以全要素生产率大幅提升为核心标志的先进生产力质态。鉴于此，定义林业新质生产力是林业生产方式、生产关系和生产要素的重新整合和优化，是由林业技术创新突破、林业生产要素创新性配置、林业产业深度转型升级催生的，以新型林业劳动者、新型林业劳动资料、新型林业劳动对象及其优化组合的质变为基本内涵，以林业效率提高、林业效能提升、林业效益提增为核心标志的现代林业先进生产力，是推动林业高质量发展、实现林业现代化和林区全面振兴及绿富同兴的关键动力（柯水发等，2024）。

乡村数字化是推进数字中国建设的重要内容，也是乡村全面振兴的战略方向，更是赋能乡村农林产业发展的新引擎（殷浩栋等，2020；徐彩瑶等，2024）。第 53 次《中国互联网络发展状况统计报告》显示，截至 2023 年 12 月，中国农村地区互联网普及率为 66.5%，农村网民规模达 3.26 亿人，乡村数字化持续推进。《数字农业农村发展规划（2019—2025年）》与《数字乡村发展行动计划（2022—2025年）》明确指出要以数字技术与农业农村经济深度融合为主攻方向，加快数字技术推广应用，大力提升数字化生产力，推动农业高质量发展和乡村全面振兴。《2024年数字乡村发展工作要点》进一步强调要以信息化驱动引领农业农村现代化，促进农业高质高效发展。已有研究表明，乡村数字化不仅能优化传统的林业生产经营结构，创新林业生产理念与管理模式，还能提高乡村生态资源配置效率，推动林业产业升级发展（殷浩栋等，2020；孔凡斌等，2023；徐彩瑶等，2024）。因此，乡村数字化有望成为推动林业新质生产力发展的新动能。数字化与新质生产力的关系已受到众多学者的关注。既有研究不仅从理论层面阐释了数字经济赋能新质生产力发展的机制路径、瓶颈问题及对策建议（张森等，2024；姚树洁等，2024；翟绪权等，2024；陈秀英等，2024），还实证研究数字经济与新质生产力的关系，认为数字经济可以通过推动技术创新和优化就业结构提高新质生产力水平，且数字经济对新质生产力的影响存在空间溢出效应（吴文生等，2024）。同时，数字经济对新质生产力的促进作用在企业层面亦得到验证（赵国庆等，2024）。由此可见，随着数字乡村战略的持续实施以及数字红利向乡村地区广泛释放，乡村数字化势必成为赋能林业新质生产力发展的新引擎（徐彩瑶等，2024）。

综上所述，乡村数字化对林业新质生产力的影响关系是数字赋能林业高质量发展的重要命题。已有研究对于理解乡村数字化与林业新质生产力发展及其相互关系提供了重要启示和参考。然而，既有研究尚未阐明乡村数字化与林业新质生产力发展之间关系的理论逻辑，针对乡村数字化能否促进以及通过何种路径促进林业新质生产力发展的实证研究更加缺乏。据此，以中国30个省级行政单元为研究对象，基于2012—2020年的面板数据，构建乡村数字化水平和林业新质生产力发展水平的评价指标体系，采用双向固定效应模型、中介效应模型和空间杜宾模型等方法实证分析乡村数字化对林业新质生产力发展的影响及其作用机制。可能的创新点在于：一是国内首次阐释乡村数字化影响林业新质生产力发展的理论逻辑；二是实证检验乡村数字化影响林业新质生产力发展的作用机制及空间溢出效应，并以技术创新突破效应、劳动力资源配置效应、产业升级驱动效应和资源管理提质效应为核心传导路径；三是从不同区位条件、不同林业新质生产力发展水平以及基于乡村数字化水平和林业新质生产力发展水平的结构维度等视角开展乡村数字化影响林业新质生产力发展水平的异质性特征分析，可为数字赋能中国林业新质生产力发展并推动建设现代林业产业体系和林业高质量发展提供支撑。

7.1 乡村数字化影响林业新质生产力发展的理论逻辑

7.1.1 乡村数字化影响林业新质生产力发展的理论基础

面对传统林业劳动者技能偏低、劳动对象总量不足以及劳动资料利用效率不高等问题，加快培育和发展林业新质生产力，是推动林业高质量发展、实现林业现代化的必由之路。根据前述定义，林业新质生产力主要以新型林业劳动者、新型林业劳动资料、新型林业劳动对象及其优化组合的质变为基本内涵。乡村数字化已成为推动乡村产业高质量发展的重要引擎（殷浩栋等，2020；朱红根，2023；徐彩瑶等，2024），有利于推动数字要素向林业产业渗透，能够促进数字要素与林业劳动力、资本、技术、管理等要素融合，赋能新型林业劳动者、新型林业劳动对象、新型林业劳动资料的形成和迭代升级，进而促进林业新质生产力发展。

第一，乡村数字化推动数字要素与林业劳动力要素深度融合，有效推动数字学习平台的构建和运营，不仅有助于提升林业劳动者的技能水平，提高劳动生产率（穆亚丽等，2024），也有助于推动林业劳动者的生产理念和生活理念实现质的飞跃，激发林业劳动者的内生动力和创新活力，还能依托数字平台的交流与知识的共享提高林业劳动者的协作能力，推动新型林业劳动力的形成，进而推进林业新质生产力发展。

第二，乡村数字化推动数字要素与林业资本要素深度融合，不仅能够推动构建"互联网＋乡村金融＋大数据"的新型发展模式，克服空间上的障碍，拓宽资金获取渠道（罗明忠等，2024），还能通过数字普惠金融，在扩大金融服务的覆盖面的同时提高金融服务的精准性，实现林业金融服务的供需有效对接，为林业产业和林业新质生产力发展提供充足的资金保障。不仅如此，数字赋能林业资本要素的重塑升级与集聚，既能为营林工具、采运工具、木材加工工具等传统林业劳动工具的数字化、自动化、智能化提供保障，又能为拓展新型林业劳动对象提供支持，引导资金流向以林业新型劳动对象为核心的发展形式，如推动林业劳动对象由木材生产向经济林果品、木本粮油、林下经济作物等林业物质供给类以及林业调节服务类和文化服务类生态产品为核心的新业态、新模式发展，进而推动林业新质生产力发展。

第三，乡村数字化推动发挥数字技术的强渗透性，不仅能够促进算法、算力、算网、大模型等数字劳动资料嵌入传统林业劳动资料（Litvinenko，2020），助推新型林业劳动资料的形成，也能通过元宇宙、数字集成共享平台等数字技术拓展林业生产新空间和开发林业新业态新模式，以促进新型林业劳动对象的开发与创新，还能依托物联网、大数据、云计算、人工智能、区块链等数字技术消除信息不对称性、高交易成本、信任机制不健全等存在于林业生产、交易及林权抵押方面的问题（徐彩瑶等，2024），推动林业劳动者获取信息更便捷、权益交易更顺畅，通过"干中学"机制成为知识型、技能型、创新型的新型林业劳动者，进而促进林业新质生产力发展。

第四，乡村数字化推动数字要素向林业各生产部门和各生产环节渗透（徐彩瑶等，2024），林业管理方式从劳动密集型向技术密集型、知识密集型转变，通过搭建天空地生态立体感知体系和"林业大脑"，集成森林防虫防火、林长制巡护、林场管护、林业产业链等应用场景，以数据共享共建机制为纽带，实现以管理的提质增效促进新型林业劳动力、新型林业劳动对象、新型林业劳动资料的形成，助力林业新质生产力发展。

7.1.2 乡村数字化影响林业新质生产力发展的作用机制

基于前述定义，林业新质生产力是由林业技术创新突破、林业生产要素创新性配置、林业产业深度转型升级催生的。基于内生增长理论、人力资本理论和配第—克拉克定理以及公共池塘资源理论，乡村数字化能够发挥技术创新突破效应、劳动力资源配置效应、产业升级驱动效应和资源管理提质效应，通过助力林业科学技术革新、林业人力资本升级、林业产业结构转型和森林资源治理增效，有力推动新型林业劳动者、新型林业劳动对象、新型林业劳动资料的形成，进而助推林业新质生产力发展。

第一，乡村数字化的技术创新突破效应。内生增长理论认为，技术进步是经济持续增长和全面绿色转型的重要动力之一（邵帅等，2022）。乡村数字化能够通过发挥技术创新突破效应，以数字技术赋能林业生产、分配、交换（流通）和消费等各个环节的技术进步与升级，促进新型林业劳动对象、新型林业劳动资料、新型林业劳动者的形成，进而推进林业新质生产力发展。具体而言，遥感技术、互联网等数字技术赋能林业生产不仅有助于实现监测、管护、生产的智能化、标准化、精细化，在提升森林资源保护与管理的同时提高生产效率，还能拓展林业的生产可能性边界，增加林产品和非木质林产品等的种类、产量和开发形式，推动新型林业劳动对象的发展。大数据、3S技术、物联网、区块链和可视化技术等数字技术赋能林地、林木等的权属落界，以及生态补偿对象空间选择的精准定位，有利于林权制度的执行与森林生态补偿等权益的分配（徐彩瑶等，2024）。互联网、大数据、云计算等数字技术赋能构建林木种苗管理、林业产权交易等数字交易平台能有效匹配林产品供给者与消费者，不仅优化林业产品的市场交易过程，提高交易的透明度和效率，还能推动林业各环节的生产技术和设备以及管理方式得以改进甚至实现质变，推动新型林业劳动资料的迭代升级。由于数字经济的边际成本趋于零，理性林业生产主体倾向于扩大市场规模，发挥数字经济的规模经济效应（任保平等，2022）。不仅如此，数字技术赋能有助于打破传统方式下所需交易条件的时空限制，通过发挥数字经济的网络效应，推动生产主体之间形成多元化合作模式，在优化资源配置的同时能够有效破解林业生产主体分散的问题（徐彩瑶等，2024），有利于推动新型林业劳动者的培育。

第二，乡村数字化的劳动力资源配置效应。舒尔茨的"现代农业和人力资本理论"提出，人力资本是发展中国家从传统农业向现代农业转变的关键。配第—克拉克定理认为，随着社会经济发展和人均国民收入水平提高，劳动力由第一产业向第二产业转移，当人均国民收入水平进一步提高时，劳动力便向第三产业转移（孔凡斌等，2024）。乡村数字化通过发挥劳动力资源配置效应，推动低素质劳动者向高素质劳动者升级的同时实现劳动力要素的优化配置，为林业新质生产力发展奠定扎实基础。具体而言，数字技术和数据要素与林业劳动力要素融合，使得林业劳动者不仅能通过信息可视化和信息共享等方式能够有效、准确理解和处理大量的数据信息，也能以较低的成本和更易接受的形式学习并运用林业生产、加工和管理等方面的新技术和新方法（徐彩瑶等，2024），有助于拓展林业劳动者的就业方式和渠道，还能促进林业劳动者之间的交流和合作，增强林业劳动者的技能水平、创新性和协作性，从而引导林业劳动者由从事林业第一产业为主逐步转向从事林业第二产业和林业第三产业，推动新型林业劳动者的培养与形成，助力林业新质生产力发展。

第三，乡村数字化的产业升级驱动效应。乡村数字化通过释放数字经济的放大、叠加、倍增作用，优化林业产业结构，调整林业产业布局，改进林业产业组织，全方位、全链条改造林业产业传统发展方式，推动林业产业转型升级的同时促进新型林业劳动者、新型林业劳动对象、新型林业劳动资料的塑造，进而推动林业新质生产力发展。具体而言，数字赋能林业产业的跨边界融合，不仅推动林业产业上下游产业链贯通以及林业一二三产深度融合，也能通过林业产业融合创新、林业产业分化发展等方式，促进林业产业新业态、新模式的培育，还能依托数字经济的范围经济效应（任保平等，2022），扩大林业产业的经营范围，同时依托数字技术的精准匹配调整林业产业布局，帮助不同地区依托优势森林资源和特色森林生态产品发展林业产业，规避森林资源富集地区的林业产业同质性问题，实现优势互补、错位发展（徐彩瑶等，2023），有力推动新型林业劳动对象的拓展和衍生。不仅如此，数字赋能林业产业实现供需精准对接以及多元化定制服务，满足消费者多样化、个性化、碎片化需求，尤其是以往未被重视的尾部的、边缘化的消费需求（任保平等，2022），增强供需适配性，提高消费者对林产品的黏性，在发挥数字赋能林业产业的"长尾效应"的同时有利于培育新型林业劳动者。在此背景下，林业产业从以生产产品为主导转变为以向消费者提供服务为主导，促进林业产业转型升级以攀升价值链高端位置，推动林业新质生产力发展。

第四，乡村数字化的资源管理提质效应。森林资源是典型的公共池塘资源。公共池塘资源理论认为，公共池塘资源是兼具非排他性和竞争性的准公共物品，如果没有相应的制度以明确资源使用者和管理者的权利和义务，资源退化将成为必然（Ostrom et al.，1999）。基于波特假说，适当的环境规制可以刺激研发投入的增加并推进技术革新，从而提高生产效率并促进管理效能提升（石敏俊等，2024）。乡村数字化能够通过发挥资源管理提质效应，以数字要素赋能林业主管部门、林业经营主体和林业劳动者，既能有助于林业主管部门提高林区生态治理水平、森林资源管理水平以及林业管理决策的科学性、合理性及准确性，在保护森林资源的基础上发展新型林业劳动对象，也能畅通交流机制、降低交易成本，激发林业经营主体的创新能力和发展内生动力，革新各生产环节的工艺和设备，推动新型林业劳动资料的升级。此外，产业边界模糊化、产业集群虚拟化成为数字赋能林业产业发展的新趋势，林业组织形态和管理模式随之由纵向集中向扁平化、分散式转变，由产业链条式变为网络协同式（任保平等，2022），分布式、去中心化的组织模式有利于培育一大批懂技术、会管理并具备绿色意识的新型林业劳动者。

7.1.3 乡村数字化影响林业新质生产力发展的空间溢出效应

新经济地理理论认为，信息技术的扩散和溢出使得区域经济发展的空间集聚和空间依赖性增强（孔凡斌等，2023），这种空间集聚和空间依赖性的增强，使得区域经济发展不再局限于传统的地理边界，而是形成了更为广泛的空间联系和相互依赖。乡村数字化能够推动数据要素和数字技术与传统林业要素深度融合，发挥信息技术创新的扩散效应、信息和知识的溢出效应、数字技术释放的普惠效应，不仅有助于突破信息传递成本的制约，打破因信息不对称或者信息差产生的存在于各级林业管理部门、林业管理部门内部、林业企业内部、林业产业链上下游、林业管理部门与企业、林业企业与消费者以及林农与消费者之间的信息壁垒，并通过建立数据共享机制链接林业生产各个环节和各个部门，破解传统林业在生产、交换、流通和消费等方面的信息孤岛问题，推动新型林业劳动对象、新型林业劳动资料、新型林业劳动者的发展，还能突破地理条件约束，在助力本区域新型林业劳动对象、新型林业劳动资料、新型林业劳动者发展的同时，辐射带动周边区域林业新质生产力的发展。已有研究也表明，数字经济发展对新质生产力存在显著的空间溢出效应（吴文生等，2024），乡村数字化对林业产业发展升级的影响存在显著的正向空间溢出效应（徐彩瑶等，2024），对森林生态产品价值实现效率的影响存在显著的负向空间溢出效应（孔凡斌等，2023）。因此，乡村数字化对林业新质生产力发展的影响可能存在空间溢出效应。

综上所述，乡村数字化影响林业新质生产力发展的理论逻辑框架如图7-1所示。

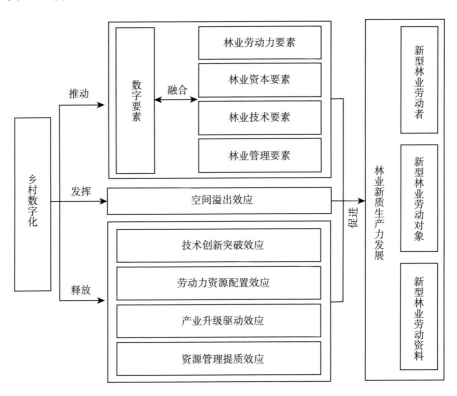

图7-1 乡村数字化影响林业新质生产力发展的理论逻辑框架

7.2 研究方法与数据来源

7.2.1 乡村数字化水平的测度方法

借鉴已有研究成果（朱红根等，2023；王凤婷等，2024；徐彩瑶等，2024），从数字基础设施、数字创新水平和数字产业发展三个维度构建乡村数字化水平的评价指标体系（表7-1）。其中，数字基础设施建设是乡村数字化的基本保障，从乡村互联网普及率、乡村数字化设备和乡村数字化监测三个维度衡量，分别以乡村宽带接入用户数、乡村居民计算机拥有量、乡村居民移动电话用户数和农业气象观测站个数来表征，具体采用乡村居民可支配收入在乡村居民和城镇居民总收入中的比重乘以年末移动电话用户数来获得乡村移动电话用户数，同理基于宽带接入用户数得到乡村宽带接入用户数。数字创新水平的发展是乡村数字化的主要驱动力。数字创新水平主要从

表 7-1 乡村数字化水平的评价指标体系

总指标	一级指标	二级指标	三级指标（单位）	属性	权重
乡村数字化水平	数字基础设施	乡村互联网普及率	乡村宽带接入用户/乡村户数（%）	＋	0.023 7
			乡村居民每百户计算机拥有量（台）	＋	0.033 9
		乡村数字化设备	乡村居民每百户移动电话拥有量（部）	＋	0.013 8
		乡村数字化监测	农业气象观测站（个）	＋	0.026 3
	数字创新水平	乡村信息技术应用	乡村营业网点服务人口（万人）	－	0.006 6
		乡村数字产品与服务消费	乡村居民数字产品及服务的消费支出（%）	＋	0.030 3
		乡村数字金融	数字普惠金融水平（指数）	＋	0.022 4
		乡村信息化投资	乡村信息技术投资（亿元）	＋	0.048 0
	数字产业发展	乡村生产数字化	第一产业中数字经济增加值（亿元）	＋	0.089 2
		乡村流通数字化	乡村物流业务（亿元）	＋	0.197 0
		乡村运营数字化	乡村电子商务销售额和采购额（亿元）	＋	0.131 4
		乡村数字产业创新基地	淘宝村数量（个）	＋	0.377 4

乡村信息技术应用、乡村数字产品与服务消费、乡村数字金融和乡村信息化投资四个维度衡量，具体采用乡村营业网点服务人口、乡村居民家庭人均交通通信消费支出、北京大学数字普惠金融指数和乡村信息传输、计算机服务和软件业的投资额来衡量，其中乡村营业网点为负向指标，各网点关联客户越多，表明其密度越小。数字产业发展是乡村数字化发展的必然结果，主要从乡村生产数字化、乡村流通数字化、乡村运营数字化和乡村数字产业创新基地四个方面来衡量，具体以第一产业中的数字经济增加值、乡村邮政业务总量、乡村电子商务销售额和采购额之和以及淘宝村数量来表征。为了消除不同属性指标量纲的差异，对各指标进行标准化处理，然后通过熵权法（徐彩瑶等，2023）获取各指标的权重，并采用加权求和法计算得到乡村数字化水平。同时，进一步采用局部空间自相关分析方法刻画乡村数字化水平的空间变化特征。

7.2.2 林业新质生产力发展水平的测度方法

借鉴已有研究（王珏，2024；朱富显等，2024），考虑指标选取的合理性和科学性以及数据的可获得性，基于前述林业新质生产力的定义，从新型林业劳动者、新型林业劳动对象和新型林业劳动资料三个维度构建林业新质生产力发展水平的评价指标体系（表7-2）。在此基础上，采用熵权法测算获得林业新质生产力发展水平。同时，进一步采用局部空间自相关分析方法刻画乡村数字化水平的空间变化特征。

第一，新型林业劳动者。新型林业劳动者是林业新质生产力最活跃最能动的主体，是加快培育发展林业新质生产力的关键。基于技能、效率、意识（或理念）三维度的人才观（王珏，2024），新型林业劳动者是指具备顺应时代发展需要和林业产业转型要求的技能素养，具备以不断创新、持续学习、团结协作为核心的劳动者意识并能有效推动劳动生产率全面提高的林业从业人员。参考已有研究（朱富显等，2024；王珏等，2024），从林业劳动者技能、林业劳动生产率和林业劳动者意识三方面，选用林业人员质量、林业人员数量、单位林业劳动生产率、林业增加值增长率、林业科研支出和林业新质生产力政府关注度六个指标来衡量新型林业劳动者。其中，林业人员质量采用当地就业人员平均受教育年限衡量；林业人员数量采用林业第一产业从业人员的数量来衡量；单位林业劳动生产率采用林业总产值与林业从业人数的比值衡量；林业新质生产力政府关注度采用政府工作报告文本中关于农林业新质生产力的词频数加一后取对数处理来衡量。

第二，新型林业劳动对象。新型林业劳动对象是林业新质生产力的重要组成部分，不仅包括以物质形态存在的未经加工的自然物以及加工过的原材料（如森林物质供给类生态产品），还包括伴随科技进步新发现的自然物（如新树种）、顺应时代发展和人们新需求衍生的新业态（如立体林业以及主要依托森林调节服务类生态产品的森林康养）、注入更多技术要素的原材料（如林业生物质燃料）以及数据等非物质形态的对象（如基于林业大数据的产品和服务），还包括森林所处林区的生态环境（周文等，2023；王珏，2024）。据此，从新质林业产业、林业资源情况和林区生态环境三方面，选择新兴林业产业、传统林业产业、森林覆盖率、林业碳汇总量、林业碳排放总量与林业灾害防治率六项指标来表征新型林业劳动对象。其中，新兴新质林业产业与传统新质林业产业分别采用林业系统非林产业产值占林业总产值的比重和第三产业涉林产业产值占林业总产值的比重来衡量；森林覆盖率采用林地面积实际值取对数处理；林业碳排放总量是基于木材加工及木、竹、藤、棕、草制品业、造纸及纸制品业和印刷业，通过分行业的煤炭、天然气和石油使用量对碳排放量进行折算获得；林业碳汇总量是根据 IPCC 2006 的方法进行估算，其中由于不同树种的参数不同，采用加权平均法计算各参数（穆亚丽等，2024）。

第三，新型林业劳动资料。新型林业劳动资料具有机械化、数字化、信息化、智能化的特征，能极大提高劳动生产率，不仅包括人们用以改变和影响劳动对象的林业物质资料（如新型营林机械、采运机械、木材加工机械），也包括协助劳动者将力量传导至劳动对象以实现创造力的林业非物质资料（如远程控制系统、林权数字化交易平台），还包括产生新型劳动资料的创新基础。据此，从林业创新基础、林业物质资料、林业非物质资料三个方面选取林业创新指数（实际值）、林业科技推广站、林业数字智能智慧基础设施建设情况、林业能源投资、林业旅游与休闲产业带动产值和森林生态系统服务价值六个指标来衡量新型林业劳动资料。其中，林业创新指数是通过专利更新模型估计每项价值并加总到林业产业层面计算得到；林业数字智能智慧基础设施建设情况采用互联网用户数占常住人口比重来表征；森林生态系统服务价值的核算方法参照孔凡斌等（2022）和徐彩瑶等（2023）的研究。

表 7-2　林业新质生产力发展水平的评价指标体系

总指标	一级指标	二级指标	三级指标	属性	权重
林业新质生产力发展水平	新型林业劳动者	林业劳动者技能	林业人员质量（年）	+	0.002 7
			林业人员数量（万人）	+	0.094 1
		林业劳动生产率	单位林业劳动生产率（万元/人）	+	0.071 3
			林业增加值增长率（%）	+	0.009 6
		林业劳动者意识	林业科研支出（万元）	+	0.081 2
			林业新质生产力政府关注度（实际值）	+	0.007 0
	新型林业劳动对象	新质林业产业	新兴林业产业产值占比（%）	+	0.124 9
			传统林业产业产值占比（%）	+	0.029 1
		林业资源情况	森林覆盖率（%）	+	0.028 2
			林业碳汇总量（万吨）	+	0.076 9
		林区生态环境	林业碳排放总量（万吨）	−	0.004 0
			林业灾害防治率（%）	+	0.009 8
	新型林业劳动资料	林业创新基础	林业创新指数（实际值）	+	0.006 1
			林业科技推广站（个）	+	0.082 3
		林业物质资料	林业数字智能智慧基础设施建设情况（%）	+	0.017 2
			林业能源投资（万元）	+	0.149 7
		林业非物质资料	林业旅游与休闲产业带动产值（万元）	+	0.109 4
			森林生态系统服务价值（万元）	+	0.096 6

7.2.3　研究设计与模型构建

（1）基准回归模型。为考查乡村数字化对林业新质生产力发展的影响，构建基准回归模型如下：

$$fnp_{it} = \alpha_0 + \alpha_1 RD_{it} + \beta C_{it} + \mu_i + \gamma_t + \varepsilon_{it} \qquad (7-1)$$

式中，i 为省份，t 为年份，fnp_{it} 为林业新质生产力发展水平，RD_{it} 为乡村数字化水平，C_{it} 为一组控制变量，μ_i 为地区（省份）固定效应，γ_t 为年份固定效应，ε_{it} 为随机误差项，α_0 为常数项，α_1 和 β 表示待估计系数。

（2）中介效应模型。借鉴已有研究的做法（江艇，2022），直接识别核心解释变量 RD_{it} 对中介变量 M_{it} 的因果关系来检验乡村数字化对林业新质生产力发展的作用机制，模型设定如下：

$$M_{it} = \alpha_0 + \alpha_1 RD_{it} + \beta C_{it} + \mu_i + \gamma_t + \varepsilon_{it} \qquad (7-2)$$

式中，M_{it} 包括技术创新突破效应（林业科技创新水平）、劳动力资源配置效应（林业人力资本存量）、产业升级驱动效应（林业产业结构高级化水平）和资源管理提质效应（环境规制强度）。

（3）空间计量模型。为了检验乡村数字化对林业新质生产力发展的影响是否存在空间溢出效应，首先，采用全局莫兰指数（Global Moran's I）对乡村数字化水平与林业新质生产力发展水平的空间自相关性进行初步分析和检验，参照已有研究（徐彩瑶等，2024），构建模型如下：

$$I = \frac{\sum_{i=1}^{n}\sum_{j=1}^{n}w_{ij}(x_i - \bar{x})(x_j - \bar{x})}{s^2 \sum_{i=1}^{n}\sum_{j=1}^{n}w_{ij}} \qquad (7-3)$$

式中，I 表示全局莫兰指数，n 表示样本数量，x_i 表示区域 i 的地理观测属性，x_j 表示区域 j 的地理观测属性，$\bar{x}$ 表示观测平均值，s^2 表示样本方差，w_{ij} 表示空间权重矩阵。当 $I>0$ 时表示空间正相关；当 $I=0$ 时表示不存在空间相关性；当 $I<0$ 时表示空间负相关。

其次，为了进一步分析乡村数字化影响林业新质生产力发展的空间溢出效应，建立空间面板回归模型，公式如下（徐彩瑶等，2024）：

$$fnp_{it} = \alpha_0 + \rho W fnp_{it} + \alpha_1 W RD_{it} + \alpha_2 RD_{it} + \beta_1 W C_{it} + \beta_2 C_{it} + \mu_i + \gamma_t + \varepsilon_{it}$$
$$(7-4)$$

式中，fnp_{it} 表示被解释变量，即林业新质生产力发展水平；RD_{it} 表示解释变量，即乡村数字化水平；C_{it} 表示一组控制变量；$\rho W fnp_{it}$ 表示被解释变量的空间滞后；$\alpha_1 W\text{-}RD_{it}$ 表示解释变量的空间滞后；W 为空间权重矩阵；α_0 表示常数项，α_2 表示乡村数字化对林业新质生产力发展影响的估计系数；β_2 表示控制变量的估计系数；μ_i 为个体固定效应；γ_t 为时间固定效应；ε_{it} 为随机扰动项。

7.2.4 变量说明与数据来源

（1）变量说明。根据研究设计与模型构建，所使用的变量如下：

①核心变量。核心被解释变量为林业新质生产力发展水平。乡村数字化水平为核心解释变量。

②控制变量。除乡村数字化水平外，林业新质生产力发展水平还受其他因素影响。参考相关研究（徐彩瑶等，2024；孔凡斌等，2024），选取如下控制变量：ⓐ经济发展水平。林业产业以及林业新质生产力的发展与经济发展水平密不可分（徐彩瑶等，2024）。采用人均地区生产总值衡量经济发展水平，并取对数处理。ⓑ财政支出规模。政府在林业发展方面的财政支持对于推动林业新质生产力发展至关重要（翟郡等，2024）。采用地方政府一般公共预算支出占地区生产总值比重来表征财政支出规模。ⓒ对外开放程度。创新是林业新质生产力的重要特点。对外开放能够有力促进地区创新水平，进而影响林业新质生产力。以各省进出口总额占地区生产总值的比重来衡量对外开放程度。ⓓ基础设施水平。基础设施水平的提升有利于推进林业劳动力、资本等要素流通以及林业标准化模式生产，促进林业规模经济和产业结构升级（徐彩瑶等，2024），进而对林业新质生产力发展产生影响。采用公路里程表征，并取对数处理。

③中介变量。基于上述理论分析，乡村数字化主要通过发挥技术创新突破效应、劳动力资源配置效应、产业升级驱动效应和资源管理提质效应来影响林业新质生产力发展水平，故中介变量主要包括：ⓐ技术创新突破效应，以林业科技创新水平来衡量。参考已有研究（段军山等，2021；路亚欣等，2022），从投入与产出两个角度选择指标，并运用熵值法计算权重得到林业科技创新水平。其中，林业科技创新投入指标包括林业固定资产投资和林业单位专业技术人员在岗职工衡量；林业科技创新产出指标主要包括林业专利数量。ⓑ劳动力资源配置效应，以林业人力资本存量来表征。参考已有研究（徐彩瑶等，2023），林业人力资本存量主要由林业从业人员数量和林业人力资本水平来衡量，具体测算方法参照徐彩瑶等（2023）的做法。ⓒ产业升级

驱动效应，以林业产业结构高级化水平来衡量。林业产业结构高级化是由林业第一、二产业占主导向林业第三产业占主导的动态过程（李博等，2022）。林业产业结构高级化水平的测度方法参考已有研究（孔凡斌等，2024）。①资源管理提质效应，以环境规制强度来表征，具体采用工业污染治理完成投资额与工业增加值的比重来衡量。

④变量描述。主要变量的描述性统计见表7-3。

表7-3 变量描述性统计

变量类型	变量名称	样本量	均值	标准差	最小值	最大值
被解释变量	林业新质生产力发展水平	270	0.141 6	0.080 0	0.029 8	0.425 7
核心解释变量	乡村数字化水平	270	0.139 6	0.102 5	0.041 8	0.758 2
控制变量	经济发展水平	270	10.877 9	0.421 5	9.888 9	12.013 0
	财政支出规模	270	0.266 2	0.114 2	0.119 6	0.758 3
	对外开放程度	270	0.266 8	0.275 9	0.008 0	1.354 0
	基础设施水平	270	11.693 8	0.847 4	9.436 8	12.885 0
中介变量	林业科技创新水平	270	0.063 7	0.092 3	0.000 9	0.593 4
	林业人力资本存量	270	23.979 5	41.179 1	0.088 3	268.937 4
	环境规制强度	270	0.003 2	0.003 1	0.000 1	0.028 0
	林业产业结构高级化水平	270	0.848 4	0.226 0	0.020 0	1.910 0

（2）数据来源。考虑到数据的可得性，研究样本设置为2012—2020年中国30个省级行政单元。中国30个省级行政单元进一步划分为东部、中部、西部和东北部地区，其中，东部地区包括北京市、天津市、河北省、上海市、江苏省、浙江省、福建省、山东省、广东省和海南省；中部地区包括山西省、安徽省、江西省、河南省、湖北省和湖南省；西部地区包括内蒙古自治区、广西壮族自治区、重庆市、四川省、贵州省、云南省、陕西省、甘肃省、青海省、宁夏回族自治区和新疆维吾尔自治区；东北地区包括辽宁省、吉林省和黑龙江省。数据主要来自相应年份的《中国农村统计年鉴》《中国统计年鉴》《中国农产品进出口统计月报》《中国人口和就业统计年鉴》以及各省份的统计年鉴。森林生态系统服务价值核算所需的数据详见徐彩瑶等（2023）。

7.3 结果与分析

7.3.1 乡村数字化水平与林业新质生产力发展水平的变化特征

（1）乡村数字化水平的变化特征。2012—2020 年中国 30 个省级行政单元的乡村数字化水平整体呈上升趋势（表 7 - 4），均值从 2012 年的 0.087 1 增长到 2020 年的 0.210 9。从空间特征上看，东部地区的乡村数字化水平呈现起步早、发展快的特点，在研究期间一直处于高水平阶段，如广东省、浙江省、江苏省和福建省等。大部分中西部地区的乡村数字化水平发展起步晚，逐步于 2020 年达到高水平阶段。由此可见，中国乡村数字化水平虽然呈现上升态势，但区域异质性较大，并且区域间的差距保持相对稳定状态。

表 7 - 4   2012—2020 年中国乡村数字化水平的变化特征

省份	2012 年	2013 年	2014 年	2015 年	2016 年	2017 年	2018 年	2019 年	2020 年
北京	0.113 7 (6)	0.129 2 (6)	0.137 4 (6)	0.149 1 (7)	0.160 4 (7)	0.184 4 (7)	0.181 7 (9)	0.207 3 (9)	0.225 6 (9)
天津	0.067 2 (23)	0.073 3 (22)	0.073 8 (23)	0.079 9 (24)	0.089 7 (24)	0.092 3 (23)	0.091 9 (24)	0.099 2 (25)	0.108 9 (23)
河北	0.089 8 (11)	0.103 9 (10)	0.116 4 (10)	0.130 6 (10)	0.143 3 (11)	0.169 5 (10)	0.195 1 (7)	0.236 6 (6)	0.283 9 (6)
山西	0.072 0 (19)	0.079 1 (20)	0.083 1 (19)	0.090 2 (20)	0.095 8 (19)	0.100 3 (19)	0.109 6 (19)	0.116 7 (19)	0.123 1 (20)
内蒙古	0.068 0 (22)	0.071 2 (23)	0.068 5 (25)	0.085 2 (22)	0.091 8 (22)	0.095 5 (22)	0.099 4 (22)	0.106 2 (22)	0.112 1 (22)
辽宁	0.095 2 (10)	0.097 9 (13)	0.099 3 (14)	0.111 0 (15)	0.114 0 (15)	0.117 8 (15)	0.123 8 (16)	0.131 7 (16)	0.136 3 (16)
吉林	0.063 2 (26)	0.069 4 (25)	0.071 4 (24)	0.078 6 (25)	0.079 7 (26)	0.084 6 (25)	0.085 5 (27)	0.089 0 (27)	0.091 5 (27)
黑龙江	0.080 5 (16)	0.090 4 (17)	0.087 3 (17)	0.095 0 (17)	0.098 1 (17)	0.110 8 (17)	0.113 1 (18)	0.121 0 (18)	0.130 5 (18)

（续）

省份	2012 年	2013 年	2014 年	2015 年	2016 年	2017 年	2018 年	2019 年	2020 年
上海	0.098 8 (9)	0.103 4 (11)	0.132 9 (8)	0.137 0 (9)	0.159 6 (8)	0.169 8 (9)	0.178 2 (11)	0.192 5 (11)	0.216 4 (10)
江苏	0.129 4 (3)	0.149 7 (3)	0.162 3 (3)	0.199 0 (3)	0.227 3 (3)	0.268 1 (3)	0.325 6 (3)	0.388 7 (3)	0.431 3 (3)
浙江	0.146 9 (2)	0.161 0 (2)	0.186 0 (2)	0.246 9 (2)	0.325 3 (2)	0.391 4 (2)	0.517 9 (2)	0.660 9 (1)	0.758 2 (1)
安徽	0.081 4 (15)	0.097 1 (14)	0.104 2 (12)	0.113 2 (14)	0.115 2 (14)	0.123 5 (13)	0.143 0 (13)	0.157 7 (13)	0.175 2 (12)
福建	0.128 5 (4)	0.131 5 (4)	0.139 3 (4)	0.157 2 (5)	0.167 4 (6)	0.184 6 (6)	0.220 0 (5)	0.258 1 (5)	0.300 2 (5)
江西	0.069 5 (21)	0.080 7 (18)	0.081 5 (20)	0.092 4 (18)	0.096 4 (18)	0.106 0 (18)	0.114 0 (17)	0.128 3 (17)	0.135 2 (17)
山东	0.113 0 (7)	0.130 6 (5)	0.138 9 (5)	0.164 3 (4)	0.203 4 (4)	0.262 9 (4)	0.311 4 (4)	0.333 7 (4)	0.385 4 (4)
河南	0.101 0 (8)	0.123 6 (7)	0.130 5 (9)	0.149 7 (6)	0.172 0 (5)	0.202 1 (5)	0.205 8 (6)	0.233 1 (7)	0.268 6 (7)
湖北	0.085 2 (14)	0.105 9 (9)	0.110 7 (11)	0.125 3 (11)	0.144 3 (10)	0.164 8 (11)	0.184 8 (8)	0.212 3 (8)	0.232 9 (8)
湖南	0.088 5 (12)	0.099 3 (12)	0.102 8 (13)	0.114 6 (13)	0.117 6 (13)	0.122 6 (14)	0.140 2 (14)	0.149 0 (14)	0.160 3 (14)
广东	0.168 3 (1)	0.206 2 (1)	0.228 1 (1)	0.278 4 (1)	0.348 4 (1)	0.431 9 (1)	0.518 4 (1)	0.629 8 (2)	0.731 5 (2)
广西	0.085 2 (13)	0.095 4 (15)	0.099 1 (15)	0.114 8 (12)	0.124 9 (12)	0.135 7 (12)	0.144 3 (12)	0.161 0 (12)	0.173 3 (13)
海南	0.075 0 (18)	0.068 5 (26)	0.065 2 (26)	0.074 6 (26)	0.080 2 (25)	0.083 1 (26)	0.090 5 (25)	0.100 1 (24)	0.106 2 (24)
重庆	0.065 9 (24)	0.069 8 (24)	0.076 7 (22)	0.085 0 (23)	0.092 9 (21)	0.096 4 (21)	0.106 0 (21)	0.116 5 (20)	0.128 1 (19)

（续）

省份	2012年	2013年	2014年	2015年	2016年	2017年	2018年	2019年	2020年
四川	0.120 4 (5)	0.122 8 (8)	0.135 3 (7)	0.139 1 (8)	0.151 3 (9)	0.170 2 (8)	0.179 0 (10)	0.195 2 (10)	0.208 1 (11)
贵州	0.053 9 (27)	0.063 2 (27)	0.061 6 (27)	0.071 2 (27)	0.078 2 (27)	0.081 5 (27)	0.081 2 (27)	0.086 2 (28)	0.086 4 (28)
云南	0.080 4 (17)	0.092 7 (16)	0.094 2 (16)	0.106 2 (16)	0.110 2 (16)	0.116 6 (16)	0.125 9 (16)	0.143 2 (15)	0.147 0 (15)
陕西	0.064 4 (25)	0.075 8 (21)	0.079 5 (21)	0.086 0 (21)	0.093 0 (20)	0.100 2 (20)	0.099 7 (21)	0.107 7 (21)	0.114 9 (21)
甘肃	0.048 4 (28)	0.054 9 (28)	0.061 2 (28)	0.069 1 (28)	0.069 6 (28)	0.080 8 (28)	0.088 8 (28)	0.092 5 (28)	0.097 8 (26)
青海	0.041 8 (30)	0.049 0 (30)	0.053 6 (29)	0.061 2 (29)	0.062 8 (29)	0.068 3 (29)	0.070 2 (29)	0.074 7 (29)	0.077 4 (29)
宁夏	0.045 2 (29)	0.053 1 (29)	0.052 5 (30)	0.060 3 (30)	0.059 0 (30)	0.063 5 (30)	0.068 1 (30)	0.072 5 (30)	0.075 9 (30)
新疆	0.071 7 (20)	0.080 3 (19)	0.084 2 (18)	0.090 2 (19)	0.090 4 (23)	0.092 2 (24)	0.097 9 (23)	0.100 5 (23)	0.104 9 (25)
平均值	0.087 1	0.097 6	0.103 9	0.118 5	0.132 1	0.149 1	0.167 0	0.190 1	0.210 9

注：括号内的数字表示当年期乡村数字化水平综合指数排名。

　　（2）林业新质生产力发展水平的变化特征。2012—2020年中国30个省级行政单元林业新质生产力发展水平总体呈逐年上升趋势（图7-2），均值从2012年的0.111 0增长到2020年的0.167 8，且存在显著的区域异质性。其中，中部地区呈现快速增长趋势，除2014年呈下降趋势外，林业新质生产力发展水平从2012年的0.142 7增长至2020年的0.242 6。从空间特征上看，中部地区的湖南省、江西省、四川省，西部地区的内蒙古自治区，以及东北部地区的黑龙江省、吉林省的林业新质生产力发展水平在研究期间一直较高。总体看来，中国林业新质生产力发展水平区域差异显著且较为稳定。

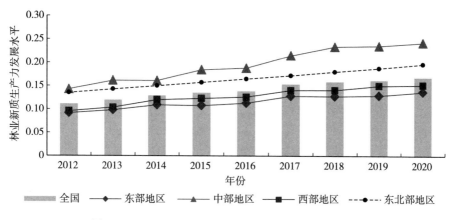

图 7 - 2 2012—2020 年全国林业新质生产力发展水平

7.3.2 乡村数字化影响林业新质生产力发展的实证研究

（1）乡村数字化水平与林业新质生产力发展水平关系的初步考察。在实证分析中国 30 个省级行政单元乡村数字化水平与林业新质生产力发展水平的因果关系之前，通过初步刻画乡村数字化水平与林业新质生产力发展水平的散点图和相应的拟合曲线来了解两者之间的基本关系，结果如图 7 - 3 所示。结果表明，乡村数字化水平与林业新质生产力发展水平的拟合线主要呈现正相关趋势。由于上述拟合关系没有考虑相关控制变量，无法准确反映中国乡村数字化水平与林业新质生产力发展水平的关系。基于此，进一步借助计量经济模型探讨乡村数字化水平对林业新质生产力发展水平的影响。

（2）基准回归结果。通过 Hausman 检验在 1‰ 显著性水平上拒绝混合回归模型和随机效应模型，因此选用固定效应模型。表 7 - 5 展示了乡村数字化水平与林业新质生产力发展水平影响的回归结果，模型（1）和（2）分别表示不添加控制变量的个体（地区）固定效应和双向固定效应，模型（3）和（4）分别表示增加了控制变量后的个体固定效应和双向固定效应。由模型（1）到（2）和（3）到（4）中可以发现 R^2 逐渐增大，说明模型（2）的拟合效果优于模型（1），同理模型（4）优于模型（3）。综上所述，使用双向固定效应模型。进一步分析乡村数字化水平对林业新质生产力发展水平影响的基准回归结果，如表 7 - 5 中列（4）所示。结果表明，乡村数字化水平

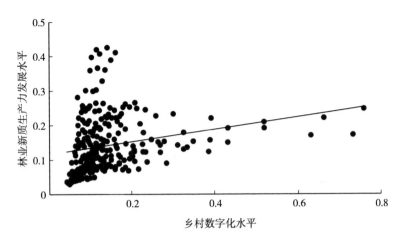

图 7-3 乡村数字化水平与林业新质生产力发展水平的拟合关系

对林业新质生产力发展水平的影响在 5% 的水平上显著为正，且系数为 0.064 5，即，乡村数字化水平每提升 1 个单位，林业新质生产力发展水平能够增加 0.064 5 个单位。因此，乡村数字化能够显著促进林业新质生产力发展。

表 7-5 基准回归结果

变量	个体固定效应	双向固定效应	个体固定效应	双向固定效应
	(1)	(2)	(3)	(4)
乡村数字化水平	0.216 1***	0.055 0*	0.048 9*	0.064 5**
	(0.026 1)	(0.029 6)	(0.025 2)	(0.027 5)
经济发展水平			0.103 7***	0.110 7***
			(0.012 1)	(0.014 7)
财政支出规模			−0.003 3	−0.007 4
			(0.061 1)	(0.065 6)
对外开放程度			0.060 5***	0.060 4***
			(0.020 8)	(0.022 3)
基础设施水平			0.045 0*	0.062 6**
			(0.025 2)	(0.030 3)
常数项	0.111 5***	0.106 2***	−1.533 9***	−1.812 8***
	(0.004 0)	(0.005 0)	(0.225 1)	(0.354 8)

（续）

变量	个体固定效应	双向固定效应	个体固定效应	双向固定效应
	(1)	(2)	(3)	(4)
地区效应	控制	控制	控制	控制
时间效应		控制		控制
R^2	0.223 5	0.428 9	0.575 6	0.584 1
观测值	270	270	270	270

注：括号内数值为标准误，*、** 和 *** 分别表示在 10%、5% 和 1% 的水平上显著。下同。

7.3.3　异质性分析

（1）基于区位条件的异质性分析。乡村数字化水平对林业新质生产力发展水平的带动效应，可能由于区位条件不同而产生差异。参照已有研究（穆亚丽等，2024；王凤婷等，2024），将样本分为东部地区、中部地区、西部地区和东北部地区，进一步分析乡村数字化水平影响林业新质生产力发展水平的区域异质性（表 7-6）。结果表明，乡村数字化能够显著提升东部和西部地区的林业新质生产力发展水平，而对中部和东北部地区林业新质生产力发展水平的影响是负向且未通过显著性检验。其中，对西部地区的影响（0.704 2）远大于东部地区（0.098 2）。可能的原因在于：《西部蓝皮书：中国西部发展报告（2023）》中指出，近年来，西部地区数字乡村建设取得巨大成就，乡村治理成效稳步提升。2021 年，西部地区数字乡村发展水平达到 33.6%；西部地区移动电话普及率连续 3 年增速高于全国平均水平；西部地区农村互联网宽带接入用户数也呈逐年增加趋势。西部地区通过"东数西算"工程，将先天"风光"优势转化为发展动能，以数字技术赋能经济社会高质量发展，这不仅提升了乡村数字技术应用和创新水平，原创性技术、颠覆性技术和关键核心技术的自主研发能力得以明显提高，还通过数字赋能推动智慧农林业的发展，推进林业新质生产力发展。此外，2009 年 12 月，《中共中央 国务院关于加快林业发展的决定》和中央林业工作会议明确指出，在西部大开发中林业具有基础地位。我国现有的宜林地主要集中在西部地区，近十年来，林业部门积极发挥行业优势，大力推进西部地区生态保护与建设，取得了显著成效。国家林业和草原局于 2020 年发布的《林草产业发展规划（2021—2025 年）》也指出，要推行木材行业全面绿色和企业实施技术升级改造的新要求。据此，西部地区乡村数字化在打通要素壁垒与优化林业产业布局方面有着更为显著的影响，进而对林业新质生产力发展的影响更为明显。在中部和东北部地区，乡村数字化水平对林业新质生产力发展水平的带动效应较差，究其原因，不同区域的经济发展存量差异、资源禀赋和产业基础水平不同，乡村数字化水平和所处发展阶段亦不相同（朱红根等，2023）。数字基础设施建设以及乡村产业发展仍面临区域发展不平衡、不充分问题，已有研究证实，乡村数字化水平在中部地区存在正向 N 形非线性影响（张彰，2024），而在中部和东北部地区，乡村数字化发展在这两类地区仍面临城乡差距大、数字基础较弱等问题（王凤婷等，2024）。由此可见，中部和东北部地区亟需寻找推进乡村数字化发展的新动力和新途径，以有效助力林业新质生产力发展。

表 7 - 6　不同区位条件下异质性分析回归结果

变量	东部地区	中部地区	西部地区	东北部地区
	（1）	（2）	（3）	（4）
乡村数字化水平	0.098 2***	−0.190 6	0.704 2**	−0.626 3
	(0.025 2)	(0.236 0)	(0.344 5)	(0.574 5)
控制变量	是	是	是	是
地区效应	控制	控制	控制	控制
时间效应	控制	控制	控制	控制
常数项	−0.714 6*	−4.344 2***	−0.878 0	−0.877 8
	(0.409 5)	(1.226 3)	(0.911 2)	(1.590 0)
R^2	0.671 0	0.817 0	0.571 4	0.592 1
观测值	90	54	99	27

（2）基于不同林业新质生产力发展水平的异质性分析。进一步采用双向固定分位数模型验证乡村数字化水平对不同林业新质生产力发展水平影响的异质性，结果如表 7 - 7 所示。结果表明，在 0.10、0.25 和 0.50 分位点上，乡村数字化水平对林业新质生产力发展水平均存在显著正向影响，且这一影

响在 0.50 分位点上达到最大。在 0.75 和 0.90 分位点上，乡村数字化水平对林业新质生产力发展水平的影响减弱且均未通过显著性检验。可能的原因在于，伴随着林业新质生产力发展水平达到高位，新型林业劳动者逐步增加，新型林业劳动资料得以革新，新型林业劳动对象不断开拓。在此情况下，林业新质生产力发展已处于较为成熟的状态且方向具有一定的连续性和稳定性，形成了惯性力量，因此，乡村数字化赋能林业新质生产力发展的作用减弱。

表 7-7 不同林业新质生产力发展水平下异质性分析回归结果

变量	林业新质生产力发展水平				
	0.10 分位点	0.25 分位点	0.50 分位点	0.75 分位点	0.90 分位点
	(1)	(2)	(3)	(4)	(5)
乡村数字化水平	0.078 0***	0.070 9**	0.135 3*	0.034 4	−0.082 2
	(0.015 0)	(0.034 3)	(0.071 3)	(0.066 5)	(0.192 5)
控制变量	是	是	是	是	是
地区效应	控制	控制	控制	控制	控制
时间效应	控制	控制	控制	控制	控制
常数项	−0.661 9***	−0.493 6***	−0.235 7	−0.674 3**	−1.242 8
	(0.063 6)	(0.145 5)	(0.302 2)	(0.281 8)	(0.816 0)
观测值	270	270	270	270	270

（3）基于乡村数字化水平结构维度的异质性分析。考虑到乡村数字化水平的结构异质性特征，进一步分析数字基础设施、数字创新水平和数字产业发展对林业新质生产力发展水平的影响，结果如表 7-8 所示。结果表明，数字基础设施和数字产业发展均在 5% 水平上具有显著的正向影响，而数字创新水平未通过显著性检验。进一步考察系数可知，数字基础设施对林业新质生产力发展水平的影响最大。可能的原因是，乡村数字基础设施逐渐完善，渗透作用逐渐增强，推动数字要素与经济社会各领域深入融合，数字技术与传统林业产业的融合有效推动了林业产业结构优化升级，使得乡村数字经济的发展红利得到释放（徐彩瑶等，2024）。乡村数字产业发展具有天然数字技术优势，不仅能够维持林业生产安全稳定，联结林业产业链上下游，

还能推动林业一二三产融合发展，培育出休闲林业、创意林业等现代林业产业模式（穆亚丽等，2024），在数字产业集聚赋能林业产业发展的过程中，有力推动培养新型林业劳动者、开发新型林业劳动资料和拓展新型林业劳动对象，进而促进林业新质生产力的发展。

表7-8 乡村数字化水平结构维度的异质性分析回归结果

变量	林业新质生产力发展水平		
	(1)	(2)	(3)
数字基础设施	1.357 0**		
	(0.584 9)		
数字创新水平		−0.479 0	
		(0.464 9)	
数字产业发展			0.062 8**
			(0.027 4)
控制变量	是	是	是
地区效应	控制	控制	控制
时间效应	控制	控制	控制
常数项	−1.392 4***	−1.658 9***	−1.819 9***
	(0.370 8)	(0.353 7)	(0.355 7)
观测值	270	270	270

（4）基于林业新质生产力发展水平结构维度的异质性分析。考虑到林业新质生产力发展水平的结构异质性特征，分别从新型林业劳动者、新型林业劳动对象和新型林业劳动资料三个维度考察乡村数字化水平对林业新质生产力发展水平的影响，结果如表7-9所示。结果表明，乡村数字化水平对新型林业劳动者具有显著的正向影响，对新型林业劳动对象和新型林业劳动资料的影响不显著。可能的原因在于，劳动者是发展数字经济的主体，也是数字经济的主要受益者。培育新型林业劳动者是发展林业新质生产力的关键，是助推新型林业劳动对象和新型林业劳动资料的前提和基础。因此，乡村数字化具备优先推动新型林业劳动者形成的本质属性。吴文生等（2024）的研究表明，人才资源越丰富的地区，数字经济对新质生产力的促进作用越显

著，与本研究结果一致。乡村数字化水平对新型林业劳动对象和新型林业劳动资料并无显著影响，可能的原因在于，林区多为山区，受限于地形、交通及经济发展等因素，山区数字基础设施建设仍相对滞后（慕娟等，2021），数字技术在林业生产中的广泛应用难以推进，致使林业劳动工具仍相对落后（宁攸凉，2024）。林业经营主体由分散的农户或小规模的家庭林场转变为以林业专业大户、家庭林场、国有林场、农民林业专业合作社、股份合作社和林业龙头企业等为主。然而，处于产业链不同环节的林业经营主体在数字化方面的协同不足（翟郡等，2024），限制了新型林业劳动对象的拓展和新型林业劳动资料的开发和应用。

表 7-9　林业新质生产力发展水平结构维度的异质性分析回归结果

变量	(1) 新型林业劳动者	(2) 新型林业劳动对象	(3) 新型林业劳动资料
乡村数字化水平	0.044 5***	−0.005 2	0.025 2
	(0.011 8)	(0.010 9)	(0.021 1)
控制变量	是	是	是
地区效应	控制	控制	控制
时间效应	控制	控制	控制
常数项	−0.576 0***	−0.164 1	−1.072 7***
	(0.151 9)	(0.140 4)	(0.271 6)
观测值	270	270	270

7.3.4　机制分析

基于前文的理论分析，引入技术创新突破效应、劳动力资源配置效应、产业升级驱动效应和资源管理提质效应四个路径机制，分别以林业科技创新水平、林业人力资本存量、林业产业结构高级化水平和环境规制强度作为测度变量，分析乡村数字化水平对林业新质生产力发展水平的影响机制，结果如表 7-10 所示。模型（1）的结果表明，当被解释变量为技术创新突破效应（林业科技创新水平）时，乡村数字化水平的回归系数在 1% 的水平上显著为正，说明乡村数字化能够通过发挥技术创新突破效应，提高林业科技创新水平及应用水平，进而推动林业新质生产力的发展。模型（2）的结果表明，当被解释变量为劳动力资源配置效应（林业人力资本存量）时，乡村数字化水平的回归系数在5％的水平上显著为正，说明乡村数字化能够通过发挥劳动力资源配置效应，提高林业人力资本水平，促进林业新质生产力发展。可能的原因在于，由"莫拉维克"悖论可知，数字技术进步下要素替代弹性存在人力资本偏向，人力资本水平更高时，资本越不易替代生产性服务业。在林业劳动要素投入过程中包含着因正规教育、培训等形成的林业人力资本，可以通过创新和知识外溢间接推动经济增长（徐军海等，2021）。此外，提升林业人力资本水平将在乡村数字化促进林业产业结构与劳动收入份额提高中起到关键调节作用（艾阳等，2024）。模型（4）的结果表明，当被解释变量为资源管理提质效应（环境规制强度）时，乡村数字化水平的回归系数在10％的水平上显著为正，说明乡村数字化能够发挥资源管理提质效应，提高环境规制强度，不仅推动生态治理以改善林区生态环境质量，保障作为林业发展基石的森林资源的可持续供给，推动新型林业劳动对象的拓展，还能够通过政策引导促进林业主体进行绿色技术创新，推动新型林业劳动资料优化，进而促进林业新质生产力发展水平。模型（3）的结果表明，当被解释变量为产业升级驱动效应（林业产业结构高级化水平）时，乡村数字化水平的回归系数在5％的水平上显著为正，说明乡村数字化能够通过发挥产业升级驱动效应，提升林业产业结构高级化水平，促进林业新质生产力发展。数字技术的应用有助于催生林业新业态，创新林业金融服务，推动林业一二三产融合发展。根据产业结构理论可知，林业产业结构的调整要发挥区域优势，协调区域之间的联系以实现区域经济的动态平衡（耿玉德等，2006）。乡村数字化以物联网、大数据、5G基站为重要载体，不仅通过实现乡村产业数字化、治理数据化，提升林业全要素生产率，正推动乡村农林业生产方式的不断升级，还能够发挥数字经济的规模经济效应，有利于促进林业生产要素的合理配置，实现林业多效益协调发展（侯方淼等，2023）的同时助推新型林业劳动者、新型林业劳动对象和新型林业劳动资料的形成，进而促进林业新质生产力发展。

表 7 - 10　作用机制检验结果

变量	(1)	(2)	(3)	(4)
	技术创新突破效应	劳动力资源配置效应	产业升级驱动效应	资源管理提质效应
乡村数字化水平	0.177 9***	16.520 5**	0.430 7**	0.004 9*
	(0.051 6)	(6.735 1)	(0.209 1)	(0.002 8)
控制变量	是	是	是	是
地区效应	控制	控制	控制	控制
时间效应	控制	控制	控制	控制
常数项	0.002 8	−241.504 9***	−7.653 2***	0.040 6
	(0.664 2)	(86.779 9)	(2.694 2)	(0.035 5)
观测值	270	270	270	270
R^2	0.285 6	0.511 8	0.345 1	0.261 7

7.3.5　进一步讨论：空间溢出效应分析

为了解乡村数字化水平对林业新质生产力发展水平的影响是否存在空间相关性，选用基于空间距离矩阵的 $Moran's\ I$ 指数来进行验证，结果如表 7 - 11 所示。结果表明，2012—2020 年乡村数字化水平的 $Moran's\ I$ 均为正，除 2014 年外，其他年份的林业新质生产力发展水平的 $Moran's\ I$ 也均为正，说明乡村数字化水平和林业新质生产力发展水平总体上均具有显著的空间相关性。

表 7 - 11　空间自相关检验结果

乡村数字化水平		林业新质生产力发展水平	
年份	$Moran's\ I$	年份	$Moran's\ I$
2012	0.048 5**	2012	0.029 8*
2013	0.036 8**	2013	0.033 5**
2014	0.046 8**	2014	−0.003 1
2015	0.043 2**	2015	0.048 4**
2016	0.040 4**	2016	0.069 7***

（续）

乡村数字化水平		林业新质生产力发展水平	
年份	Moran's I	年份	Moran's I
2017	0.024 8*	2017	0.111 5***
2018	0.028 8*	2018	0.090 3***
2019	0.026 4*	2019	0.106 5***
2020	0.026 5*	2020	0.080 3***

采用空间计量模型进一步深入分析乡村数字化对林业新质生产力的空间溢出效应。首先通过 LM 检验和 LR 检验确定合适的空间计量模型，检验结果如表 7 - 12 所示。结果表明，LM 检验和 LR 检验统计值分别在 1% 和 5% 的置信水平上显著，表明空间滞后效应和空间误差效应是同时存在的，需考虑采用结合二者的空间杜宾模型（SDM）。

表 7 - 12　空间计量模型设定检验

被解释变量	统计量	LM 检验		LR 检验	
		LM 值	P 值	LR 值	P 值
林业新质生产力发展水平	空间误差估计	13.437***	0.000 0	14.87**	0.010 9
	空间滞后估计	41.425***	0.000 0	14.53**	0.012 6

为验证选择 SDM 模型的合理性，以及检验 SDM 模型是否会退化为 SAR、SEM 模型，进一步进行 LR 检验，结果如表 7 - 13 所示。通过进一步对空间杜宾模型的空间固定效应、时间固定效应和时空双固定效应进行估计，结果如表 7 - 14 所示。结果表明，应采用基于时空双固定效应的空间杜宾模型。

表 7 - 13　空间计量模型的 LR 检验结果

变量	(1)	(2)	(3)
	SDM	SAR	SEM
乡村数字化水平	0.034 8	0.143 9**	0.065 1***
	(0.067 2)	(0.057 8)	(0.025 3)

（续）

变量	(1)	(2)	(3)
	SDM	SAR	SEM
经济发展水平	6.551 5***	6.513 3***	0.112 2***
	(1.021 0)	(0.848 9)	(0.013 6)
财政支出规模	−0.177 5	−0.190 6*	−0.008 0
	(0.011 3)	(0.106 6)	(0.060 6)
对外开放程度	−0.022 3	−0.027 3	0.059 9***
	(0.030 3)	(0.030 9)	(0.020 5)
基础设施水平	1.591 1	5.460 9***	0.060 4**
	(1.883 8)	(1.624 9)	(0.028 2)
$W×$乡村数字化水平	−0.948 4**		
	(0.462 8)		
$W×$经济发展水平	17.369 0***		
	(0.099 1)		
$W×$财政支出规模	−1.822 8**		
	(0.826 0)		
$W×$对外开放程度	0.112 1		
	(0.241 9)		
$W×$基础设施水平	−51.335 1***		
	(14.853 3)		
$Spatial\_rho$	−0.637 4**	−0.411 0*	
	(0.257 4)	(0.222 8)	
$lambda$			−0.135 8
			(0.239 2)
$sigma2\_e$	0.009 2***	0.010 1***	0.000 3***
	(0.000 8)	(0.000 9)	(0.000 0)
观测值	270	270	270
R^2	0.105 0	0.669 3	0.574 9

表 7-14 空间杜宾模型估计结果

变量	(1) 空间固定效应模型	(2) 时间固定效应模型	(3) 双向固定效应模型
乡村数字化水平	0.101 2 (0.061 7)	−0.077 1 (0.094 0)	0.034 8 (0.067 2)
经济发展水平	6.292 7*** (0.889 3)	1.330 5 (1.124 5)	6.551 5*** (1.021 0)
财政支出规模	−0.085 8 (0.105 7)	0.019 3 (0.129 5)	−0.177 5 (0.011 3)
对外开放程度	−0.031 2 (0.031 4)	0.093 5* (0.048 8)	−0.022 3 (0.030 3)
基础设施水平	4.525 1*** (1.675 6)	5.700 6*** (0.556 7)	1.591 1 (1.883 8)
$W \times$ 乡村数字化水平	−0.265 3 (0.167 6)	−3.006 2*** (0.691 6)	−0.948 4** (0.462 8)
$W \times$ 经济发展水平	9.850 2** (4.166 1)	3.616 6 (7.063 2)	17.369 0*** (0.099 1)
$W \times$ 财政支出规模	0.192 5 (0.264 9)	−0.662 4 (0.886 0)	−1.822 8** (0.826 0)
$W \times$ 对外开放程度	−0.126 8 (0.129 0)	2.451 3*** (0.356 1)	0.112 1 (0.241 9)
$W \times$ 基础设施水平	−14.936 4* (8.128 6)	22.604 8*** (5.075 8)	−51.335 1*** (14.853 3)
$Spatial\_rho$	−0.240 0 (0.218 8)	0.232 3 (0.199 1)	−0.637 4** (0.257 4)
$sigma2\_e$	0.010 2*** (0.000 9)	0.112 6*** (0.009 7)	0.009 2*** (0.000 8)
观测值	270	270	270
R^2	0.683 3	0.513 9	0.105 0

表 7-14 列（3）展示了空间杜宾模型的回归结果，空间自相关系数 rho 系数为−0.637 4，并且通过了 5% 的显著性水平检验，表明林业新质生产力

发展水平存在显著的空间相关性。具体而言，林业新质生产力发展水平存在负向空间溢出效应，即本地区林业新质生产力发展水平提高时，周边地区林业新质生产力发展水平反而下降，会产生"虹吸效应"（赵巍等，2023）。可能的原因是，本地区林业新质生产力发展会通过吸引并利用周边地区劳动力、资本、技术、森林资源等要素，从而抑制周边地区新型林业劳动者、新型林业劳动资料、新型林业劳动对象的发展，进而产生阻碍周边地区林业新质生产力发展的现象。

空间杜宾模型的空间效应分解结果如表7-15所示，乡村数字化水平的间接效应和总效应分别在5%和10%的水平上显著为负，直接效应为正，但未通过显著性检验。说明乡村数字化水平对林业新质生产力发展水平存在显著的负向空间溢出效应，即本地区乡村数字化水平会显著抑制周边地区林业新质生产力发展水平。这与赵爽等（2022）、孔凡斌等（2023）和徐彩瑶等（2024）的研究结果相符。可能的原因是，一方面，各地区的乡村数字化水平不同，对林业新质生产力发展水平的影响也就不同。另一方面，乡村数字化对林业新质生产力发展的影响处于初期阶段，数字要素的普惠性、共享性和便利性尚未显现。此外，林业新质生产力发展取决于当地的森林资源禀赋条件和林业经营管理技术水平，各地区间林业生产要素配置存在一定竞争效应，加之林业科技进步的趋同性，使得乡村数字化影响林业新质生产力发展的空间溢出效应大打折扣（王镜淳等，2022）。进一步分析乡村数字化水平二级指标（数字基础设施、数字产业发展和数字创新水平）影响林业新质生产力发展水平的空间溢出效应，结果表明，数字基础设施和数字产业发展的直接效应均显著为正，数字产业发展的间接效应和总效应显著为负，数字创新水平的直接效应、间接效应和总效应都为负且均未能通过显著性检验。这说明数字基础设施能够有效提升本地区林业新质生产力发展水平，数字产业发展不仅能提升本地区林业新质生产力发展水平，还会对周边地区的林业新质生产力发展水平产生显著的负向影响。这进一步验证了乡村数字化水平对林业新质生产力发展水平存在的显著负向空间溢出效应。

表 7 - 15　空间杜宾模型的空间效应分解结果

变量	林业新质生产力发展水平		
	直接效应	间接效应	总效应
乡村数字化水平	0.061 3	−0.609 8**	−0.548 5*
	(0.066 0)	(0.308 2)	(0.324 9)
数字基础设施	0.184 4**	0.361 4	0.545 9
	(0.091 4)	(0.396 8)	(0.395 0)
数字创新水平	−0.065 9	−0.000 8	−0.066 7
	(0.097 8)	(0.389 3)	(0.371 5)
数字产业发展	0.066 5***	−0.279 9**	−0.213 5*
	(0.024 8)	(0.113 3)	(0.113 7)

7.3.6　内生性讨论与稳健性检验

（1）内生性讨论。为避免可能存在的内生性问题，参考相关研究（黄群慧等，2019；赵涛等，2020），采用各省份 1984 年每百人固定电话数作为乡村数字化水平的工具变量（IV）进行两阶段最小二乘法（2SLS）估计。由于截面数据无法进行面板数据的计量回归，参考已有研究的做法（黄群慧等，2019；赵涛等，2020；王凤婷等，2024），引入当年全国农村互联网用户数与各省份 1984 年每百人固定电话数的交互项以构造面板数据进行测度，结果如表 7 - 16 所示。结果表明，模型结果与基准回归结果基本一致，乡村数字化对林业新质生产力发展的影响依然在 1% 的水平上显著为正。在时间层面，考虑到乡村数字化水平对林业新质生产力发展水平的影响存在滞后效应，将乡村数字化水平的一阶滞后项作为核心解释变量进行回归，结果如表 7 - 17（1）所示。结果表明，乡村数字化水平对林业新质生产力发展水平在 5% 的水平上显著为正，与基准回归结果基本一致，即提高乡村数字化水平有助于提升林业新质生产力发展水平。

（2）剔除直辖市。考虑到样本选择偏差问题，直辖市具有政策和经济天然优势，数字经济基础好。因此，剔除北京市、天津市、重庆市和上海市四个直辖市样本。

（3）排除异常值处理。为避免存在异常值干扰模型的回归结果，影响结果的稳健性，因此将核心解释变量与被解释变量均进行1‰缩尾处理后进行回归，结果如表7－17（2）、（3）所示。结果表明，在2种稳健性检验下，乡村数字化水平均能显著促进林业新质生产力发展水平，验证了基准回归结果的稳健性。

（4）空间效应分析的稳健性检验。采用地理距离矩阵代替空间距离矩阵进行分析，结果如表7－18所示。结果表明，乡村数字化水平对林业新质生产力发展水平存在显著的负向影响，各变量回归系数与前文回归系数方向相同且系数大小相差不大，表明前述研究结果是稳健的。

表 7－16 内生性讨论

变量	2SLS	
	系数	标准误
工具变量	−0.005 9 ***	0.001 0
乡村数字化水平	0.541 9 ***	0.175 4
控制变量	是	
观测值	270	
R^2	0.104 0	

表 7－17 内生性讨论与稳健性检验结果

变量	（1）	（2）	（3）
	替换解释变量	剔除直辖市	缩尾
乡村数字化水平	0.075 4 **	0.078 4 **	0.067 2 **
	(0.035 8)	(0.031 8)	(0.029 7)
控制变量	是	是	是
地区效应	控制	控制	控制
时间效应	控制	控制	控制
观测值	240	234	270
R^2	0.522 2	0.603 3	0.584 3

表 7 - 18　空间效应分析的稳健性检验结果

变量	基于地理距离矩阵	
	系数	标准误
乡村数字化水平	0.032 6	0.025 5
$W \times$ 乡村数字化水平	−0.266 3**	0.132 2
控制变量	是	
地区效应	控制	
时间效应	控制	
$Spatial\_rho$	−1.029 5***	0.319 9
$sigma2\_e$	0.000 4***	0.000 0
观测值	270	
R^2	0.589 6	

7.4 结论与政策启示

7.4.1 结论

在厘清并剖析乡村数字化影响林业新质生产力发展理论逻辑的基础上，采用 2012—2020 年中国 30 个省份的面板数据，构建乡村数字化水平和林业新质生产力发展水平的评价指标体系，运用双向固定效应模型、中介效应模型和空间杜宾模型等，揭示乡村数字化对林业新质生产力发展的影响及其作用机制，得出如下主要研究结论。

（1）2012—2020 年中国 30 个省份的乡村数字化水平呈上升态势，均值从 2012 年的 0.087 1 增至 2020 年的 0.210 9，但区域异质性较大，并且区域间的差距保持相对稳定状态。

（2）2012—2020 年中国 30 个省份林业新质生产力发展水平逐年上升，均值由 2012 年的 0.111 0 增至 2020 年的 0.167 8，区域差异显著且较为稳定。

（3）乡村数字化对林业新质生产力发展具有显著的促进作用，在经过工具变量等一系列稳健性检验后，该结论依然成立。具体而言，乡村数字化水平每提升 1 个单位，林业新质生产力发展水平能够增加 0.064 5 个单位。

（4）区域异质性分析结果表明，乡村数字化能够显著促进中国东部和西部地区的林业新质生产力发展，对中部和东北部产生负向影响且不显著。

（5）基于不同林业新质生产力发展水平的异质性分析结果表明，在低林业新质生产力发展水平（0.10、0.25 和 0.50 分位点）地区，乡村数字化能够显著促进林业新质生产力发展，且这一促进作用在 0.50 分位点上达到最大，这一作用在高林业新质生产力发展水平（0.75 和 0.90 分位点）地区不显著。

（6）基于乡村数字化水平结构维度的异质性分析结果表明，数字基础设施和数字产业发展能显著促进林业新质生产力发展，数字基础设施的促进作用更大。

（7）基于林业新质生产力发展水平结构维度的异质性分析结果表明，乡村数字化对新型林业劳动者具有显著的正向影响，对新型林业劳动对象和新型林业劳动资料的影响不显著。

（8）乡村数字化能够通过发挥技术创新突破效应提高林业科技创新水平，发挥劳动力资源配置效应提增林业人力资本存量，发挥产业升级驱动效应提升林业产业结构高级化水平以及发挥资源管理提质效应加大环境规制强度等路径促进林业新质生产力发展。

（9）乡村数字化对林业新质生产力发展的影响存在显著的负向空间溢出效应。

7.4.2 政策启示

第一，鉴于乡村数字化水平对林业新质生产力发展水平具有显著的促进作用，并且数字基础设施和数字产业发展的作用更显著，要坚持以数字化改革为引领，不断加强数字要素与林业产业深度融合，推动乡村数字基础设施建设，加快林业生产数字化发展，利用物联网、人工智能、数字孪生等新一代信息技术实现对林业生产、分配、流通、消费各个环节的精准控制和智能优化，加大数字要素向林业产业释放，推动新型林业劳动者、新型林业劳动对象和新型林业劳动资料的形成和塑造，进而推进林业新质生产力发展。

第二，鉴于乡村数字化能显著促进中国东部和西部地区的林业新质生产力发展但这一作用在中部和东北部地区不显著，要根据不同地区林业新质生产力发展的实际情况，分区分类施策，助推中国林业新质生产力均衡发展。针对林业新质生产力发展水平较高的东部地区，如呈现高—高聚集特征的广东省，要持续推动乡村数字化发展，同时充分发挥辐射带动作用，和林业新质生产力发展水平较低地区建立区域合作与互惠机制，带动林业新质生产力发展水平较低地区的发展。对于林业新质生产力发展水平较低的西部地区，如在研究期间始终呈现低—低聚集特征的宁夏回族自治区和甘肃省，要提升数字化意识和能力，推进数字基础设施建设，着力发展林业领域的数字技术创新和应用，加快推进数字赋能林业新质生产力发展水平的提升。

第三，鉴于乡村数字化能够通过发挥技术创新突破效应、提高林业科技创新水平来促进林业新质生产力发展，应持续推动数字赋能林业技术创新，推进林业资源的培育、采伐、加工、销售等林业产业链不同环节的技术进步与升级，推动构建涵盖森林立体感知、森林防治等模块的数字管理与服务平台建设的全国标准化体系，探索建立林业数字技术应用指南和规范，加大新型林业技术的推广力度和应用水平，推动新型林业劳动对象、新型林业劳动资料、新型林业劳动者的发展和培育，进而推进林业新质生产力发展。

第四，鉴于乡村数字化能够通过发挥劳动力资源配置效应、提升林业人力资本存量以推进林业新质生产力发展且乡村数字化能显著促进新型林业劳动者的培育，应大力推进数字要素与林业劳动力要素的深度融合，培养更多适应智慧林业发展需求的高素质人才，结合林业产业链不同环节的人才需求实际，利用大数据、预测算法、数据挖掘等工具进行全方面的人才分析，形成核心岗位画像，制定科学精准的人才培养计划；依托数字技术提升人才培养效率和质量，通过数字化手段优化人力资源管理流程，提升人力资源管理的效率；积极制定人才引进政策，吸引创新型、知识型、技能型人才投身于林业发展，以数字化赋能新型林业劳动者的培育，推动林业新质生产力发展。

第五，鉴于乡村数字化能够发挥产业升级驱动效应、提升林业产业结构高级化水平来推动林业新质生产力发展，要加大林业产业结构调整力度，促进林业一二三产融合发展，以数字赋能森林资源保护夯实林业产业发展基础，推动数字化嵌入林业特色产业多元化发展；着力推动数字赋能林下经济、特色经济林、竹产业、生态旅游、森林康养等林业二三产发展，拓宽"绿水青山"向"金山银山"的转化通道，推动森林生态产品价值实现；数字赋能重塑林业生产要素配置和产业分工方式，推动林业产业链上下游企业发展，促进林业产业向价值链高端攀升，进而促进林业新质生产力发展。

第六，鉴于乡村数字化能够发挥资源管理提质效应、加大环境规制强度以促进林业新质生产力发展水平，应通过数字赋能森林资源保护与治理及林业部门的组织管理，依托大数据分析等技术辅助林业管理决策的制定，提高政策制定的科学性和合理性，适度提高环境规制标准和强度，同步推进数字赋能林业管理增效，提升林业新质生产力发展水平。

第七，鉴于乡村数字化影响林业新质生产力发展存在负向的空间溢出效应，要完善和优化区域网络空间，积极发挥乡村数字化水平较高地区对周边地区林业新质生产力发展的辐射带动效应，实现协同发展。针对乡村数字化水平较高的地区，尤其是呈现高—高聚集特征的浙江省和福建省，要充分发挥示范引领作用，通过和乡村数字化水平较低地区建立信息共享与合作交流机制，搭建跨地区的林业数字服务平台，畅通林业信息、技术等的共享渠道，促进技术、资金和劳动力等要素的流动以激发推动林业新质生产力发展的内生动力。对于乡村数字化水平较低的地区，如在研究期间始终呈现低—低聚集特征的甘肃省，在充分利用乡村数字化发展提升林业新质生产力发展水平红利的基础上，加强数字赋能林业新质生产力发展方面的交流与合作，建立地区间利益联结机制，全面推动林业新质生产力发展。

参　考　文　献

艾阳，宋培，李琳，等，2024. 数字经济发展、产业结构转型与劳动收入份额提升——基于人力资本的调节视角 [J]. 经济评论 (3)：3-22.

陈秀英，刘胜，沈鸿，2024. 以数字化转型赋能提升新质生产力 [J]. 新疆社会科学
　　（2）：41-45.

段军山，庄旭东，2021. 金融投资行为与企业技术创新——动机分析与经验证据 [J].
　　中国工业经济（1）：155-173.

韩文龙，张瑞生，赵峰，2024. 新质生产力水平测算与中国经济增长新动能 [J]. 数量
　　经济技术经济研究，41（6）：5-25.

侯方森，李晓怡，肖慧，等，2023. 数字经济赋能中国乡村林业发展：理论机制、成效
　　分析及政策启示 [J]. 世界林业研究，36（2）：1-6.

黄群慧，余泳泽，张松林，2019. 互联网发展与制造业生产率提升：内在机制与中国经
　　验 [J]. 中国工业经济（8）：5-23.

江艇，2022. 因果推断经验研究中的中介效应与调节效应 [J]. 中国工业经济（5）：
　　100-120.

孔凡斌，程文杰，徐彩瑶，2023. 数字经济发展能否提高森林生态产品价值转化效
　　率——基于浙江省丽水市的实证分析 [J]. 中国农村经济（5）：163-184.

孔凡斌，王宁，徐彩瑶，2022. "两山"理念发源地森林生态产品价值实现效率 [J]. 林
　　业科学，58（7）：12-22.

孔凡斌，王宁，徐彩瑶，2024. 山区林业产业发展对城乡收入差距的影响机制——基于
　　就业与收入中介效应的视角 [J]. 自然资源学报，39（1）：62-83.

柯水发，万深玮，2024. 积极推动林草业新质生产力高质量发展 [N]. 中国绿色时报.
　　（2024-06-19）[2024-10-17]. https：//www.forestry.gov.cn/c/www/lcdt/ 571
　　348. jhtml.

李博，秦欢，孙威，2022. 产业转型升级与绿色全要素生产率提升的互动关系——基于
　　中国 116 个地级资源型城市的实证研究 [J]. 自然资源学报，37（1）：186-199.

路亚欣，张彩虹，2022. 绿色信贷、技术创新对中国林业产业结构的交互影响 [J]. 林
　　业经济问题，42（5）：524-531.

罗必良，2024. 新质生产力：颠覆性创新与基要性变革——兼论农业高质量发展的本质
　　规定和努力方向 [J]. 中国农村经济（8）：2-26.

罗明忠，魏滨辉，2024. 数字赋能、技术进步与农村共同富裕 [J]. 农业技术经济（2）：
　　4-18.

孟捷，韩文龙，2024. 新质生产力论：一个历史唯物主义的阐释 [J]. 经济研究，59
　　（3）：29-33.

慕娟，马立平，2021. 中国农业农村数字经济发展指数测度与区域差异［J］. 华南农业大学学报（社会科学版），20（4）：90-98.

穆亚丽，王浩，杨红强，等，2024. 农村数字化发展能否提升林业经济韧性——基于30个省域面板数据的实证检验［J］. 林业科学，60（5）：51-66.

宁攸凉，2024. 如何培育和发展林业新质生产力［N］. 中国绿色时报 . （2024-07-24）［2024-10-17］. https：//www. forestry. gov. cn/c/www/lcdt/ 577 653. jhtml.

宁攸凉，李岩，马一博，等，2021b. 我国林业产业发展面临的挑战与对策［J］. 世界林业研究，34（4）：67-71.

宁攸凉，沈伟航，宋超，等，2021a. 林业产业高质量发展推进策略研究［J］. 农业经济问题（2）：117-122.

任保平，何厚聪，2022. 数字经济赋能高质量发展：理论逻辑、路径选择与政策取向［J］. 财经科学（4）：61-75.

邵帅，范美婷，杨莉莉，2022. 经济结构调整、绿色技术进步与中国低碳转型发展——基于总体技术前沿和空间溢出效应视角的经验考察［J］. 管理世界，38（2）：46-69，4-10.

史常亮，揭昌亮，石峰，等，2017. 中国林业技术效率与全要素生产率增长分解——基于SFA-Malmquist方法的估计［J］. 林业科学，53（12）：126-135.

石敏俊，陈岭楠，王志凯，等，2024. 新质生产力的科学内涵与绿色发展［J］. 中国环境管理，16（3）：5-9.

王凤婷，王浩，孔凡斌，2024. 农村数字化发展对农业全要素碳生产率的提升效应［J］. 中国人口·资源与环境，34（3）：79-90.

王镜淳，穆月英，2022. 空间溢出视角下农业技术进步对城乡收入差距的影响研究——以河南省县域为例［J］. 农业现代化研究，43（6）：1017-1028.

王珏，2024. 新质生产力：一个理论框架与指标体系［J］. 西北大学学报（哲学社会科学版），54（1）：35-44.

王珏，王荣基，2024. 新质生产力：指标构建与时空演进［J］. 西安财经大学学报，37（1）：31-47.

吴文生，荣义，吴华清，2024. 数字经济赋能新质生产力发展——基于长三角城市群的研究［J］. 金融与经济（4）：15-27.

徐彩瑶，孔凡斌，2024. 数字乡村建设赋能森林生态产品价值实现的理论逻辑与实践路径［J］. 中国人口·资源与环境，34（11）：163-177.

徐彩瑶，任燕，翟郡，等，2024. 数字乡村建设对浙江省山区 26 县林业产业发展升级的影响［J］. 林业科学，60（5）：67-88.

徐彩瑶，王宁，孔凡斌，等，2023. 森林生态产品价值实现对县域发展差距的影响：以浙江省山区 26 县为例［J］. 林业科学，59（1）：12-30.

姚树洁，王洁菲，2024. 数字经济推动新质生产力发展的理论逻辑及实现路径［J］. 烟台大学学报（哲学社会科学版），37（2）：1-12.

殷浩栋，霍鹏，汪三贵，2020. 农业农村数字化转型：现实表征、影响机理与推进策略［J］. 改革（12）：48-56.

勇强，李群，2023. 生态林业蓝皮书：中国特色生态文明建设与林业发展报告（2022—2023）［M］. 北京：社会科学文献出版社.

翟郡，杨红强，徐彩瑶，等，2024. 浙江省数字经济与林业产业融合发展水平测度及影响因素［J］. 林业科学，60（5）：22-34.

翟绪权，夏鑫雨，2024. 数字经济加快形成新质生产力的机制构成与实践路径［J］. 福建师范大学学报（哲学社会科学版）（1）：44-55，168-169.

张森，温军，2024. 数字经济赋能新质生产力：一个分析框架［J］. 当代经济管理，46（7）：1-9.

赵国庆，李俊廷，2024. 企业数字化转型是否赋能企业新质生产力发展——基于中国上市企业的微观证据［J］. 产业经济评论（4）：23-34.

赵爽，米国芳，张晶珏，2022. 数字经济、环境规制与绿色全要素生产率［J］. 统计学报，6：46-59.

赵涛，张智，梁上坤，2020. 数字经济、创业活跃度与高质量发展——来自中国城市的经验证据［J］. 管理世界，36（10）：65-76.

周文，许凌云，2023. 论新质生产力：内涵特征与重要着力点［J］. 改革（10）：1-13.

赵巍，徐筱雯，2023. 数字经济、空间效应与经济高质量发展——以长江经济带 110 个城市为例［J］. 华东经济管理，37（8）：42-49.

周文，叶蕾，2024. 新质生产力与数字经济［J］. 浙江工商大学学报（2）：17-28.

朱富显，李瑞雪，徐晓莉，等，2024. 中国新质生产力指标构建与时空演进［J］. 工业技术经济，43（3）：44-53.

朱红根，陈晖，2023. 中国数字乡村发展的水平测度、时空演变及推进路径［J］. 农业经济问题（3）：21-33.

张彰，2024. 数字新质生产力、农业产业链延伸与共同富裕［J］. 统计与决策，40（9）：

37 - 42.

Litvinenko V S. 2020. Digital economy as a factor in the technological development of the mineral sector [J]. Natural Resources Research，29（3）：1521 - 1541.

Ostrom E，Burger J，Field C B，et al.，1999. Revisiting the commons：Local lessons，global challenges [J]. Science，284（5412）：278 - 282.

第8章 数字新质生产力赋能林业产业高质量发展的理论机制与政策启示

内容提要： 阐明数字新质生产力助力中国式现代化产业体系建设的时代意义，厘清数字新质生产力促进山区林业产业高质量发展的作用机制，丰富和发展林业新质生产力理论和政策研究内涵，为完善林业高质量发展政策体系提供支撑。基于2011—2022年浙江省山区26县的面板数据，采用中介效应模型和面板门槛效应等模型方法，探讨数字新质生产力发展对林业产业高质量发展的影响效应及其作用机制，结果表明：①基准回归分析结果表明，数字新质生产力能显著提升山区林业产业高质量发展水平。②作用机制分析结果表明，数字新质生产力可以通过生产要素配置、人力资本、技术创新和数林融合发展等路径，提升林业产业高质量发展水平。③异质性分析结果表明，数字新质生产力的3个维度中仅有数字劳动者和数字劳动对象对林业产业高质量发展有显著提升作用，数字劳动资料则无显著提升作用；数字新质生产力发展水平仅对林业产业结构优化和林业产业结构高级化有显著提升作用；数字新质生产力发展可以同时提升跨越发展县和生态发展县的林业产业高质量发展，相较于生态发展县，跨越发展县的提升效应更好。④门槛效应分析结果表明，只有当政府保障水平超越门槛值之后，才能激发数字新质生产力发展对林业产业高质量发展的积极作用；当信息化水平越过门槛值时，数字新质生产力发展对林业产业高质量发展的正向提升作用逐渐减弱。为充分发挥数字新质生产力对林业产业高质量发展的促进作用，要重点提升对数字化基础设施和专业人才的投入，根据区域差异实施差异化政策，增强生态发展县的数字资源利用效率，确保信息化进程与产业需求相协调，避免因信息化水平过高而削弱数字新质生产力的效应；要着力提升政府保障水平，进一步激发数字新质生产力的潜力，带动林业产业结构优化和升级，推动形成数字新质生产力赋能林业高质量发展的示范样板。

党的二十大报告将"建设现代化产业体系"明确为新征程构建现代化经济体系和实现高质量发展的重要使命任务，亦成为实现中国式现代化发展的重要标志（王琴梅等，2023）。如何在新一轮科技革命和产业变革时代，加快形成现代化产业体系的新质内生动力，无疑是亟须解决的重大现实问题。2023年9月习近平总书记在新时代推动东北全面振兴座谈会上首次提出"新质生产力"，指出"新质生产力"是生产力在数字时代系统性变革的结果。在数字经济时代，以数字技术创新为引擎的数字新质生产力，能够为各行各业的高质量发展提供新动能（任保平等，2023）。高质量发展要求将生态文明建设摆在更加突出的位置，习近平总书记关于"绿色发展是高质量发展的底色，新质生产力本身就是绿色生产力""森林和草原对国家生态安全具有基础性、战略性作用，林草兴则生态兴"等重要论述，为更好发挥林业作为绿色产业转型"领头羊"作用提供了重要遵循。林业既是发展数字新质生产力的理想载体，又是发展数字新质生产力的重要支撑（林震等，2023）。中国是世界上森林资源较为丰富的国家之一，林业产业是培育战略性新兴产业的重要领域，在保障林产品供给和山区经济发展以及农民生计方面发挥着极其重要的作用（刘珉，2016；孔凡斌等，2024）。从我国林业产业发展趋势看，2000—2015年林业产业总产值年均增长率16.35%，呈现高速增长态势，但2015—2023年年均增长率下降为6.03%，全国林业产业总产值增速明显放缓，依靠传统生产力要素投入驱动的林业产业发展面临现实挑战，亟待融合先进生产力要素驱动林业产业高质量发展。数字新质生产力作为一种符合新发展理念的先进生产力质态，是实现高质量发展的新型生产力（任保平等，2023）。数字新质生产力的快速发展为林业产业发展提供了必要的数字技术和数据要素，助力林业产业生产经营各环节数字化转型，逐步形成为驱动林业高质量发展的新动力（孔凡斌等，2023；徐彩瑶等，2024）。由此，厘清数字新质生产力与林业产业高质量发展的内在联系，对我国在新形势下谋划林业高质量发展的改革创新路径具有重要意义。

浙江省是国家赋予高质量发展建设共同富裕示范区，素有"七山一水二分田"之称，其山区 26 县拥有着丰富的森林资源，却因其资源禀赋和发展条件的限制而成为浙江省高质量发展的"短板"（孔凡斌等，2024）。为了补齐这一"短板"，浙江省发布《浙江高质量发展建设共同富裕示范区实施方案（2021—2025 年）》《浙江省山区 26 县跨越式高质量发展实施方案（2021—2025 年）》《关于支持山区 26 县生态工业高质量发展的若干举措》均将推动山区 26 县作为高质量发展的重点、难点和关键点，明确要依托数字经济大省和国家数字乡村引领区建设的优势，推动形成数字化赋能山区高质量发展和共同富裕的示范样板。因此，以浙江省山区 26 县作为研究对象，深入探究数字新质生产力对山区林业高质量发展的影响及其作用机制，可以为全国其他地区依托新质生产力推动山区林业高质量发展的规划和政策优化提供新思路，意义重大。

8.1 文献综述

新质生产力是生产力要素在数字时代系统性变革的结果，数字新质生产力是指在数字经济时代，以数据为关键要素、数字技术创新为引擎和不同生产要素融合为组合生产力，摆脱传统经济增长方式与生产力发展路径，符合新发展理念的先进生产力质态，进而实现高质量发展的新型生产力（任保平等，2023）。相较于传统生产力，数字新质生产力既是以数据为关键生产要素的生产力，也是以数字技术创新为引擎的生产力，还是具有不同生产要素融合功能的生产力，数字新质生产力注重生产要素的融合功能。这种生产力形式通过维持劳动者与生产资料之间的适当比例，提高生产要素的组合质量，从而提升生产效率并获得最大经济效益，其质量超越了传统生产力。

林业产业高质量发展是指在新时代中国经济转型背景下，推动林业产业实现经济效益与生态效益双重提升的一种发展模式，其核心在于以可持续发展为指导，通过科技创新和人才培养推动林业资源利用效率水平提升和产业结构优化升级（温赛赛等，2022）。林业高质量发展模式不仅强调合理配置传统林业投入要素，而且十分注重先进科技在产业结构调整中的关键作用，旨在全面提升林业全要素生产率水平的同时，实现森林资源和生态环境的高水平保护（孔凡斌等，2024）。

目前，尚未有数字新质生产力与林业产业高质量发展之间关系机制的相关研究，但已有文献为了解数字新质生产力与林业产业高质量发展之间的关系提供了有益参考。一方面，高质量发展已经成为近年来经济学研究的重点与热点，且主要聚焦于经济高质量发展（杨耀武等，2021）、产业高质量发展和农业高质量发展（夏显力等，2019）等领域。林业作为农业的重要组成部分，相关研究也随着陆续展开，集中体现在林业高质量发展水平测度（万深玮等，2024）以及林业产业高质量发展的动力机制（张琦等，2021）、时空效应（高丹丹，2023）、数字经济与林业产业融合发展（翟郡等，2024）和林业绿色信贷对林业产业高质量发展的影响（吕泽均，2021）等方面。相较农业高质量发展研究，林业产业高质量发展的数字驱动影响机制的理论和实践探索处于起步阶段，还难以满足数字时代中国林业高质量发展的战略要求。另一方面，数字新质生产力相关研究正在快速兴起，多集中于新质生产力的内涵（周文等，2023）、理论支撑（李政等，2023）、驱动因素（张夏恒等，2024）和影响效果（徐政等，2023）等方面。有研究认为，数字新质生产力的本质是创新驱动（周文等，2023），其代表了一种新型的生产力状态（蒲清平等，2023），这种生产力通过数据要素（冯永琦等，2024）、数字技术（崔云，2023）赋能社会再生产的多维领域（张林等，2023）。在数字经济时代，数字技术驱动的数字新质生产力将为各行业的数字化转型注入新的活力，成为支撑高质量发展的关键基础（沈坤荣等，2024）。以科技创新为导向，探索"数实"一体化发展新模式（孙绍勇，2024），通过技术、管理与模式创新实现新质生产力发展（张夏恒等，2024），并与林业产业深度融合，可以有效促进林业产业高质量发展（翟郡等，2024）。整体上看，关于数字新质生产力发展与林业产业高质量发展问题的多数研究处于相对独立的状态，尚未对两者的因果关系和作用机制进行深入探讨。

综上所述，既有研究对于理解数字新质生产力与林业产业高质量发展及其相互关系提供了有益启示，为研究提供了重要参考。针对既有研究的不足，可能的创新点在于：一是国内首次将数据要素和生态资源纳入到理论模型之中，可以进一步奠定和丰富新质生产力视域下数字赋能林业高质量发展的理论基础。二是聚焦山区林业高质量发展问题，将森林生态产品价值作为生态资源要素纳入到林业产业高质量发展评价指标，是对既有研究指标的改进。三是以数字为切入点，探究新质生产力对林业产业高质量发展的具体影响，从生产要素配置、人力资本、技术创新和数林融合发展等机制入手，进一步分析数字新质生产力影响林业产业高质量发展的具体路径，可以为中国林业新质生产力发展提供理论支撑。

$\boldsymbol{8.2}$ 理论分析与研究假说

8.2.1 理论分析

从经济学视角来看，基于数字新质生产力的本质内涵，数字新质生产力将数据作为基本生产要素。此外，根据现代生态经济增长理论和绿色生产力观，既有研究已经将生态资源纳入到生产函数之中（孔凡斌等，2023；石敏俊等，2024），形成了符合绿色发展理念的新型生产函数。因此，可以将新古典经济学框架中的柯布—道格拉斯生产函数（简称为 CD 函数）进行如下的进一步扩展。

$$Y_{i,t} = A(t) \, N_{i,t}^{\alpha} \, K_{i,t}^{\beta} \, L_{i,t}^{\gamma} \, D_{i,t}^{\delta} E_{i,t}^{\epsilon} \qquad (8-1)$$

式中，$Y_{i,t}$ 为产出；$N_{i,t}^{\alpha}$、$K_{i,t}^{\beta}$、$L_{i,t}^{\gamma}$、$D_{i,t}^{\delta}$ 和 $E_{i,t}^{\epsilon}$ 分别为生产过程中的土地、资本、劳动、数据和生态资源生产要素，α、β、γ、δ 和 ϵ 分别表示上述生产要素的产出弹性，i 和 t 分别表示 i 地区和 t 时期，$A(t)$ 表示 t 时期的全要素生产率，用来表示外生的技术水平对经济产出的影响。基于内生增长理论，将人力资本作为生产要素纳入生产函数，因此 CD 函数中技术进步和知识创新等人力资本成为内生变量，因此，公式可进一步扩展。

$$Y_{i,t} = A(t) \, H_{i,t}^{\mu} \, N_{i,t}^{\alpha} \, K_{i,t}^{\beta} \, L_{i,t}^{\gamma} \, D_{i,t}^{\delta} E_{i,t}^{\epsilon} \qquad (8-2)$$

式中，$H_{i,t}^{\mu}$ 为通过技术进步或知识创新等积累的人力资本，$A(t)$ 是人力资本 $H_{i,t}^{\mu}$ 的函数，将人力资本作为 CD 函数中的内生变量，强调生产过程中技术进步和知识积累对经济增长的作用。从要素变革、要素赋能、要素融合三个维度解构数字新质生产力赋能经济增长的内在机制。具体机制如图8-1所示。

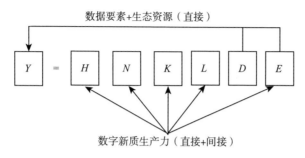

图8-1　数字新质生产力赋能经济增长的机制

数字新质生产力通过新增数据要素、数字技术创新和与其他生产要素进行融合的方式赋能经济增长。在数字经济时代，数据和生态资源作为新型生产要素，可以直接对经济增长产生影响，数据是构成新质生产力系统的核心要素，与土地、资本、技术、管理等传统生产要素存在显著不同，数据是先进的、极为活跃的新型生产要素。一方面，数据可以作为生产要素直接投入生产而发挥用途，从而创造社会经济价值，进而催生数字新质生产力。另一方面，数据和数字技术等和传统生产要素渗透融合，在一定条件下还能促进其他传统生产要素的创造性转化和创新性发展，从而促使数据要素在间接作用下形成新价值，创造出数字新质生产力，进而通过数实融合发展的方式对经济增长间接产生影响。据此，可以从要素变革、数林融合和治理赋能三个层面解析数字新质生产力与林业产业高质量发展之间的逻辑关联及理论机制（图8-2）。

在第一层面，数字新质生产力在传统生产力的基础之上，增加数据要素和符合绿色发展理念的生态资源为新型生产要素，形成具有绿色发展底色的新模式、新业态、新市场，通过要素变革持续推动产业生产方式、组织模式变革，助力传统产业由劳动密集、资本密集的低附加值形态逐渐转变为技术密集、知识密集的高附加值形态，实现产业结构升级，进而提升林业高质量发展水平。在第二层面，数据要素、林地要素、林业劳动力要素、林业资本要素、农林业技术要素、管理要素的融合，有利于促进要素间的连接和流通，加快构建"数字＋林业产业"体系，推动林业生产、经营、管理等环节的数字化，进而实现林业产业数字化，最终实现林业产业高质量发展。进一步地，依托数字技术赋能林业生产、林业经营和林业产业，利用数字生产力重构林业生产关系，让数字技术进一步释放林业产能，例如森林生态产品价值是森林生态资源的一种体现，通过数字技术和数字信息平台，使森林生态产品价值得到一定的转化，进而提升林业产业高质量发展水平。在第三层面，制度的变革和完善，通过技术进步和制度变革提高全要素生产率，重构治理形式和内容，从根本上推动经济社会制度完善，全方位推动全社会效率提升。数字治理是数字新质生产力与治理理论融合发展形成的现代综合治理新形态。治理赋能数字化改革，对改革主体（明晰产权）和配套改革（减轻税费、放活经营、规范流转）进行数字化改造治理，提高政策的有效性、效率和通合性。通过治理赋能林业产业发展，明确政府和市场在推动林业产业发展中的分工，重新构建现代信用体系，增强市场对政府治理的信心，推动林业产业高质量发展。

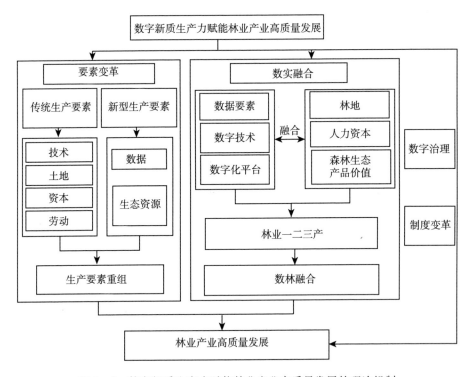

图 8-2　数字新质生产力赋能林业产业高质量发展的理论机制

8.2.2 研究假说

基于以上理论分析，数字新质生产力与林业产业高质量发展之间具有内在联系，数字新质生产力同时也具有数据和数字经济的基本特征，根据"梅特卡夫法则"（Rohlfs J，1974），数字新质生产力与林业产业高质量发展之间可能存在非线性的关系特征，即两者存在门槛效应（郭家堂等，2016）。据此，提出以下研究假说。

H1：数字新质生产力发展对林业产业高质量发展有显著提升作用。

H2：数字新质生产力发展对林业产业高质量发展的影响具有门槛效应。

数字新质生产力发展打破了传统林业产业要素的束缚，能够驱动生产要素合理配置。在林业产业发展过程中，不同地区之所以产生差异，根本原因在于要素禀赋及要素配置存在差距。根据生产函数理论，生产要素配置直接影响生产效率和产出质量，数字新质生产力通过引入先进的数字技术，如遥感技术、物联网和大数据，显著改善森林资源管理和利用方式（张彭，2024）。这种技术应用弱化了林业产业生产在时间和空间上的约束，使得林业企业能够更有效地配置和使用生产要素，提高了森林资源的保护水平和生产效率，进而促进了林业产业的高质量发展。创新理论也支持这一观点。技术创新在推动产业升级中扮演了关键角色（高原等，2024）。数字新质生产力以技术创新为核心，渗透于马克思生产理论的劳动者、劳动资料和劳动对象三要素之中，激活了林业生产要素创新性配置潜力。数字技术和信息技术的出现为劳动者提供了低成本的专业技术学习途径，改变了以往高度依赖乡土经验的技能培养方式。这一转变促使传统林业劳动者向知识型和技能型新型劳动者过渡，进而提高了劳动力的产出弹性。此外，通过采用科学的育种技术和生物技术，可以将传统的种子、化肥和农药等投入品转变为更高效、更环保的绿色新型劳动资料。这不仅改变了生产要素的产出弹性，还提升了林业产品的产量和质量，同时改善了环境质量，进而为林业产业高质量发展提供了良好的制度基础和支持（赵敏娟等，2024）。据此，提出以下研究假说。

H3：数字新质生产力发展通过生产要素配置提升林业产业高质量发展

水平。

在数字技术创新的推动下，数字新质生产力对经济增长的内涵和外延不断扩展，特别是通过技术进步或知识创新等积累的人力资本，对林业产业发展产生深远影响。根据人力资本理论，人力资本被视为推动经济增长的关键因素（杨建芳等，2006）。在智能时代，林业产业的劳动主体不仅包括人类，还包括智能机器，这要求劳动者具备科技知识和创新能力，从而显著提高了劳动者素质。数字技术进步使劳动对象的科技化和虚拟化在林业领域不断发展。新材料、新能源以及数据等新型劳动对象突破了传统物质的限制，扩展了林业产业生产范围。这种发展不仅提升了人力资本的水平，还推动了林业产业结构优化和升级（俞伯阳等，2021）。此外，数字新质生产力显著改变了劳动资料的组织形式和方式，智能机器和算法工具的引入使传统的劳动组织方式得到了变革，为林业产业带来了新的生产模式。人力资本的核心作用在于有效替代传统的生态资源、人造资本和劳动力要素（孙晓华，2020），通过优化生产要素的组合，提高林业生产效率并减少环境负荷，进而推动林业产业结构优化升级和可持续发展。据此，提出以下研究假说。

H4：数字新质生产力发展通过人力资本赋能林业产业高质量发展。

根据内生增长理论，技术进步是经济持续增长的关键因素。数字新质生产力推动了物联网、大数据、区块链等数字技术与传统林业产业的深度融合，形成了以数字技术为依托的现代化林业发展模式。数字技术主要通过规模经济、聚合经济和范围经济为林业高质量发展提供新动能。一是规模经济。数据要素的边际成本趋于零，使得理性生产主体倾向于扩大市场规模，利用以数据要素为核心的数字经济的规模经济效应，进一步推动林业产业的规模扩张（任保平等，2022）。二是聚合经济。在开放的经济系统中，数字技术通过对信息的处理，优化资源配置，推动了市场资源的集聚和整合（张鹏，2019）。在林业产业中，数字技术赋能能够显著提升具有较强属地依赖性的林业资源的整合、流通和共享效率。随着遥感卫星技术、物联网和大数据等技术在林业生产体系中得到广泛应用，不仅可以完善森林资源及生态产品的动态监测体系，提升森林资源的管理与保护水平。这些技术的应用还能提升林业生产的自动化、信息化和智能化水平，促进林业生产经营活动转型升级，并持续扩大优质森林生态产品的供给，形成了以数字技术赋能为基础的林业产业化联合体、现代林业产业园和综合生态系统等聚合经济模式。三是范围经济。传统范围经济依赖产品的相关性，而数字技术将这一条件转变为基于用户数量的规模经济（裴长洪等，2018）。一方面，数字技术促进林业资源配置优化、降低林业生产和交易成本（陈晓红等，2022），扩大林业经营范围。数字技术推动林业产业数字化转型，技术进步和技术替代打破了传统林业经济均衡（干春晖等，2011），扩大林业经营范围，实现了范围经济。另一方面，技术进步使林业经营者能够提供多样化满足市场个性化需求的林产品，从而实现更大的范围经济。这不仅推动精准供需匹配，提高了生产效率（廖信林等，2021），提升林业产业的规模效益和市场适应性，还促进了林业生产模式从粗放式向精细化升级，实现了"经验式"向"科学式"生产模式的转变，引导林业产业向共享化、生态化和绿色化方向发展，从而推动了林业产业结构的升级。据此，提出以下研究假说。

H5：数字新质生产力发展通过数字技术赋能林业产业高质量发展。

数实融合是现代化产业体系的核心特征之一。随着数字经济的快速发展，生产要素的便利流通，产业间的界限趋于模糊，产业融合发展成为现代化产业体系的常态化。根据产业融合理论，不同产业的融合能够释放倍增效应，从而推动数字化产业与实体产业的融合，这不仅促进了传统产业的数字化、绿色化和创新化，提升了生产效率，还加速了产业的融合，催生新兴产业和未来产业（欧阳日辉，2024）。在林业生产中，数林融合发展体现了数字技术与林业产业融合的新形态。在以数字技术为代表的新一代信息技术的驱动下，提高林业生态治理体系现代化水平（孔凡斌等，2022），不仅可以提高林业经营管理效能，还能有效激发林业企业数字化转型内生动力，促进林业产业发展升级。具体而言，数字技术在林业管理中的应用，如林火监控、森林病虫害防治和"林长制"，通过预警系统有效提高森林资源保护管理成效。在林业生产经营中，数字技术推动了生产、流通、经营和消费的协同管理，实现从生产到销售的全面数字化管理。以数据要素和数字技术为核心的新质生产力，促进林业产业在各环节（如采购、生产、销售）的智能化协作，从而可以提升林业管理的质量和效率，进而推动林业产业高质量发展。据此，提出以下研究假说。

H6：数字新质生产力发展通过数林融合发展提升林业产业高质量发展水平。

8.3 研究设计

8.3.1 模型设定

（1）基准回归模型。基于上述理论分析和研究假说，建立数字新质生产力发展水平对林业高质量发展水平影响的基准回归模型。

$$FIHD_{i,t} = \alpha_0 + \alpha_1 DNQP_{i,t} + \beta C_{i,t} + \mu_i + \lambda_t + \varepsilon_{i,t} \quad （8-3）$$

式中，$FIHD_{i,t}$ 表示山区林业高质量发展水平，$DNQP_{i,t}$ 表示数字新质生产力发展水平，$C_{i,t}$ 为一系列控制变量，i 表示浙江省山区 26 县，t 表示年份，其中 α_0 表示常数项；α_1 表示数字新质生产力发展水平对林业高质量发展水平影响系数；β 为各控制变量的影响系数；μ 为地区虚拟变量，用于控制各个地区的非时间性影响，λ 为年份虚拟变量，用于控制各个年份的影响，ε 为随机干扰项。

（2）中介效应模型。按照已有文献的两步法识别中介效应（江艇，2022），通过直接识别数字新质生产力发展水平对机制变量的回归结果，即将机制变量作为被解释变量进行回归，回归方程如式（8-4）所示。

$$M_{i,t} = \beta_0 + \beta_1 DNQP_{i,t} + \beta C_{i,t} + \mu_i + \lambda_t + \varepsilon_{i,t} \quad （8-4）$$

式中，$M_{i,t}$ 代表各个机制变量，作为被解释变量。β_0 表示常数项，β_1 表示数字新质生产力发展水平对各机制变量影响的系数，其他变量与式（8-3）保持一致。

（3）门槛效应模型。为了探究数字新质生产力发展水平对林业产业高质量发展水平的影响及是否因门槛变量的不同而呈现出非线性特征，构建面板门槛回归模型以识别非线性特征，如式（8-5）所示。

$$FIHD_{i,t} = \varphi_0 + \varphi_1 \, DNQP_{i,t} \times I(Th_{i,t} \leqslant \theta) +$$

$$\varphi_2 \, DE_{i,t} I(Th_{i,t} > \theta)\alpha_2 \, C_{i,t} + \mu_i + \lambda_t + \varepsilon_{i,t} \qquad (8-5)$$

式中，$Th_{i,t}$ 表示门槛变量，$I(\cdot)$ 为指示函数，满足括号内条件的即取值为 1，否则为 0。式（8-5）是仅展示了单一门槛的情况，根据具体样本检验结果，可以将式（8-5）进一步扩充为多门槛的情况。φ_0 表示常数项，φ_1、φ_2 表示系数，其他的变量与式（8-3）一致。

8.3.2 变量选取

（1）被解释变量为林业产业高质量发展水平（$FIHD$）。参考林业产业高质量发展的相关文献（吕泽均，2021；温赛赛等，2022），从林业产业规模、林业产业效率、林业产业结构优化、林业产业结构合理化、林业产业结构高级化和森林生态产品价值这 6 个层面对林业产业高质量发展水平进行表征。其中，林业产生规模（$Scale$）采用林业产业增加值取对数进行衡量；林业生产效率（$Effic$）采用林业总产值与林业从业人员的比值进行衡量，并对其进行对数化处理；林业产业结构优化（$Optim$）是指林业三次产业比重发生变化，林业第一产业比重下降，而林业第二、三产业比重上升，故采用第二、三产业产值之和占林业总产值的比重进行衡量；林业产业结构合理化（$Rational$）是指林业三大产业的重要程度，参考已有文献，采用泰尔指数进行衡量（干春晖等，2011）；林业产业结构高级化（$Advanc$）是指林业产业结构从低级向高级的变动过程，分别给林业一二三产设置重要程度权重计算得到（孔凡斌等，2024）；森林生态产品价值（FEP）作为现代生态经济增长理论的重要概念，生态资源也被纳入林业产业高质量发展评价指标体系之中，主要包括物质产品价值、调节服务价值和文化服务价值，计算方法具体参考已有文献（徐彩瑶等，2023）的做法。指标体系如表 8-1 所示。

（2）核心解释变量为数字新质生产力发展水平（$DNQP$）。依据数字新质生产力的基本内涵，并借鉴已有研究方法（王珏等，2024），从数字劳动者、数字劳动对象、数字劳动资料 3 个方面建立数字新质生产力水平评价指标体系（曹晔，2024），并采用熵值法对数字新质生产力发展水平进行测算，结果如表 8-2 所示。

表 8-1　林业产业高质量发展水平评价指标体系

指标层	一级指标	指标内涵	权重
林业产业高质量 发展水平	林业产业规模	林业产业增加值的对数值	0.085 7
	林业生产效率	林业总产值占林业从业人员比重的对数值	0.048 7
	林业产业结构优化	林业第二、三产业产值之和占林业产业总产值的比重	0.077 7
	林业产业结构合理化	泰尔指数	0.078 8
	林业产业结构高级化	（林业一产×1＋林业二产×2＋林业三产×3）/林业总产值	0.357 4
	森林生态产品价值	物质产品价值＋调节服务价值＋文化服务价值	0.351 7

表 8-2　数字新质生产力发展水平评价指标体系

指标层	一级指标	二级指标	指标内涵	权重
数字新质生产力 发展水平	数字劳动者	劳动者生产率	电信业务收入占总人口比重	0.105 7
		劳动者就业率	信息技术服务就业人数占总人数之比	0.036 7
		劳动者技能	在校生总人数	0.069 2
	数字劳动对象	新质产业	三产占比	0.166 2
		生态环境	森林覆盖率	0.022 8
			每百人农村用电量	0.006 7
	数字劳动资料	数字基础设施	农村宽带接入用户数	0.116 5
		科技创新	人均专利授权数	0.323 3
		信息化水平	数字普惠金融指数①	0.150 3
		能源消耗	能源消耗占地区生产总值比重	0.002 6

　　注：①数字普惠金融指数为北京大学数字金融研究中心所编制（郭峰等，2020），县域数据部分缺失，作者采用县所属地级市的数据进行换算或插值两种方法进行补充。

　　（3）控制变量。参考相关研究，选取如下控制变量：①经济发展水平。产业发展与经济发展水平密切相关，选取平减后的人均地区生产总值，并取对数进行表征。②政府财政支持力度。财政支持力度可以提升当地的基础设施建设水平，特别是对山区的交通和通信基础设施的改善，可以直接促进产业结构升级（刘在洲等，2021），进而对林业产业高质量发展产生影响，采用各县域政府财政支出占地区生产总值比重表征。③地区对外开放水平。对外开放可加快区域间生产要素、人才和技术的流动（黄安胜等，2014），促进产业发展升级，采用进出口额与地区生产总值的比值表征。④城镇化水平。城镇化涉及人口、土地利用和经济社会等的变化，推动了资源配置和市场拓展，能够对林业产业结构升级产生显著影响（武春友等，2010），采用城镇常住人口与总人口的比值表征。⑤基础设施建设。完善的基础设施能够保证市场的相对稳定需求和要素供给（徐彩瑶等，2024），采用县域每平方千米的公路里程表征。

（4）机制变量。根据上文的理论分析可知，数字新质生产力可以通过人力资本、数字技术、数林融合和激励效应影响林业产业高质量发展。①生产要素配置。借鉴贺子欣等（2023）的研究，采用超越对数生产函数测算要素市场扭曲程度①，再对该指标进行逆向化处理得到生产要素配置的代理变量（张彭，2024）。②人力资本。参考教育人力资本的测度思路（杨建芳等，2006），采用各类学校在校学生数衡量人力资本水平，并取对数处理。③数字技术。包含数字技术为核心的技术创新和技术应用水平，技术创新采用发明专利授权数并取对数进行衡量，技术应用水平采用农业机械化水平表征林业技术应用水平变化（Qing et al.，2019），采用农业机械总动力的对数值表征。④数林融合发展。数字经济时代，数据要素和生态资源均纳入拓展的生产函数中，鉴于生态产品价值实现效率是指生态产品价值向经济价值的转化效率，可以衡量生态资本配置效能，能够体现数林融合发展新形态，故采用森林生态产品价值实现效率表征，具体计算方法参考徐彩瑶等（2024）的做法。

8.3.3 数据来源

本研究样本为浙江省山区 26 县，各县域单元的经济社会数据主要来源

---

① 公式中，劳动要素使用年末从业总人数表示，资本要素使用各县资本存量表示，劳动力要素和资本要素价格分别用县域就业人员平均工资和各年度内年期金融机构法定贷款利率的均值来衡量。

于 2011—2022 年的《浙江省统计年鉴》、11 个地级市的统计年鉴、浙江省林业局的林业统计数据以及浙江省各县区统计公报等。测算森林生态产品价值所用到的遥感数据来源于武汉大学逐年 30 米分辨率土地利用数据、国家气象科学数据中心、中国科学院资源环境科学与数据中心和国家气象数据中心，具体参考徐彩瑶等（2024）的做法。最终得到 2011—2022 年浙江省山区 26 县 286 个平衡面板数据集。变量的描述性统计结果如表 8-3 所示。

表 8-3　变量的描述性统计

变量类型	变量名称	观测数	均值	标准差	最小值	最大值
被解释变量	林业产业高质量发展水平	286	0.501 0	0.132 4	0.264 3	0.848 8
核心解释变量	数字新质生产力发展水平	286	0.262 6	0.091 5	0.078 0	0.697 6
控制变量	经济发展水平	286	9.863 0	1.605 6	3.965 2	13.700 7
	财政支持力度	286	0.260 9	0.124 8	0.016 2	0.713 3
	对外开放水平	286	0.189 4	0.154 6	0.000 1	0.911 0
	城镇化水平	286	0.276 6	0.131 4	0.076 7	0.602 2
	基础设施建设	286	0.919 2	0.234 7	0.259 8	1.704 6
机制变量	生产要素配置	286	1.369 5	1.061 9	0.232 2	10.105 1
	人力资本	286	0.117 6	0.027 6	0.063 9	0.224 7
	技术应用水平	286	12.061 6	0.661 7	10.962 5	14.004 6
	技术创新	286	6.440 0	0.925 4	4.007 3	9.137 4
	数林融合发展	286	0.754 9	0.409 6	0.063 7	2.419 6

8.4 结果与分析

8.4.1 初步观察统计

在进行回归分析之前，先画出数字新质生产力发展水平与林业产业高质量发展水平之间的拟合曲线，以初步了解两者之间的基本关系，拟合关系如图 8-3 所示。结果表明，数字新质生产力发展水平与林业产业高质量发展水平之间呈正相关关系，即数字新质生产力发展水平能提高林业产业高质量发展水平。但是，由于并未控制其他可能的影响因素会导致上述正向关系并不稳健。因此，本研究将加入其他可能的影响因素并借助计量模型对数字新质生产力发展水平与林业产业高质量发展水平之间的关系进行回归分析。

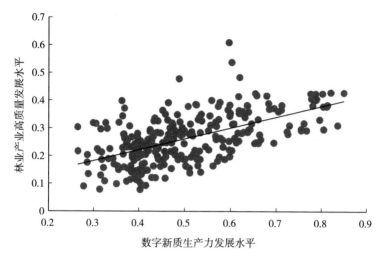

图 8-3　数字新质生产力发展与林业产业高质量发展的拟合关系

8.4.2　基准回归结果

根据 Hausman 检验结果选择固定效应模型进行回归分析，基准回归模型结果如表 8-4 所示。可以发现，模型（1）和模型（2）分别为未加入控制变量和加入控制变量后数字新质生产力发展水平对林业产业高质量发展水平的影响，其影响系数分别为 0.732 6 和 0.261 6，且均在 1% 统计性水平上显著，即数字新质生产力发展水平能显著提高林业高质量发展水平。模型（2）加入控制变量之后，数字新质生产力发展水平对林业产业高质量发展水平影响系数依然显著为正，但绝对值变小，且模型的 R^2 更大，即拟合程度较好，说明加入控制变量的合理性。据此，验证了假说 H1。

从核心解释变量来看，数字新质生产力发展水平可以显著提升林业产业高质量发展水平。具体来看，数字新质生产力每提升 1 个单位，林业产业高质量发展水平就提升 0.261 6 个单位。其原因在于数字新质生产力引入了物联网、人工智能、大数据等先进技术，这些技术能够提升林业生产过程中的效率和产品供需精准度，优化资源配置，从而提升产业的整体生产能力。同时，这些技术还推动了更高效的能源技术和环保材料的应用，这有助于降低林业生产中的能源消耗和环境影响，促进林业产业可持续发展。数字技术的应用使得林业资源的管理更加智能化，通过科学监测和数据分析，有利于林业产业高质量发展。

从控制变量来看，经济发展水平、政府财政支持力度、城镇化水平和基础设施建设对林业产业高质量发展水平均有显著提升作用。其原因可能是经济发展水平较高的地区通常拥有更完善的数字化基础设施，这为林业产业的技术应用和资源优化提供了良好的基础。此外，高经济发展水平还提升了市场需求，对林业产品的需求增加有助于推动林业产业高质量发展。政府财政支持为林业产业提供了必要的资金保障和政策支持，促进了产业的科技创新和资源保护，这种支持有助于提升林业产业的生产效率和生态效益，从而推动林业产业高质量发展。城镇化进程带来了更多的人力、资本和技术资源，这些资源的汇聚促进了林业产业的发展。城镇化扩大了消费市场，增加了对森林生态产品的需求，从而推动了林业产业高质量发展。基础设施建设的完善提高了交通运输效率和信息通信能力，这为林业产业的生产、加工和流通提供了更好的条件，尤其是现代化的基础设施可以有效支持林业产业的资源调配和市场开拓，进一步促进其高质量发展。

表 8-4 基准回归结果

变量	林业产业高质量发展水平	
	(1)	(2)
数字新质生产力发展水平	0.732 6 ***	0.261 6 ***
	(0.072 6)	(0.060 7)
经济发展水平		0.007 9 ***
		(0.002 6)
政府财政支持力度		0.370 9 ***
		(0.078 8)
地区对外开放水平		-0.012 3
		(0.071 6)

（续）

变量	林业产业高质量发展水平	
	(1)	(2)
城镇化水平		0.376 8***
		(0.055 8)
基础设施建设		0.235 1***
		(0.027 3)
常数项	0.308 6***	−0.060 2
	(0.019 9)	(0.042 5)
个体/年份固定效应	是	是
样本量	286	286
R^2	0.281 9	0.634 7

注：括号内数值为标准误；*、** 和 *** 分别表示在 10%、5% 和 1% 水平上统计显著。下同。

8.4.3 稳健性检验与内生性讨论

为了验证以上结论的稳健性，采用以下 4 种方法进行稳健性检验。一是替换被解释变量。将被解释变量林业高质量发展水平的测度方式换成层次分析法，重新进行回归。二是增加控制变量。技术应用水平是影响林业高质量发展水平的重要因素，故加入技术应用水平进行重新回归，采用农业机械总动力并取对数表示。三是数据缩尾。为了排除被解释变量极端值对回归结果的影响，剔除林业产业高质量发展水平首尾两端 1% 的极端值进行重新估计。四是更换估计方法。基准回归中采用面板固定效应模型进行回归，通过更换面板随机效应模型进行重新回归。表 8-5 展示了上述 4 种方法得到的稳健性检验结果。结果表明，与基准回归结果基本相符。因此，得到的结论是稳健可靠的。

表 8-5 稳健性检验结果

变量	替换被解释变量	增加控制变量	数据缩尾	更换估计方法
	(1)	(2)	(3)	(4)
数字新质生产力发展水平	0.103 9***	0.263 2***	0.261 7***	0.399 0***
	(0.038 2)	(0.060 7)	(0.060 7)	(0.063 9)

（续）

变量	替换被解释变量	增加控制变量	数据缩尾	更换估计方法
	(1)	(2)	(3)	(4)
经济发展水平	0.005 9***	0.007 5***	0.007 8***	0.005 3*
	(0.001 6)	(0.002 6)	(0.002 6)	(0.002 9)
政府财政支持力度	0.119 0**	0.381 4***	0.370 6***	0.285 9***
	(0.049 6)	(0.079 6)	(0.078 8)	(0.065 0)
地区对外开放水平	−0.085 6*	−0.010 6	−0.012 1	−0.054 2
	(0.045 1)	(0.071 7)	(0.071 6)	(0.053 3)
城镇化水平	0.220 2***	0.378 8***	0.376 2***	0.362 4***
	(0.035 1)	(0.055 9)	(0.055 8)	(0.052 3)
基础设施建设	0.130 9***	0.236 8***	0.234 2***	0.156 9***
	(0.017 2)	(0.027 4)	(0.027 3)	(0.027 0)
技术应用水平		0.017 7		
		(0.018 4)		
常数项	0.034 8	−0.275 5	−0.058 9	0.034 9
	(0.026 8)	(0.227 3)	(0.042 5)	(0.045 5)
个体/时间固定效应	是	是	是	是
样本量	286	286	286	286
R^2	0.520 5	0.636 0	0.633 8	0.617 9

　　进一步地为了缓解可能的内生性问题，在考虑遗漏变量和反向因果关系的基础上，采用以下 2 种方式进行内生性检验。一是可能存在遗漏变量，选择滞后所有解释变量一期进行纠正（张爱英等，2021）。二是为数字新质生产力选择合适的工具变量。将山区 26 县距离杭州的最小距离[①]与地区信息技术服务的交互项设为工具变量，并通过两阶段最小二乘法进行回归检验。同时考虑到选用的工具变量是截面数据，不可以直接用于面板数据分析，因此，参考既有文献处理方法（Nunn et al.，2014）引入一个随时间变化的变量来构建面板工具变量。具体用当年山区 26 县农村移动电话用户数分别乘

---

　　① 该数据根据 2019 年的行政区域矢量地图转换成 shp 格式，先确定每个县域质心点，然后计算出各县域质心点到杭州的直线最小距离，单位为千米。

上山区 26 县距离杭州的最小距离。

内生性检验结果如表 8-6 所示。模型（1）为将所有解释变量滞后一期的回归结果，模型（2）为引入了工具变量之后的回归结果。结果表明，在考虑了内生性之后，研究结论仍然成立。此外，对于"工具变量识别不足"的检验中，第一阶段 K-P rk LM 统计量显著高于 10% 的临界值，并在 1% 的显著水平上拒绝了原假设。同时，K-P rk Wald F 统计量大于 10% 水平上的 Stock-Yogo 临界值，进一步排除了弱工具变量的可能性。第二阶段回归结果表明数字新质生产力对林业产业高质量发展水平的影响系数在 5% 的水平上显著，与基准回归结果基本一致。

表 8-6 内生性检验结果

变量	（1）解释变量滞后一期	（2）工具变量法	
		第一阶段	第二阶段
IV		0.001 4***	
		(0.000 3)	
$(L.) DNQP$	0.208 4***		1.910 0**
	(0.060 5)		(0.347 4)
控制变量	已控制	已控制	已控制
个体/时间固定效应	是	是	是
Kleibergen-Paap rk LM		6.003 1** [0.014 3]	
Cragg-Donald Wald F		28.210 4 [0.000 0]	
Kleibergen-Paap Wald rk F		23.117 0*** {16.38}	
$Adj-R^2/R^2$	0.600 3	0.922 0	

注：（L.）为模型（1）表示变量滞后一期，[ ]内为 P 值，{ }为 Stock-Yogo 在 10% 水平上的弱识别检验临界值。

8.4.4 机制检验

为了进一步探讨数字新质生产力通过何种作用机制对林业产业高质量发展水平的提升产生影响，将可能存在的机制变量带入上文中的式（8-3），分别估计数字新质生产力对林业产业高质量发展水平的影响效应。结果如表 8-7 所示。结果表明，从生产要素配置来看，模型（1）为数字新质生产力水平对生产要素配置的检验结果，影响系数为 1.953 8，且在 1% 统计性水平上显著，即数字新质生产力水平可以通过生产要素配置对林业产业高质量发展水平的提升产生显著影响。可能的原因在于随着数字技术进步，数字新质生产力水平提升了生产要素的配置效率，改善了森林资源的利用方式，提高了林业生产效率，进而提升了林业产业高质量发展水平。据此，本研究假说 H3 得到了验证。从人力资本赋能来看，模型（2）为数字新质生产力水平对人力资本的影响系数（0.026 6），且在 5% 统计性水平上显著，数字新质生产力水平通过人力资本提升林业产业高质量发展水平。可能的原因在于数字经济时代背景下，劳动者的素质得到提升，使他们能够更有效地利用科技工具参与林业生产、管理等活动。同时，数字新质生产力推动了劳动对象的科技化和虚拟化，扩展了林业产业的生产范围。劳动资料的数智化进展改进了生产模式，提高了生产效率。因此，数字新质生产力通过优化人力资本促进林业产业的高质量发展。据此，本研究假说 H4 得到了验证。从数字技术赋能来看，模型（3）和（4）分别为数字新质生产力水平对技术应用水平和技术创新的检验结果，其影响系数分别为 −0.093 0 和 3.474 5，但只有技术应用水平的回归系数在统计性水平上不显著，即数字新质生产力水平不能通过技术应用水平对林业产业高质量发展水平产生影响，但可以通过技术创新对林业产业高质量发展水平的提升产生显著影响。可能的原因在于尽管数字新质生产力水平的提升可能促进了一些新技术的出现，但实际技术应用水平的提升可能还需要其他因素的支持，比如行业培训、技术支持和设备更新等。因此，技术应用水平的提高可能并不完全依赖于数字新质生产力的水平。数字新质生产力水平的提升能够激发技术创新，推动研发和应用新技术，从而提升技术水平和生产效率水平，最终显著促进林业产业的高质量发展。据此，本研究假说 H4 得到了部分验证，即数字新质生产力通过数字技术赋能中的技术创新提升林业产业高质量发展水平。从数林融合发展来看，模型（5）为数字新质生产力水平对数林融合发展水平的检验结果，影响系数为 −0.018 4，但在统计学上不显著，可能的原因在于数字新质生产力对数林融合发展水平的影响可能在短期中不显著，存在着其他因素主导了融合发展的效果。具体而言，尽管数字技术的不断进步和数字新质生产力水平的提升对林业产业发展有促进作用，但其对林业融合发展水平的影响可能在短期内不够明显，或者在实际应用中还受到其他因素的制约，如政策实施的力度、产业间的协调机制或数据的有效利用等。据此，本章的研究假说 H5 得到了验证。

表 8-7 作用机制检验回归结果

变量	(1)	(2)	(3)	(4)	(5)
	生产要素配置	人力资本	技术应用水平	技术创新	数林融合发展
$DNQP$	1.953 8***	0.026 6**	−0.093 0	3.474 5***	−0.018 4
	(0.560 3)	(0.011 2)	(0.207 3)	(0.735 6)	(0.189 1)
常数项	1.580 4***	0.077 9***	12.164 4***	7.260 9***	0.965 9
	(0.392 7)	(0.007 8)	(0.145 3)	(0.515 6)	(0.132 6)
控制变量	已控制	已控制	已控制	已控制	已控制
个体/时间固定效应	是	是	是	是	是
样本量		286	286	286	286
R^2		0.235 7	0.092 6	0.095 2	0.178 7

8.4.5 异质性分析

考虑山区 26 县的资源禀赋、发展水平和产业基础具有差异性，需要从多重异质性视角更加详细地探究数字新质生产力对林业产业高质量发展的影响。首先，从数字新质生产力发展维度异质性角度，分析数字化劳动者、数字劳动对象和数字劳动资料三个维度对林业产业高质量发展水平的具体影响。其次，从林业产业高质量发展维度异质性角度，进一步探究数字新质生产力发展水平对林业产业规模、林业产业生产效率、林业产业结构优化、林业产业结构合理化、林业产业结构高级化和森林生态产品价值 6 个维度的异质性影响。最后，从区域异质性角度，采用《浙江省山区 26 县跨越式高质量发展实施方案（2021—2025 年）》中的划分方法，将山区 26 县划分为跨越发展县和生态发展县进行区域异质性探讨。

（1）数字新质生产力维度异质性。回归结果如表 8-8 所示，从模型（1）中可以看出，数字劳动者对林业产业高质量发展的系数为 0.081 9，且在 10％统计性水平上显著，即数字劳动者能够显著提升林业产业高质量发展水平。可能的原因在于数字劳动者的专业技能和数字化素养提高了生产效率和工作质量，进而优化了林业生产过程，并提高了森林产品供给质量，从而推动了林业产业高质量发展。从模型（2）中可以看出，数字劳动对象对林业产业高质量发展的系数为 0.565 3，且在 1％统计性水平上显著，即数字劳动对象能够显著提升林业产业高质量发展水平。可能的原因在于数字劳动对象的广泛应用提升了生产管理的精准度和效率，促进了技术创新和资源优化，从而显著提升了林业产业质量和经济效益。从模型（3）中可以看出，数字劳动资料对林业产业高质量发展的系数为 0.011 2，但在统计性水平上不显著，即数字劳动资料对提升林业产业高质量发展水平并无显著影响。可能的原因在于数字劳动资料主要体现在信息的存储和处理上，其对林业产业生产过程的直接改进和产业质量提升的影响较为有限，因此未能显著影响林业产业的高质量发展。

表 8-8　数字新质生产力不同维度异质性回归结果

变量	(1)	(2)	(3)
数字劳动者	0.081 9*		
	(0.049 0)		
数字劳动对象		0.565 3***	
		(0.022 6)	
数字劳动资料			0.011 2
			(0.028 7)
经济发展水平	0.006 0***	0.004 9***	0.006 7***
	(0.002 0)	(0.001 0)	(0.001 9)
政府财政支持力度	0.315 7***	0.108 9***	0.330 0***
	(0.058 3)	(0.032 3)	(0.057 9)
地区对外开放水平	−0.068 4	−0.039 0	−0.054 2
	(0.053 7)	(0.028 6)	(0.053 3)
城镇化水平	0.253 6***	0.014 5	0.277 5***
	(0.042 7)	(0.024 0)	(0.040 3)
基础设施建设	0.163 9***	0.022 9*	0.174 3***
	(0.020 8)	(0.012 3)	(0.019 9)

（续）

变量	(1)	(2)	(3)
常数项	−0.037 3	0.015 8	−0.043 4
	(0.031 6)	(0.017 1)	(0.031 8)
个体/时间固定效应	是	是	是
样本量	286	286	286
R^2	0.583 9	0.878 9	0.579 5

（2）林业高质量发展维度异质性。表 8-9 的模型（1）、（2）、（4）和（6）分别为数字新质生产力发展水平对林业产业规模、林业产业生产效率、林业产业合理化和森林生态产品价值的影响效应。结果表明，其系数分别为0.045 6、0.182 2、0.008 4 和−0.018 4，但均在统计性水平上不显著，即数字新质生产力发展水平对林业产业规模、林业产业生产效率和林业产业合理化并无显著提升作用，甚至对森林生态产品价值有负向影响。可能的原因在于林业产业规模的扩大通常受限于市场需求、政策支持和资本投入等多重因素，而数字新质生产力并不能直接提升这些因素。林业产业生产效率水平可能受到技术应用难度、基础设施不足和从业人员技能不足等限制，在林业生产中，技术整合和操作复杂性可能导致实际应用效果不显著。此外，缺乏必要的数字化基础设施和技能培训也会影响技术的有效使用，从而使得数字新质生产力发展对林业产业生产效率水平的提升影响不明显。对于林业产业合理化，尽管数字新质生产力可以提高生产效率水平，但产业结构的优化和资源配置的合理化通常需要更系统的政策干预和结构调整，而不仅仅是生产力水平的提升。对于森林生态产品价值，数字新质生产力带来的技术变革和管理模式可能未能有效地解决森林生态产品价值提升的核心问题，如生态系统的保护和资源的可持续利用，尤其是在没有配套的环境管理措施时，这可能导致生态资源的过度开发和环境负担增加，从而对森林生态产品价值产生负面影响。模型（3）和模型（5）分别为新质生产力发展水平对林业产业结构优化和林业产业结构高级化的影响效应，系数分别为 0.055 9 和 0.371 3，且分别在 5% 和 1% 统计性水平上显著，即数字新质生产力发展水平对林业产业结构优化和林业产业结构高级化均有显著正向影响，可能的原因在于数

字新质生产力水平提升带来了技术创新和管理优化，显著推动了产业技术水平和附加值的提高。数字技术的应用能够提升资源管理效率、优化生产工艺，并推动产品创新和市场适应能力。这些因素共同作用，使得林业产业能够向结构优化和高级化方向发展，从而有效促进产业向更高技术含量和附加值的方向发展。

表8-9　林业产业高质量发展维度异质性回归结果

变量	(1) 林业产业 规模	(2) 林业产业 生产效率	(3) 林业产业 结构优化	(4) 林业产业 结构合理化	(5) 林业产业 结构高级化	(6) 森林生态 产品价值
数字新质生产力 发展水平	0.045 6 (0.197 6)	0.182 2 (0.408 7)	0.055 9** (0.023 5)	0.008 4 (0.036 8)	0.371 3*** (0.079 1)	−0.018 4 (0.189 1)
经济发展水平	0.022 0*** (0.008 5)	0.006 1 (0.017 5)	0.005 1*** (0.001 0)	0.001 9 (0.001 6)	0.007 7** (0.003 4)	−0.045 2*** (0.008 1)
政府财政支持力度	0.820 1*** (0.256 8)	1.483 4*** (0.531 1)	0.078 2** (0.030 6)	0.116 2** (0.047 8)	0.413 3*** (0.102 7)	−0.430 3 (0.245 8)
地区对外开放水平	−0.577 4** (0.233 4)	0.013 2 (0.482 8)	−0.010 0 (0.027 8)	0.113 2*** (0.043 5)	−0.045 0 (0.093 4)	0.369 4 (0.223 4)
城镇化水平	−0.089 0 (0.181 9)	−0.053 4 (0.376 2)	0.085 1*** (0.021 5)	0.159 7*** (0.033 9)	0.481 4*** (0.072 5)	0.124 4 (0.174 1)
基础设施建设	0.311 9*** (0.089 0)	1.451 3*** (0.184 1)	0.066 8*** (0.010 6)	−0.055 2*** (0.016 6)	0.302 7*** (0.035 6)	0.269 5 (0.085 2)
常数项	0.795 6*** (0.138 5)	7.188 0*** (0.286 5)	0.612 1*** (0.016 5)	0.838 2*** (0.025 8)	1.343 1*** (0.055 4)	0.965 9 (0.132 6)
个体/时间固定效应	是	是	是	是	是	是
样本量	286	286	286	286	286	286
R^2	0.123 9	0.279 0	0.412 8	0.247 2	0.623 1	0.178 7

（3）区域异质性。将浙江省山区26县分为跨越发展县和生态发展县[①]

---

① 跨越发展县（15）：永嘉县、平阳县、苍南县、武义县、龙游县、天台县、三门县、仙居县、青田县、缙云县、松阳县、柯城区、衢江区、莲都区、江山市。生态发展县（11）：淳安县、文成县、泰顺县、磐安县、常山县、开化县、庆元县、遂昌县、云和县、景宁畲族自治县、龙泉市。

（徐彩瑶等，2024），异质性回归结果如表 8 - 10 所示。结果表明，数字新质生产力发展对提升林业产业高质量发展水平的提升作用在两类县的估计中均得到了证实，且相较于生态发展县，跨越发展县的数字新质生产力发展水平对提升林业高质量发展水平的作用更好。可能的原因在于跨越发展县的经济发展水平比生态发展县要好，因此跨越发展县的数字新质生产力发展水平更高。

表 8 - 10   区域异质性回归结果

变量	(1)	(2)
	跨越发展县	生态发展县
数字新质生产力发展水平	0.179 5***	0.160 5***
	(0.066 4)	(0.060 9)
经济发展水平	0.004 2	0.008 5***
	(0.002 5)	(0.002 8)
政府财政支持力度	0.274 7***	0.387 2***
	(0.077 1)	(0.090 8)
地区对外开放水平	−0.065 7	−0.057 3
	(0.071 0)	(0.080 3)
城镇化水平	0.260 5***	0.156 2**
	(0.050 6)	(0.070 0)
基础设施建设	0.127 2***	0.249 4***
	(0.022 6)	(0.040 7)
常数项	−0.016 4	−0.123 5**
	(0.039 9)	(0.054 0)
个体/时间固定效应	是	是
样本量	165	121
R^2	0.604 9	0.627 0

8.4.6 门槛效应分析

由于各县域的经济发展水平、政府保障水平和信息化水平的不同，数字新质生产力发展水平对林业产业高质量发展水平产生的影响可能也呈现差异。经济发展水平用地区生产总值，通过价格指数进行平减，并取对数处理；政府保障水平采用财政支出占财政总收入的比重进行衡量；信息化水平则采用农村互联网和宽带普及率来衡量，具体通过（农村互联网用户数＋农村宽带入户数）/总人口进行衡量。本研究采用面板门槛效应模型进行验证。首先，进行门槛效应检验。先通过"自助法（bootstrap）"进行面板门槛的存在性检验，经过 500 次的重复抽样之后，对其门槛值是否存在与具体门槛值为多少进行检验和计算，结果如表 8－11 所示。结果表明，经济发展水平仅单一门槛通过了 10％置信水平检验，且门槛值为 9.780 4；政府保障水平仅单一门槛通过了 1％置信水平检验，且门槛值为 3.728 9；信息化水平的单一门槛和双重门槛均通过了 1％置信水平检验，且门槛值分别为 4.228 6 和 4.305 5。

表 8－11　门槛效应检验结果

| 门槛变量 | 检验类型 | F 值 | P 值 | 临界值 | | | 门槛值 | 95％置信区间 |
				10％	5％	1％		
经济发展水平	单一门槛	21.78	0.076 7	19.882 4	22.783 5	27.112 6	9.780 4	［9.570 6，9.781 2］
	双重门槛	8.99	0.260 0	12.903 4	15.055 6	21.329 9	9.780 4	［9.527 2，9.781 2］
政府保障水平	单一门槛	44.06	0.000 0	19.717 1	23.699 0	34.503 2	3.728 9	［3.714 0，3.739 9］
	双重门槛	16.08	0.113 3	16.217 3	18.061 1	24.505 7	3.728 9	［3.719 1，3.739 9］
信息化水平	单一门槛	29.01	0.000 0	9.008 6	10.762 9	15.113 2	4.228 6	［4.168 2，4.230 0］
	双重门槛	14.68	0.000 0	7.123 2	9.119 9	11.362 9	4.305 5	［4.210 7，4.309 2］
	三重门槛	2.04	0.963 3	12.646 2	14.135 7	22.264 3	3.333 5	［3.056 6，3.345 7］

其次，分别将经济发展水平和政府保障水平设置单一门槛回归模型，将信息化水平设置双门槛回归模型，得到的面板门槛效应回归结果如表 8－12 所示。可以发现，模型（1）～（3）的 Wald 检验的 F 统计值显示两者之间的溢出效应存在显著差异，即数字新质生产力提升林业产业高质量发展水平的效应存在显著的门槛特征。

具体而言，模型（1）是以经济发展水平为门槛变量的回归结果，当经济发展水平 $Th1 \leqslant 9.780\ 4$ 时，数字新质生产力发展水平对林业产业高质量

发展水平的影响为 $-0.043\,7$，但在统计性水平上不显著。这表明在经济发展水平落后的情况下，数字新质生产力的作用受到限制，无法有效促进林业产业的高质量发展。相反，当经济发展水平 $Th1 > 9.780\,4$ 时，数字新质生产力对林业产业高质量发展则具有显著提升作用，系数为 $0.314\,2$，并在 1% 统计性水平上显著，这说明经济发展水平对于激发数字新质生产力的作用至关重要，只有在经济发展达到一定水平后，数字新质生产力才能有效地提升林业产业高质量发展水平。

表 8 - 12 门槛效应模型的回归结果

变量	(1)	(2)	(3)
门槛变量	$Th1$＝经济发展水平	$Th2$＝政府保障水平	$Th3$＝信息化水平
$Th1 \leqslant 9.780\,4$	$-0.043\,7$		
	(0.089 8)		
$Th1 > 9.780\,4$	0.314 2***		
	(0.060 4)		
$Th2 \leqslant 3.728\,9$		0.125 0*	
		(0.060 8)	
$Th2 > 3.728\,9$		0.362 6***	
		(0.041 6)	
$Th3 \leqslant 4.228\,6$			0.960 1***
			(0.126 0)
$4.228\,6 < Th3 \leqslant 4.305\,5$			0.772 6***
			(0.105 9)
$Th3 > 4.305\,5$			0.594 6***
			(0.078 0)
常数项	0.164 1	0.016 4	$-0.071\,2$*
	(0.041 6)	(0.041 6)	(0.039 8)
控制变量	已控制	已控制	已控制
样本量	286	286	286
R^2	0.661 5	0.682 9	0.683 3
F 值	70.64	77.85	67.98

模型（2）是以政府保障水平为门槛变量的回归结果，当政府保障水平

$Th2 \leqslant 3.7289$ 时，数字新质生产力发展水平对林业产业高质量发展水平的提升作用为 0.1250，且在 10% 统计性水平上显著。当政府保障水平 $Th2 > 3.7289$ 时，数字新质生产力对林业产业高质量发展的提升作用显著上升至 0.3626，并在 1% 统计性水平上显著。这表明政府保障水平越高，对林业产业高质量发展的促进作用越显著，即政府的支持和保障对于激发数字新质生产力的作用至关重要。

模型（3）是以信息化水平为门槛变量进行的回归结果，当信息化水平 $Th3 \leqslant 4.2286$ 时，数字新质生产力发展水平对林业产业高质量发展水平的提升作用为 0.9601，且在 1% 统计性水平上显著；当信息化水平 $4.2286 < Th3 \leqslant 4.3055$ 时，数字新质生产力发展水平对林业产业高质量发展水平提升作用下降为 0.7726，且在 1% 统计性水平上显著；而当信息化水平 $Th3 > 4.3055$ 时，数字新质生产力发展水平对林业产业高质量发展水平的提升作用进一步下降为 0.5946，且在 1% 统计性水平上显著。这表明随着信息化水平逐渐提升，新质生产力对林业产业高质量发展的推动作用逐渐减弱。可能的原因在于，信息化技术在山区 26 县的林业产业中虽然有一定的推动作用，但其适用性和效果受到显著局限。山区特有的复杂生态和地理条件对信息化技术的有效性构成挑战，尤其是在数据采集、监控和远程管理等方面，这些技术的应用往往受限于山区的环境特点（徐彩瑶等，2023）。此外，山区林业产业链较长，信息化技术对下游环节（如加工和销售）的影响更为明显，而对上游生产环节的作用则相对较弱，从而限制了信息化水平提升对数字新质生产力整体作用的增强。进一步地，信息化水平提升面临边际效应递减的问题，即在基础数字基础设施建立后，追加的投入可能不会显著提升生产效益。这种效应在林业产业中尤为明显，因为林业生产周期长且生态因素复杂，信息化的效益不如工业或服务业迅速显现（孔凡斌等，2023）。同时，山区 26 县的经济发展水平滞后，社会和经济因素如对新技术的低接受度、数字人才短缺以及政策和资金支持不足，进一步制约了信息化技术的实际应用效果，削弱了其对数字新质生产力的推动作用。

综合来看，经济发展水平、政府保障水平和信息化水平对数字新质生产力与林业产业高质量发展之间的关系具有显著的门槛效应。据此，本章的研究假说 H2 得到了验证。

8.5 结论与政策启示

8.5.1 结论

基于 2011—2022 年浙江省山区 26 县的面板数据，从理论层面阐明数字新质生产力发展对林业产业高质量发展水平提升的理论机理，采用固定效应模型、中介调节效应模型等方法，探讨数字新质生产力发展水平对林业产业高质量发展的影响及其作用机制。从数字新质生产力维度异质性、林业产业高质量发展维度异质性和样本区域异质性等角度进行异质性分析，通过面板门槛回归模型进一步探讨数字新质生产力发展水平对林业产业高质量发展水平提升作用的非线性特征。得出如下主要结论：

（1）数字新质生产力能够显著提升林业产业高质量发展水平，且经过一系列稳健性检验和内生性讨论之后，该结论依然成立。

（2）数字新质生产力可以通过优化生产要素配置、促进林业人力资本积累以及推动技术创新等途径，进而提升林业产业高质量发展水平。这表明数字新质生产力不仅是对现有生产要素的简单补充，更通过深层次的结构优化，实现了生产效率和产业价值的跃升。然而，数字新质生产力并不能通过生态治理效能赋能林业产业高质量发展，反映出当前生态治理体系可能尚未完全适应数字生产力的转型需求，或在政策实施和资源配置方面存在滞后效应，值得进一步探讨该领域中的治理机制优化与政策匹配问题。

（3）从数字新质生产维度异质性分析结果来看，数字劳动者和数字劳动对象均能显著提升林业产业高质量发展水平，而数字劳动资料则无显著提升作用，且相较于数字劳动者，数字劳动对象的提升效果更大。这表明数字新质生产力在不同维度上的作用差异反映了资源配置与政策调整的必要性，需针对林业产业的特点优化数字金融的支持机制。

（4）从林业产业高质量发展维度异质性分析结果来看，数字新质生产力仅对林业产业结构优化和林业产业结构高级化有显著提升作用。数字新质生产力对林业产业的贡献主要体现在产业升级和结构调整上，而非简单的规模扩张。这一结果提示未来政策应重点推动技术创新和产业链优化，促进林业产业的智能化和现代化，进而实现产业结构的进一步优化与高级化，确保林业产业可持续和高质量发展。

（5）从区域异质性分析结果来看，数字新质生产力发展水平可以同时提升跨越发展县和生态发展县的林业产业高质量发展水平，但相较于生态发展县，跨越发展县的提升作用更好。这表明不同区域的林业产业在数字新质生产力的作用下呈现出差异化的发展态势。因此，区域政策应体现差异化策略，结合各区域的实际情况，针对性地推动数字新质生产力在不同区域的应用与发展。

（6）在不同经济发展水平、政府保障水平和信息化水平下，数字新质生产力对林业产业高质量发展的影响具有非线性特征。具体来看，只有当经济发展水平超越单一门槛值之后，才能激发数字新质生产力对林业产业高质量发展的积极作用，当政府保障水平跨越单一门槛之后，数字新质生产力对林业产业高质量发展的积极作用逐渐提升；而当信息化水平跨越单一门槛值和双门槛值之后，数字新质生产力对林业产业高质量发展的正向提升作用逐渐减弱。

8.5.2 政策启示

结合上述研究结论，提出主要政策启示：

（1）打破信息壁垒，促进要素高效流通。为实现生产要素的优化配置，林业部门应牵头搭建和培育全国性的林业信息数据库，鼓励各地共享林业资源数据，实现数据的互通和整合，减少信息孤岛现象。该数据库可以通过数字平台为各类林业企业提供精准数据支持，通过合理配置生态资源，确保这些资源能够与数字技术深度融合，使先进的林业数字化技术在各个地区得到有效推广和应用，从而提升林业产业的整体发展质量。政府应通过政策保障和财政支持，推动林业数据库的构建与维护，确保数据的统一标准和格式。同时，提升各地的信息化基础设施建设，通过数据共享，优化生产要素的空间配置，特别是在劳动力和资金密集地区提升资源的合理配置，进而推动林业产业高质量发展。

（2）培养林业专业人才，激发人力资本活力。高素质的人力资本是推动林业产业高质量发展的核心动力。林业产业高质量发展依赖于高素质人才，尤其是在数字新质生产力的推动下，人才需求更加突出。政府应加强林业专业人才的培养和引进，提升人力资本的积累水平。通过增加财政支持，推动高校与科研机构设立林业数字技术相关的培养项目，培养适应数字经济需求的专业人才。同时，出台人才引进政策，吸引优秀人才投身林业产业，并通过提供住房、税收优惠等政策保障其生活与工作条件。山区和欠发达地区应通过改善当地生活设施、提升工作环境质量和提供相应的财政补贴，吸引并留住高水平人才，推动林业产业的可持续发展。

（3）推动技术革新，提升产业竞争力。技术革新是实现林业产业转型升级和提升竞争力的关键。数字新质生产力通过技术创新推动林业产业的转型升级，建议政府加大对林业数字技术研发的支持，促进无人机、物联网、大数据等技术在林业生产、管理和流通中的广泛应用。通过这些技术的应用，有效提升林业产业的整体效率与竞争力。同时，应确保技术创新的普惠性，使不同地区和企业能够平等享有技术进步带来的发展机遇，推动林业产业的可持续高质量发展。政府可以通过设立"林业科技创新基金"，支持企业与科研机构的合作，推动技术研发和应用，降低企业的技术应用成本，激发企业的创新活力。

（4）强化生态治理，提升资源管理效能。生态治理的数字化应用是实现林业产业可持续发展的重要保障。尽管当前数字新质生产力在提升生态治理效能方面尚未表现出显著作用，但其潜力巨大。应进一步加大对生态治理领域的数字化投入，推动数字技术在森林资源监测、生态预警等领域的广泛应用。加快数字技术与林业产业的深度融合，确保其嵌入林业生产全过程，推动林业数字化、网络化进程，并探索森林产品价值实现机制。加强林业部门的生态治理能力和林业企业的管理效能，降低管理成本，实现森林生态资源向经济优势的有效转化，提升森林生态产品价值实现效率，进而推动林业产业高质量发展。

（5）优化数字劳动全面应用，提升数字新质生产力各维度的协同作用。

鉴于数字劳动者和数字劳动对象均能显著提升林业产业高质量发展水平，应加强对林业从业人员的数字技能和专业培训，以提升林业劳动者的数字素养和专业能力，从而提高生产效率和产品质量。推广和扩大数字劳动对象（如智能设备、遥感技术等）的应用，以精准管理和优化资源配置。鉴于数字劳动资料对林业高质量发展未有显著提升作用。应优化数字基础设施建设，尤其在山区 26 县，政策应支持信息化基础设施的提升，改善网络覆盖和数据处理能力，确保数字劳动资料的应用环境得到优化，推动林业产业高质量发展。同时，应加强针对林业产业的数字金融服务设计，推出适应林业产业周期的绿色金融产品，促进数字劳动资料对林业高质量发展的支撑作用。

（6）推动技术创新和产业链优化，促进林业产业结构升级与高级化。应加大对智能化生产技术的投入与研发，鼓励企业和科研机构合作，推动产业技术的广泛应用，特别是智能化设备和数字化管理技术的普及。通过完善产业链，尤其是在生产、加工和销售环节实现数字化转型，增强产业链的现代化水平，推动林业产业高质量发展。政策应注重长期的技术创新激励机制，推动林业产业的可持续高质量发展。

（7）实施区域差异化政策，促进区域林业产业协调发展。应结合生态发展县和跨越发展县的实际情况，充分发挥区域森林资源禀赋优势和生态产业发展潜力，实施差异化的发展策略。对于生态发展县，应注重保护和合理利用现有的生态资源，通过生态补偿机制和绿色金融支持，提升环境质量和林业产业发展水平；对于跨越发展县，则应加大科技创新和产业升级的政策支持力度，推动数字新质生产力与林业产业的深度融合，优化产业结构，促进林业高质量发展。通过根据各地区的自然资源禀赋和产业基础，量身定制发展策略，确保政策实施的精准性和有效性，推动区域协调发展。

（8）加强财政支持与政策引导，破解门槛效应制约。鉴于数字新质生产力发展对林业高质量发展的影响存在门槛效应，应加大财政支持和政策优惠力度，提升山区经济发展水平和政府保障水平，激发数字新质生产力在林业中的积极作用。针对山区复杂的生态环境和地理条件，应进一步提升信息化技术的适应性，在基础信息化设施建设完成后，集中资源提升信息化技术的实际应用效果，而非单纯增加投入。同时，应建立常态化评估机制，定期评估信息化技术在山区林业中的实际效果，根据评估结果调整政策，以应对信息化水平提升带来的边际效应递减问题。通过这些措施，确保信息化水平的提升能够持续推动山区林业产业的高质量发展。

参 考 文 献

曹晔，2024. 数字新质生产力对产业链韧性的影响研究 [J]. 统计与决策，40（10）：23 - 27.

陈晓红，李杨扬，宋丽洁，等，2022. 数字经济理论体系与研究展望 [J]. 管理世界，38（2）：208 - 224，13 - 16.

崔云，2023. 数字技术促进新质生产力发展探析 [J]. 世界社会主义研究，8（12）：97 - 109，120.

翟郡，杨红强，徐彩瑶，等，2024. 浙江省数字经济与林业产业融合发展水平测度及影响因素 [J]. 林业科学，60（5）：22 - 34.

冯永琦，林凰锋，2024. 数据要素赋能新质生产力：理论逻辑与实践路径 [J]. 经济学家（5）：15 - 24.

干春晖，郑若谷，余典范，2011. 中国产业结构变迁对经济增长和波动的影响 [J]. 经济研究，46（5）：4 - 16，31.

高丹丹，2021. 中国林业高质量发展时空效应与耦合协调研究 [D]. 哈尔滨：东北林业大学.

高原，马九杰，2024. 农业新质生产力：一个政治经济学的视角 [J]. 农业经济问题（4）：81 - 94.

郭峰，王靖一，王芳，等，2019. 测度中国数字普惠金融发展：指数编制与空间特征 [J]. 经济学（季刊），19（4）：1401 - 1418.

郭家堂，骆品亮，2016. 互联网对中国全要素生产率有促进作用吗 [J]. 管理世界（10）：34 - 49.

贺子欣，惠宁，付文宇，2023. 数字经济对要素市场扭曲影响的实证检验 [J]. 统计与决策，39（20）：5 - 10.

黄安胜，郑逸芳，王强强，等，2014. 生产要素、区域经济增长差异性和收敛性 [J]. 经济问题（11）：112 - 117.

江艇，2022. 因果推断经验研究中的中介效应与调节效应 [J]. 中国工业经济（5）：100 - 120.

孔凡斌，程文杰，徐彩瑶，2023. 数字经济发展能否提高森林生态产品价值转化效率——基于浙江省丽水市的实证分析［J］. 中国农村经济（5）：163-184.

孔凡斌，王苓，徐彩瑶，等，2022. 中国生态环境治理体系和治理能力现代化：理论解析、实践评价与研究展望［J］. 管理学刊，35（5）：50-64.

孔凡斌，王宁，徐彩瑶，2024. 山区林业产业发展对城乡收入差距的影响机制——基于就业与收入中介效应的视角［J］. 自然资源学报，39（1）：62-83.

李政，廖晓东，2023. 新质生产力理论的生成逻辑、原创价值与实践路径［J］. 江海学刊（6）：91-98.

廖信林，杨正源，2021. 数字经济赋能长三角地区制造业转型升级的效应测度与实现路径［J］. 华东经济管理，35（6）：22-30.

林震，孟芮萱，2023. 以林长制统领新时代林业生态文明建设［J］. 国家林业和草原局管理干部学院学报，22（2）：7-14.

刘珉，2016. 解读林业发展"十三五"规划——服务国家发展战略与林业现代化［J］. 林业经济，38（11）：3-8.

刘在洲，汪发元，2021. 绿色科技创新、财政投入对产业结构升级的影响——基于长江经济带2003—2019年数据的实证分析［J］. 科技进步与对策，38（4）：53-61.

吕泽均，2021. 林业绿色信贷对林业产业高质量发展的影响研究［D］. 北京：北京林业大学.

欧阳日辉，2024. 数据要素促进数字经济和实体经济深度融合的理论逻辑与分析框架［J］. 经济纵横（2）：67-78.

裴长洪，倪江飞，李越，2018. 数字经济的政治经济学分析［J］. 财贸经济，39（9）：5-22.

蒲清平，黄媛媛，2023. 习近平总书记关于新质生产力重要论述的生成逻辑、理论创新与时代价值［J］. 西南大学学报（社会科学版），49（6）：1-11.

任保平，李培伟，2022. 数字经济培育我国经济高质量发展新动能的机制与路径［J］. 陕西师范大学学报（哲学社会科学版），51（1）：121-132.

任保平，王子月，2023. 数字新质生产力推动经济高质量发展的逻辑与路径［J］. 湘潭大学学报（哲学社会科学版），47（6）：23-30.

沈坤荣，金童谣，赵倩，2024. 以新质生产力赋能高质量发展［J］. 南京社会科学（1）：37-42.

石敏俊，陈岭楠，王志凯，等，2024. 新质生产力的科学内涵与绿色发展［J］. 中国环境管理，16（3）：5-9.

孙绍勇，2024.发展新质生产力：中国式经济现代化的核心要素与实践指向［J］.山东社会科学（1）：22-30.

万深玮，赵海兰，柯水发，2024.乡村林业高质量发展：水平测度与障碍识别——基于"量质并举"的视角［J］.北京林业大学学报（社会科学版），23（4）：1-9.

王杰，刘斌，2014.环境规制与企业全要素生产率——基于中国工业企业数据的经验分析［J］.中国工业经济（3）：44-56.

王珏，王荣基，2024.新质生产力：指标构建与时空演进［J］.西安财经大学学报，37（1）：31-47.

王琴梅，杨军鸽，2023.数字新质生产力与我国农业的高质量发展研究［J］.陕西师范大学学报（哲学社会科学版），52（6）：61-72.

温赛赛，贯君，杨跃，2022.中国林业高质量发展评价指标体系构建与测度［J］.林业经济问题，42（3）：241-252.

武春友，梁潇，房士吉，2010.城市化对产业结构演进的作用机理研究——基于中国省际面板数据的实证［J］.中国软科学（S2）：389-395.

夏显力，陈哲，张慧利，等，2019.农业高质量发展：数字赋能与实现路径［J］.中国农村经济（12）：2-15.

徐彩瑶，任燕，翟郡，等，2024.数字乡村建设对浙江省山区26县林业产业发展升级的影响［J］.林业科学，60（5）：67-88.

徐彩瑶，王宁，孔凡斌，等，2023.森林生态产品价值实现对县域发展差距的影响：以浙江省山区26县为例［J］.林业科学，59（1）：12-30.

徐政，郑霖豪，程梦瑶，2023.新质生产力助力高质量发展：优势条件、关键问题和路径选择［J］.西南大学学报（社会科学版），49（6）：12-22.

杨建芳，龚六堂，张庆华，2006.人力资本形成及其对经济增长的影响——一个包含教育和健康投入的内生增长模型及其检验［J］.管理世界（5）：10-18，34，171.

杨耀武，张平，2021.中国经济高质量发展的逻辑、测度与治理［J］.经济研究，56（1）：26-42.

俞伯阳，丛屹，2021.数字经济、人力资本红利与产业结构高级化［J］.财经理论与实践，42（3）：124-131.

张爱英，孟维福，2021.普惠金融、农业全要素生产率和城乡收入差距［J］.东岳论丛，42（9）：63-76，191.

张林，蒲清平，2023. 新质生产力的内涵特征、理论创新与价值意蕴［J］. 重庆大学学报（社会科学版），29（6）：137-148.

张彭，2024. 数字新质生产力与全球价值链嵌入：理论机制与实证检验［J］. 当代经济研究（5）：75-86.

张鹏，2019. 数字经济的本质及其发展逻辑［J］. 经济学家（2）：25-33.

张琦，万志芳，2021. 林业产业高质量发展系统动力机制研究［J］. 林业经济问题，41（6）：607-613.

张夏恒，肖林，2024. 数字化转型赋能新质生产力涌现：逻辑框架、现存问题与优化策略［J］. 学术界（1）：73-85.

赵敏娟，杜瑞瑞，2024. 新质生产力推动农业全产业链绿色转型：理论逻辑与路径选择［J］. 农业现代化研究，45（4）.

周文，许凌云，2023. 论新质生产力：内涵特征与重要着力点［J］. 改革（10）：1-13.

Nunn N. and N. Qian. ，2014. US Food aid and civil conflict［J］. American Economic Review，104（6）：1630-1666.

Qing Y，Chen M，Sheng Y，et al. ，2019. Mechanization services，farm productivity and institutional innovation in China［J］. China Agricultural Economic Review，11（3）：536-554.

Rohlfs J，1974. A Theory of interdependent demand for a communications service［J］. The Bell Journal of Economics and Management Science，5（1）：16-37.